BANKWIRTSCHAFTLICHE FORSCHUNGEN BAND 124

Institut für Schweizerisches Bankwesen
der Universität Zürich

Institut für Bankwirtschaft
an der Hochschule St. Gallen

Das Konsortium im schweizerischen Kreditgeschäft

von

Dr. Daniel Kohler

Verlag Paul Haupt Bern und Stuttgart

CIP-Titelaufnahme der Deutschen Bibliothek

Kohler, Daniel:
Das Konsortium im schweizerischen Kreditgeschäft /
von Daniel Kohler. - Bern ; Stuttgart : Haupt, 1990
(Bankwirtschaftliche Forschungen ; Bd. 124)
Zugl.: Sankt Gallen, Univ., Diss., 1990
ISBN 3-258-04201-2
NE: GT

Meinen Eltern

Vorwort

Mit den Dissertationen von D. Bieri und R. Francioni aus dem
Jahre 1987 ist das Thema Kreditkonsortium und Konsortialvertrag
aus juristischer Sicht eingehend analysiert worden. Nun liegt
zur gleichen Thematik eine betriebswirtschaftliche Abhandlung
vor. Auf einem Gebiet mit überwiegend juristischen Aspekten
äussert sich ein betriebswirtschaftlicher Ansatz u.a. darin,
dass explizit oder implizit immer von den Zielsetzungen der beteiligten Banken ausgegangen wird - sei es bei der Frage nach
dem Nutzen einer Mitwirkung im Konsortium oder im Zusammenhang
mit der Ausgestaltung einzelner Vertragsklauseln. Die Kombination von juristischer Thematik und betriebswirtschaftlichem
Ansatz erweist sich m.E. auch deshalb als vorteilhaft, weil ein
Betriebswirtschafter rechtliche Detailfragen von geringer Pra-
xisrelevanz ohne weiteres vernachlässigen oder auch einmal
Formulierungen verwenden darf, welche im juristischen Sprachge-
brauch vielleicht etwas unüblich sind, die Verständlichkeit für
den Leser aber erhöhen.

An dieser Stelle möchte ich mich bei all jenen herzlich bedan-
ken, welche meine Arbeit unterstützt haben. Ich danke im besonderen Herrn Dr. K. Widmer für die Idee zum Dissertationsthema
sowie für die Möglichkeit sie mit Hilfe der Schweizerischen
Kreditanstalt zu verwirklichen, den Herren Dr. G. Düggelin und
Rechtsanwalt A. Binkert für ihre wertvolle Unterstützung bei
der Ausarbeitung, Dr. R. Francioni für seinen Support bei der
Materialsuche sowie den Herren T. Enzler, K. Decasper und M.
Lütscher für die zahlreichen Anregungen.

Den Professoren Dr. L. Schuster und Dr. B. Lutz danke ich für
die kritische Begleitung sowie für das Interesse, welches sie
meiner Arbeit entgegengebracht haben. Ein spezieller Dank gilt
schliesslich dem Drittreferenten Prof. Dr. B. Kleiner, der sich
verhältnismässig kurzfristig zur Verfügung gestellt hat, um die
juristische Seite der Dissertation zu begutachten.

Zürich, im Januar 1990   Daniel Kohler

INHALTSUEBERSICHT

INHALTSVERZEICHNIS

EINLEITUNG

A. Ausgangslage

In den vergangenen Jahren hat der Trend zur Verbriefung von Forderungen (Securitization) den kommerziellen Grosskredit in zunehmendem Masse konkurrenziert. Besonders augenfällig war diese Entwicklung im internationalen Konsortialkreditgeschäft, dessen Volumen sich zwischen 1982 und 1985 etwa halbierte. Der scheinbar unaufhaltsame Niedergang begann allerdings bereits 1985 zu stocken und machte 1986 sowie in der ersten Jahreshälfte 1987 einem bescheidenen Aufschwung Platz, der sich im Anschluss an die Börsenkrise vom 19. Oktober des gleichen Jahres noch akzentuierte und 1988 fortsetzte. Für das schweizerische Konsortialkreditgeschäft liegen zwar keine Zahlen vor, man darf jedoch davon ausgehen, dass die Entwicklung ungefähr parallel verlief.

Die Durchführung von Konsortialkreditgeschäften erfordert ein spezielles Know-how. Nachdem der Trend zur Verbriefung jahrelang als unumkehrbar galt, wurde dieses Spezialwissen nicht überall gleichermassen gepflegt. Dass nicht alle Banken auf den neuerlichen Aufschwung des Konsortialkredites vorbereitet waren, offenbart sich in zweifacher Weise. Zum einen wird das Konsortialkreditgeschäft in der Schweiz kaum je aktiv gesucht, obwohl sich konsortiale Finanzierungen oft nicht nur aus Kunden-, sondern auch aus Bankensicht anbieten würden; zum anderen werden in der Praxis nach wie vor sehr uneinheitliche und z.T. auch unzulängliche Konsortialvereinbarungen verwendet.

B. Zielsetzungen

Die vorliegende Arbeit soll

- das erforderliche betriebswirtschaftliche und juristische Know-how für die Mitwirkung von Banken an schweizerischen Kredit-, Sicherungs-, Stillhalte- und Sanierungskonsortien bereitstellen sowie

- einen Beitrag zur Vereinfachung und Vereinheitlichung konsortialer Zusammenschlüsse leisten, indem - aufbauend auf der
  bisherigen Vertragspraxis - Vorschläge für die konkrete Ausgestaltung von Konsortialvereinbarungen unterbreitet werden.

C. Aufbau

Die Arbeit ist in fünf Teile gegliedert:

In Teil I wird das Kreditgeschäft charakterisiert und der Bankkredit als Instrument des Finanzmarktes sowie aus Sicht der
Marktteilnehmer (Banken, Kreditnehmer) gewürdigt.

Teil II befasst sich mit allgemeinen Fragen der Syndizierung,
namentlich mit dem Begriff, der Rechtsform und den Arten von
Konsortien im Kreditgeschäft sowie den Ursachen und der Zulässigkeit konsortialer Verbindungen.

In den Teilen III - V werden die verschiedenen Konsortien des
Kreditgeschäftes untersucht. Im Zentrum steht dabei das Kreditkonsortium (Teil III). Hier werden die Grundlagen, Verfah-
rens- und Vertragstechniken des schweizerischen Konsortialkreditgeschäftes dargestellt und insbesondere auch die Unterschiede
zu den Eurokreditkonsortien aufgezeigt. Bei den Ausführungen
über das Sicherungskonsortium (Teil IV) sowie über die Stillhal-
te- und Sanierungskonsortien (Teil V) geht es schliesslich vor
allem um spezielle Fragen der gemeinsamen Sicherstellung und des
Verlustausgleiches zwischen den beteiligten Banken.

D. Eingrenzung

Das Thema der Arbeit wird wie folgt eingegrenzt:

(1) Untersucht werden ausschliesslich Bankenkonsortien, welche
    im Zusammenhang mit dem Kreditgeschäft stehen.

(2) Soweit nicht ausdrücklich etwas anderes festgehalten wird, beziehen sich sämtliche Aussagen zum Konsortialkreditgeschäft auf das schweizerische Inlandgeschäft. Ein schweizerisches Konsortium im Sinne der vorliegenden Arbeit weist dabei typischerweise folgende Merkmale auf:

- Kreditnehmerin ist eine Unternehmung mit Domizilland Schweiz.
- Das Konsortium setzt sich ausschliesslich oder in der überwiegenden Mehrzahl aus Banken mit Domizil Schweiz zusammen.
- Die Verträge zwischen den Banken sowie zwischen den Banken und der Kreditnehmerin sind schweizerischem Recht unterstellt.

(3) Das schweizerische Ausland-Konsortialkreditgeschäft, dessen Technik sich an der Praxis des Eurokreditgeschäftes orientiert, ist nicht Gegenstand der Untersuchung. Auf Unterschiede und Gemeinsamkeiten zwischen schweizerischen Konsortien und Eurokonsortien wird in Teil III über das Kreditkonsortium hingewiesen.

TEIL I:

DAS KREDITGESCHAEFT UND SEINE BEDEUTUNG

Kapitel 1: Der Bankkredit als Instrument des Finanzmarktes

A. Der schweizerische Finanzmarkt

Im Jahre 1988 zählt die Schweiz zu den führenden Finanzzentren der Welt. Nach Tokyo, New York und London steht der schweizerische Finanzmarkt an vierter Stelle.[1] Auf den Gebieten des Devisen-, Noten- und Edelmetallhandels sowie in der Vermögensverwaltung nimmt die Schweiz seit Jahrzehnten eine Spitzenstellung ein.[2] Gemessen an Umsatz und Kapitalisierung gehört die Zürcher Effektenbörse zu den bedeutendsten der Welt.[3] Im internationalen Anleihegeschäft rangiert der Schweizerfranken-Auslandmarkt nach dem Euro-Dollar-Markt an zweiter Stelle (Stand 1988).[4]

Betrachtet man die Stellung des schweizerischen Finanzplatzes nicht rang-, sondern umfangmässig, so relativiert sich seine Bedeutung. Während auf dem internationalen Anleihemarkt 1988 immerhin rund 12 Prozent aller Neuemissionen in Schweizerfranken begeben wurden[5], sind die Zahlen im Kredit- und Börsengeschäft weit weniger eindrücklich. So entfallen vom Total aller Auslandforderungen bloss etwa 2,6 Prozent auf Banken mit Domizil Schweiz.[6] An der weltweiten Börsenkapitalisierung beträgt der schweizerische Anteil weniger als 2 Prozent.[7]

Der Finanzmarkt Schweiz stützt sich auf ein hochentwickeltes Bankensystem. Abbildung 1.1. enthält die Eckdaten (Stand 1987).

---

[1] N. Blattner/A. Bossard (1988), 1
[2] A. Föllmi (1988), 11
[3] H. Reis (1989), 37; P. Braillard (1987), 170 ff.
[4] BIZ, 59. Jahresbericht (1989), 143
[5] BIZ, 59. Jahresbericht (1989), 143
[6] BIZ, 59. Jahresbericht (1989), 131
[7] Morgan Stanley, Capital International perspective (1989), 6 f.

Abb. 1.1. : Bankensektor Schweiz

```
┌─────────────────────────────────────────────────────────────┐
│ Anzahl Banken und Finanzgesellschaften ........................ 622   │
│ Anzahl Bankstellen ......................................... 5671     │
│ Bankstellendichte (Personen/Bankstelle) .................. ca. 1200   │
│ Anzahl Beschaeftigte im Bankensektor .................. ca. 110'000   │
│ Anteil an der erwerbstaetigen Bevoelkerung .............. ca. 3.5 %    │
│ Beitrag des Bankensektors zur Bruttowertschoepfung (1985) .... 8.5 %  │
└─────────────────────────────────────────────────────────────┘
```

Quellen: SNB, Das schweizerische Bankwesen im Jahre 1987 (1988),
37, Tab. 48.0, Tab. 51; SBG, Die Schweiz in Zahlen (1988), o.S.;
BFS, Produktionskonto der Schweiz 1985 (1988), 6

Innerhalb der schweizerischen Volkswirtschaft sind die Banken
zwischen 1975 und 1985 zum stärksten Wirtschaftszweig avan-
ciert.[8] Diese Entwicklung manifestiert sich auch bei den Fiskal-
einnahmen. In der Stadt Zürich erbringt der Finanzplatz (Mitarbeiter eingerechnet) rund 31 Prozent der gesamten Steuereinnah-
men, bei den Unternehmenssteuern sind es sogar 70 Prozent.[9]

Ende der 80er Jahre präsentieren sich die Rahmenbedingungen
für das schweizerische Bankgeschäft wie folgt:

Das politische, wirtschaftliche und soziale Umfeld ist geprägt
durch seine unverändert hohe Stabilität.[10] Strenge Eigenmittel-
und Liquiditätsvorschriften sowie ein wirksames Bankgeheimnis
in Kombination mit der restriktiven schweizerischen Rechtshil-
fepraxis gewährleisten ein Maximum an Sicherheit.[11] Im internationalen Vergleich liegt die staatliche Regulierungsdichte
relativ niedrig.[12] Der Finanzplatz ist offen für die Präsenz
ausländischer Institute.[13] Eine auf langfristige Stabilität
ausgerichtete Geld- und Währungspolitik sorgt für geringe Teue-
rungsraten, ein niedriges Zinsniveau ohne nennenswerte Fluktua-
tionen und eine harte Währung.[14] Beeinträchtigt wird die Konkur-

---

[8]   H. Rütter (1988), 20
[9]   Studiengruppe Finanzplatz Zürich (1988), 18
[10] H. Halbheer (1985), 105
[11] A. Föllmi (1988), 13
[12] L. Schuster (1987), 436
[13] K. Jenny (1988), 4
[14] M. Lusser (1987), 33 f.

renzfähigkeit des Finanzplatzes vor allem durch fiskalische Belastungen im Bereiche der Wertschriftentransaktionen (Stempelabgaben) sowie durch eine äusserst restriktive Ausländerpolitik.[15]

Ueber die geschilderten Rahmenbedingungen hinaus weist der
schweizerische Finanzmarkt eine Reihe von Besonderheiten auf:

(1) Anders als etwa in Grossbritannien, Japan oder den Verei-
    nigten Staaten besitzt die Mehrzahl der in der Schweiz do-
    mizilierten Institute Universalbankencharakter.[16]

(2) Typisch für den schweizerischen Finanzplatz ist seine starke
    Auslandverflechtung. Bei den Grossbanken beträgt der Aus-
    landanteil an der Bilanzsumme Ende 1987 im Durchschnitt 51,6
    Prozent.[17]

(3) Mit Basel, Genf, Lugano und Zürich verfügt die Schweiz im
    Unterschied zu anderen Staaten über vier bedeutende regio-
    nale Bankzentren, welche sich durch ihre unterschiedliche
    geographische Ausrichtung ausgezeichnet ergänzen.[18]

(4) Die Hauptstärken des schweizerischen Finanzplatzes liegen
    eindeutig in den Bereichen des Kapitalmarkt- und des Kredit-
    geschäftes, in der Vermögensverwaltung sowie im Handel von
    Noten, Devisen und Edelmetallen. Aus steuerlichen Gründen
    konnte nie ein funktionierender Geldmarkt entstehen.[19]

(5) In den letzten zwanzig Jahren hat sich die Bankenstruktur
    in der Schweiz stark gewandelt. Auf Kosten der Kantonal-
    und Regionalbanken erzielten die fünf Grossbanken massive
    Marktanteilsgewinne. Heute weisen sie mehr als die Hälfte
    des Bilanzsummentotals aller Domizilbanken aus.[20] Die hohe
    Konzentration mag auch den Abschluss kartellähnlicher Ver-
    einbarungen begünstigt haben.

(6) Die Schweiz ist nicht bloss Finanzdrehscheibe, sondern

---

[15] R. Jeker (1988), 20
[16] U. Emch/H. Renz (1984), 29
[17] SNB, Das schweizerische Bankwesen im Jahre 1987 (1988),
    Tab. 24.4
[18] L. Schuster (1987), 436
[19] N. Blattner/A. Bossard (1988), 7
[20] SNB, Das schweizerische Bankwesen im Jahre 1987 (1988),
    Tab. 1.1

gleichzeitig ein echtes Kapitalexportland. Von Ende 1984
bis Ende 1987 wurden 145,8 Milliarden Franken exportiert.
Das schweizerische Netto-Auslandvermögen beläuft sich damit
auf Total 243,4 Milliarden Franken.[21]

Trotz beachtlichen Wachstumzahlen hat der Finanzmarkt Schweiz
seine in den 70er Jahren erreichte internationale Stellung nicht
vollumfänglich behaupten können.[22] Diese Entwicklung hängt vor
allem damit zusammen, dass die traditionellen Standortvorteile
längst keine schweizerische Exklusivität mehr darstellen und daher an Gewicht verlieren.[23] Der Bedeutungsschwund wäre wohl noch
erheblich stärker ausgefallen, wenn die Nationalbank nicht durch
ihr Festhalten an der Syndizierungsvorschrift eine Abwanderung
des Schweizerfranken-Emissionsgeschäftes ins Ausland verhindert
hätte.[24] Es steht jedoch ausser Frage, dass der Marktanteil des
schweizerischen Finanzplatzes in einem zunehmend liberaleren internationalen Umfeld auf die Dauer nicht durch Nationalbank-Vor-
schriften, sondern nur durch den konsequenten Abbau aller wett-
bewerbsverzerrenden Regulierungen erhalten werden kann.

B. Der Bankkredit

1. Begriff und Charakteristika

Unter einem Bankkredit versteht man die vertragliche Zusiche-
rung einer Bank an einen Kreditnehmer, ihm Geld auszuleihen
oder zu seinen Gunsten einem Dritten gegenüber Verpflichtungen
einzugehen.[25] Für ihre Leistung wird die Bank mit Zinsen, gegebenenfalls auch mit Kredit- oder Bereitstellungskommissionen
entschädigt.

Bankkredite lassen sich nach rechtlichen und wirtschaftlichen

---

[21] T. Schlup (1988), 342 f.
[22] R. Gut (1987), 17
[23] M. Lindecker (1989), 11
[24] M. Lusser (1988), 323 f.
[25] E. Albisetti et al. (1987), 105; U. Emch/H. Renz (1984), 190

Gesichtspunkten in verschiedene Kreditformen bzw. -arten aufgliedern. Zu den Kreditformen zählen Darlehen, feste Vorschüsse, Kontokorrent-, Diskont-, Akzept-, Rembours- und Kautionskredite.[26] In der Praxis dominieren Kontokorrent-Kredite und feste Vorschüsse.[27] Um zu den verschiedenen Kreditarten zu gelangen, können u.a. die folgenden Kriterien herangezogen werden:[28] Man unterteilt nach

- Anzahl der Kreditgeber in Individual- und Konsortialkredite
- Art der Bankleistung in Geld- und Verpflichtungskredite sowie in revolvierende und nicht revolvierende Kredite
- Person des Kreditnehmers in Kredite an Privatpersonen, Firmenkunden und öffentlich-rechtliche Körperschaften
- Domizil des Kreditnehmers in Inland- und Auslandkredite
- Höhe des Kredites in Klein-, Mittel- und Grosskredite
- Laufzeit des Kredites in kurz-, mittel- und langfristige Kredite
- wirtschaftlichem Verwendungszweck in konsumtive und produktive Kredite, letztere wiederum in Saison-, Handels-, Betriebs-, Investitions-, Bau-, Export-, Pflichtlager- und Akquisitionskredite etc.
- Art der Sicherstellung in gedeckte und ungedeckte Kredite, Personal- und Realkredite sowie in Mobiliar- und Immobiliarkredite etc.

Jede Kreditgewährung ist mit Risiken verbunden. Die Banken tragen dabei insbesondere ein Debitorenrisiko in Form von Bonitäts-, Besicherungs- und Liquiditätsrisiken.[29] Im Auslandkreditgeschäft kommen politische, wirtschaftspolitische und währungsbedingte Risiken hinzu.[30] Als Mittel zur Risikominderung dienen Global- und Einzelmassnahmen.[31]

---

[26] E. Albisetti et al. (1987), 106
[27] M. Meier (1988), 11
[28] E. Albisetti et al. (1987), 105 f.; U. Emch/H. Renz (1984), 222 ff.; K. Hagenmüller/G. Diepen (1984), 357; W. Schaer (1983), 9 ff.; H. Escher (1969), 237 ff.
[29] B. Zellweger (1987), 12
[30] L. Schuster (1978), 122
[31] B. Zellweger (1987), 13

Im Zentrum der <u>Globalmassnahmen</u> steht zunächst die Einhaltung
der gesetzlichen Vorschriften betreffend Liquidität, Eigenkapitalunterlegung, Organkrediten sowie Vermeidung von Klumpenrisiken.[32] Sodann besitzen die klassischen Grundsätze des kommerziellen Kreditgeschäftes nach wie vor volle Gültigkeit. Dazu zählen nach Escher namentlich ein Gleichgewicht zwischen Er-
tragsstreben und Sicherheitsdenken, die Kongruenz der Fälligkeiten auf beiden Seiten der Bankbilanz, der Verzicht auf die
Uebernahme von Unternehmensrisiken des Schuldners sowie die
Risikoverteilung auf verschiedene Länder, Regionen, Branchen und
Kreditnehmer.[33] Dem Zweck der Risikominderung dienen schliesslich die Bildung von Rückstellungen und Reserven sowie informa-
tionelle und organisatorische Massnahmen.[34]

Im Mittelpunkt der <u>Einzelmassnahmen</u> steht die Bonitätsprüfung.[35]
Sie zerfällt in die Beurteilung der Kreditwürdigkeit (persönliche Verhältnisse) sowie der Kreditfähigkeit (rechtliche und
wirtschaftliche Verhältnisse) des Kreditinteressenten.[36] Die
Banken stützen sich dabei auf unterschiedlichste Informations-
quellen.[37] Als Alternative für eine einwandfreie Bonität gilt
in der Praxis die Beibringung erstklassiger Sicherheiten.[38] In
diesem Falle tritt die Prüfung der Sicherheiten in den Vordergrund.[39] Nach Unterzeichnung des Kreditvertrages soll mittels

---

[32] L. Schuster (1989), 5
[33] H. Escher (1969), 234 ff.
[34] E. Dempfle (1989), o.S.
[35] Vgl. dazu B. Zellweger (1987), 15 ff.; K. Hagenmüller/G.
Diepen (1984), 356 ff.
[36] K. Mellerowicz/H. Jonas (1957), 6. A. Jährig/H. Schuck
(1982), 181 f. unterscheiden analog zwischen persönlicher
und sachlicher Kreditwürdigkeit. Inhaltlich ähnlich verläuft
die Kreditprüfung nach amerikanischem Muster. Ausgehend von
den "fünf C's" überprüft man "Character" (Integrität des
Managements), "Capacity" (Fähigkeiten des Managements), "Capital" (Vermögenslage), "Collateral" (Sicherheiten) sowie
"Conditions" (Bedingungen innerhalb von Branche und Volkswirtschaft); P. Weibel (1978), 77
[37] Dazu gehören namentlich der Kreditinteressent selbst, von
ihm angegebene Referenzpersonen, Lieferanten, Konkurrenten
und Abnehmer, öffentliche Register, Amtsstellen, gewerbs-
mässige Auskunfteien sowie bankinterne Stellen.
[38] P. Weibel (1978), 78
[39] U. Emch/H. Renz (1984), 193

der Kreditüberwachung laufend die Ertrags-, Vermögens- und Liquiditätslage sowie der aktuelle Wert der Sicherheiten und die Einhaltung der Kreditbedingungen überprüft werden.[40] Bei der Bonitätsprüfung wie bei der Kreditüberwachung verdient eine dynamische Betrachtung, welche auch die Zukunftsaussichten des Schuldners miteinbezieht, den Vorzug gegenüber rein statischen, auf die Vergangenheit ausgerichteten Methoden.[41] Als weitere Einzelmassnahmen zur Risikominderung dienen schliesslich die Syndizierung von Krediten sowie die vertragliche Abwälzung von Risiken auf den Kreditnehmer.

2. Bedeutung

Der Bankkredit ist nach wie vor das wichtigste Instrument des schweizerischen Finanzmarktes. 1987 erreichten die ausstehenden Kredite eine Summe von über 480 Mia. Franken.[42] Im Vergleich dazu betrug der Nominalwert der an der Zürcher Börse kotierten in- und ausländischen Anleihen 1988 lediglich rund 217 Mia. Franken.[43] Allerdings haben sich die Gewichte zwischen den Finanzinstrumenten im Zeitablauf eindeutig zugunsten der Emissionsfinanzierung verschoben. Dies gilt sowohl für den Inland- wie auch für den Auslandmarkt.

Im Inlandgeschäft ergibt eine Gegenüberstellung des jährlichen Zuwachses der Bankkredite und der jährlichen Neubeanspruchung am öffentlichen Emissionsmarkt das folgende Bild:

---

[40] B. Zellweger (1983), 11 ff. mit zahlreichen weiteren Literaturhinweisen
[41] O. Kellerhals (1986), 58; E. Kilgus (1985), 203; R. Holzach (1982), 3 f.; M. Wächtershäuser (1971), 128
[42] Kontokorrent-Debitoren + Feste Vorschüsse und Darlehen + Kontokorrent-Kredite und Darlehen an öffentlich-rechtliche Körperschaften + Hypothekaranlagen aller Banken und Finanzgesellschaften; SNB, Das schweizerische Bankwesen im Jahre 1987 (1988), Tab. 4.0 f.
[43] Effektenbörsenverein Zürich, Jahresbericht 88 (1989), 57

Abb. 1.2.: Zuwachs der Bankkredite und Neubeanspruchung am
öffentlichen Emissionsmarkt im Jahresvergleich (Inlandmarkt)

	Zuwachs der inl. Bankkredite		Oeffentl. inl. Emissionen	
Jahr	in Mio. Fr.	Index: 1960 = 100	in Mio. Fr.	Index: 1960 = 100
1960	3639	100	1083	100
1965	4680	128.6	2805	259.0
1970	8939	245.5	3445	318.1
1975	7096	195.0	7046	650.6
1980	23424	643.7	9895	913.7
1987	36845	1012.5	16495	1523.1

Quellen: SNB, Das schweizerische Bankgeschäft im Jahre 1987
(1988), Tab. 25.0; SNB, Monatsbericht Dezember 1988 (1989),
Tab. 34; H. Hämmerli (1986), 78

Der Zahlenvergleich zeigt, dass der Bankkredit zwischen 1960
und 1987 - trotz eines Wachstums der Nettokreditvergaben von
über 1000 Prozent und eines relativen Bedeutungszuwachses nach
1975 - im Inlandgeschäft Marktanteile verloren hat. Im gleichen
Zeitraum ist nämlich das Volumen der jährlichen Neubeanspruchung
am Emissionsmarkt um rund 1500 Prozent angestiegen. Gegenwärtig
(1987) dominiert der Bankkredit noch im Verhältnis 2:1.

Auch im Auslandgeschäft sind Verschiebungen zwischen den Teil-
märkten feststellbar. Trotz einer Verdoppelung des Volumens auf
rund 11 Mia. Franken hat der Auslandkredit zwischen 1976 und
1988 gegenüber dem Instrument der Auslandanleihe einen gewissen
Bedeutungsverlust erlitten. Ein absoluter Tiefpunkt wurde 1986
erreicht, als die Auslandkredite gerade noch 15,6 Prozent der
bewilligungspflichtigen Kapitalexporte ausmachten. In den letzten beiden Jahren hat sich der Anteil auf einem Niveau von rund
20 Prozent stabilisiert (vgl. Abb. 1.3.).

Abb. 1.3.: Anteil des Auslandkredites am Total der bewilligten
Kapitalexporte zwischen 1976 und 1988

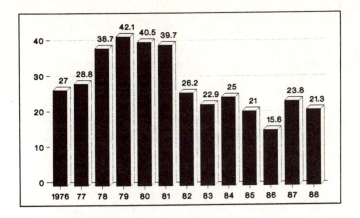

Quellen: SNB, Monatsberichte März 1989, Tab. 37 und 37a; März
1984, Tab. 37; März 1980, Tab. 33a

Zusammenfassend darf man festhalten, dass das Kreditvolumen
sowohl auf dem Inland- wie auch auf dem Auslandmarkt in absoluten Zahlen ausgedrückt hohe Steigerungsraten verzeichnet hat.
Die gelegentlich überbewerteten relativen Bedeutungsverluste
dokumentieren demnach keineswegs den Niedergang des Bankkredites, sondern vielmehr den massiven Aufschwung anderer Finanz-
marktinstrumente, der sich allerdings gerade in jüngster Zeit
merklich abgeflacht hat.[44]

---

[44] SNB, 80. Geschäftsbericht 1987 (1988), 16

Kapitel 2: Der Kommerzbereich als Pfeiler des Bankgeschäftes

A. Die Bankgeschäfte

Für eine Systematisierung der Bankgeschäfte können verschiedene Kriterien herangezogen werden. Die Geschäfte der Bank lassen
sich aufgliedern

- nach der Kundenstruktur in Interbank- und Nichtbankgeschäfte
- nach der buchhalterischen Erfassung in bilanzwirksame und
  indifferente Geschäfte
- nach dem Absatzmarkt in Inland- und Auslandgeschäfte
- nach dem Auftraggeber in Eigen- und Fremdgeschäfte
- nach der Bankabsatzleistung in Finanzierungsleistungen, Anla-
  geleistungen, Zahlungsverkehrsleistungen und sonstige Dienst-
  leistungen[1]
- nach der Einnahmequelle in Zinsdifferenz-, Kommissions- und
  Kursdifferenzgeschäfte sowie
- nach der volkswirtschaftlichen Funktion in Kreditvermittlung,
  Zahlungsvermittlung und Mitwirkung im Effektengeschäft.[2]

Eine klassische Einteilung, die sich auch in den Organisati-
onsschemata vieler Bankstellen widerspiegelt, ist die Unterscheidung zwischen Finanz- und Kommerzbereich. In den Finanz-
bereich fällt das Dienstleistungsgeschäft, welches die Erledigung des Zahlungsverkehrs, den Effekten-, Devisen-, Noten-
und Edelmetallhandel, das Emissions- sowie das Depotgeschäft
und die Kundenberatung beinhaltet.[3] Der Erfolg des Finanzbe-
reiches schlägt sich vorwiegend in den Kommissionseinnahmen
nieder. Die Funktion des Kommerzbereiches liegt demgegenüber
in der Kreditgewährung an Firmen, Privatkunden und öffentlich-
rechtliche Körperschaften. Die Geschäftssparte Kommerz betreibt
das Zinsdifferenzgeschäft, welches seinen Niederschlag sowohl
in der Bilanz wie auch als Zinssaldo in der Erfolgsrechnung

---

[1] M. Schurig (1981), 80 ff.
[2] E. Albisetti et al. (1987), 66
[3] U. Emch/H. Renz (1984), 69

findet.

B. Bedeutung des Kommerzbereiches

Die Bedeutung des Kommerzbereiches als Pfeiler des Bankgeschäftes lässt sich näherungsweise bestimmen, wenn man den Zinssaldo in Beziehung zum Bruttoertrag setzt.[4] Abb. 1.4. zeigt die Zusammensetzung des Bruttoertrages der Bankengruppen 1.00 - 5.00[5] in den Jahren 1950, 1970 und 1987.

Abb. 1.4.: Struktur der Bankerträge 1950, 1970 und 1987

Ertragskomponenten	1950	1970	1987
Zinssaldo	41.9 %	38.7 %	23.2 %
Wechsel + Geldmarktpapiere	14.2 %	17.7 %	8.9 %
Kommissionssaldo	21.6 %	25.7 %	36.9 %
Wertschriftenertrag	17.1 %	12.1 %	14.8 %
Verschiedenes	5.2 %	5.7 %	16.1 %
Total	100 %	100 %	100 %

Quelle: SNB, Das schweizerische Bankgeschäft im Jahre 1987 (1988), Tab. 40.9 f.

Selbst wenn man berücksichtigt, dass die Kreditkommissionen sowie die Erträge aus dem Diskontgeschäft im Zinssaldo nicht enthalten sind (der Erfolgsbeitrag des Kommerzbereiches in Abb. 1.4. also nur teilweise erfasst wird), ändert dies nichts am generellen Verlauf der Entwicklung: Das Zinsdifferenzgeschäft

---

[4] Im Zinssaldo nicht enthalten sind die Kreditkommissionen. In den Jahresrechnungen der Banken werden sie unter dem Posten "Kommissionsertrag" gemeinsam mit den Kommissionen aus dem indifferenten Geschäft erfasst. Wie sich der Kommissionsertrag zusammensetzt, wird in der Regel nicht bekanntgegeben. Eine Ausnahme macht die Schweizerische Volksbank. Bei ihr beträgt der Anteil der Kreditkommissionen am Kommissionssaldo im Geschäftsjahr 1988 rund 23 Prozent.
[5] Kantonalbanken, Grossbanken, Regionalbanken und Sparkassen, Darlehens- und Raiffeisenkassen, Uebrige Banken (ohne Finanzgesellschaften, Filialen ausländischer Banken, Privatbankiers).

und damit auch der Kommerzbereich haben - trotz fortgesetzten
Wachstums - insbesondere zwischen 1970 und 1987 an Bedeutung
verloren. Wenngleich die einstmals dominante Stellung eingebüsst
wurde, ist das Kommerzgeschäft in den meisten Instituten ein
Eckpfeiler des Bankertrages geblieben. Dies mag auch die folgende Abbildung über die Bedeutung des Kommerzbereiches bei einer
Grossbank dokumentieren:

Abb. 1.5.: Bedeutung des Kommerzbereiches bei der SKA[6]

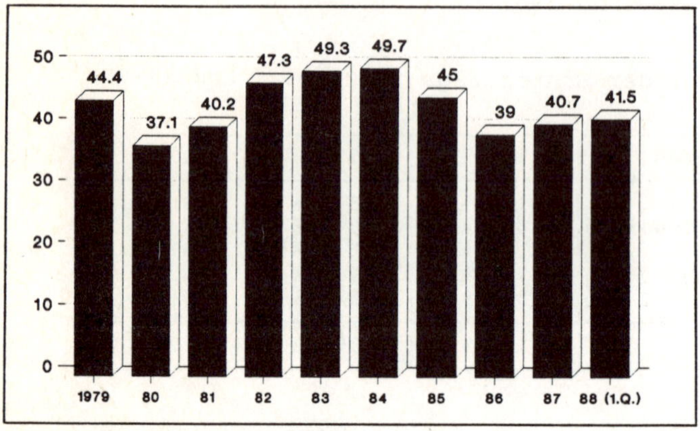

Quelle: M. Meier (1988), o.S.

Nicht nur in bezug auf den Stellenwert des Kommerzbereiches
als Pfeiler des Bankgeschäftes, sondern auch innerhalb des
Kreditgeschäftes sind gewisse Verschiebungen sichtbar. Seit
1950 haben vor allem die Kontokorrent-Debitoren nach einem
vorübergehenden Anstieg sowie die Diskontkredite Bilanzsummenanteile eingebüsst, während Darlehen und feste Vorschüsse stark
zulegen konnten. Dieser Trend hat sich auch in den vergangenen
zehn Jahren fortgesetzt.[7] Umgekehrt weist die Kundenstruktur
über das letzte Jahrzehnt hinweg eine bemerkenswerte Konstanz
auf.[8]

---

[6] Berechnet als Anteil des Zinssaldos (inkl. Ertrag der Wech-
sel und Geldmarktpapiere) zuzüglich der Kreditkommissionen
am Bruttoertrag.
[7] SNB, Das schweizerische Bankwesen im Jahre 1987 (1988),
Tab. 4.6. f.
[8] M. Meier (1988), 9

Das Kreditgeschäft wird sich auch in Zukunft auf einem Wachstumsmarkt abspielen.[9] Es wird daher eine tragende Säule des Bankerfolges bleiben. Der Trend zur Verbriefung hat sich in jüngster Zeit deutlich verlangsamt[10] und könnte unter gewissen Voraussetzungen sogar in eine Gegenbewegung umschlagen.[11] Wahrscheinlicher scheint jedoch, dass die neuen Finanzinstrumente den traditionellen Bankkredit weiterhin hart bedrängen werden.[12] Diese Entwicklung geht einher mit dem Markteintritt branchenfremder Konkurrenten[13], wachsenden Kundenansprüchen an Zusatzleistungen der Banken[14] sowie einem anhaltenden Druck auf die Zinsmargen.[15] Die relative Begrenztheit des schweizerischen Marktes dürfte überdies die Auslandabhängigkeit bei der Kreditvergabe weiter verstärken.

Um die sich bietenden Chancen im Kreditgeschäft auszunützen, werden die Kommerzabteilungen nicht umhin kommen, sich noch stärker auf das Wachstumssegment der Klein- und Mittelbetriebe auszurichten, die gewünschten Beratungsleistungen vollumfänglich zu erbringen, höhere Risiken einzugehen, Marktnischen aufzuspüren sowie die Vorteile des kommerziellen Kredites gegenüber Geld- und Kapitalmarktfinanzierungen konsequent in den Vordergrund zu stellen. Dazu zählen insbesondere die Flexibilität der Konditionen, Diskretion, Einfachheit und eine rasche Verfügbarkeit von hohen Beträgen.

---

[9] A. Andersen (1986), 48
[10] Bei allen Grossbanken ist 1988 der Anteil des Zinsdifferenzgeschäftes am Nettoertrag deutlich gestiegen; B. Brenner (1989), 37. Bei der SKA hat der Zinsüberschuss die Kommissionserträge im Geschäftsjahr 1988 erstmals als wichtigste Ertragsquelle wieder abgelöst.
[11] F. Köhli (1987), 44 f. nennt vier mögliche Entwicklungen, die zu einer Trendwende führen könnten: (1) Eine neuerliche Regulation der Finanzmärkte, (2) Bonitätseinbussen der Schuldner, welche einen Wandel in der Anlegergunst auslösen, (3) neue Kapitalunterlegungsvorschriften sowie (4) höhere Kapitalmarktzinssätze, verbunden mit weniger attraktiven Angeboten an Emissionsschuldner.
[12] F. Köhli (1987), 42 f.
[13] A. Andersen (1986), 44 ff.
[14] R. Holzach (1986), 3
[15] M. Meier (1988), 18

Kapitel 3: Der kommerzielle Kredit als Finanzierungsinstrument der Unternehmung

A. Die Finanzierung der Unternehmung

In einem weiteren Sinne umfasst der Finanzierungsbegriff "alle mit der Kapitalbeschaffung, der Kapitalverwaltung, dem Kapitaleinsatz und der Kapitalrückzahlung zusammenhängenden Massnahmen."[1] Im folgenden interessiert lediglich die klassische Begriffsdefinition, welche sich auf die Frage der Kapitalbeschaffung beschränkt.[2] Sie wird auch als Finanzierung im engeren Sinne bezeichnet.[3]

Grundlage der Kapitalbeschaffung bildet eine dreistufige Finanzplanung, bestehend aus einer Bedarfs-, einer Beschaffungs- und einer Durchführungsplanung.[4] Steht der Kapitalbedarf nach Höhe und Dauer fest, so kann unter Berücksichtigung der unternehmerischen Zielsetzungen die optimale Kapitalstruktur ermittelt werden.[5] Das Finanzmanagement hat sich dabei in erster Linie am ökonomischen Basisziel nach Erwirtschaftung einer angemessenen Eigenkapitalrentabilität zu orientieren.[6] So gesehen sind weitere unternehmenspolitische Zielsetzungen wie etwa Sicherheit (tägliche Zahlungsbereitschaft sowie Fähigkeit zur langfristigen Kapitalrückleitung) und Unabhängigkeit eigentlich nur Restriktionen bei der Verfolgung des Rentabilitätszieles. Durch eine Operationalisierung des Basiszieles sowie der genannten Restriktionen erhält man die Kriterien für die Gestaltung der Kapitalstruktur. Sie lauten:[7]

- Ausnützung des Leverage-Effektes
- Minimierung der Kapitalkosten
- Einhaltung der Finanzierungsregeln (insbesondere der golde-

---

[1] M. Boemle (1986), 20
[2] O. Hahn (1975), 36
[3] F. Steiner (1986), 17
[4] B. Lutz (1983), 6 ff.
[5] B. Lutz (1983), 12
[6] M. Boemle (1986), 39
[7] In Anlehnung an M. Boemle (1986), 41 ff.

nen Finanzierungsregel sowie der goldenen Bilanzregel)
- Angemessenheit der Eigenkapitalausstattung unter Berücksichtigung der unternehmensspezifischen Risiken
- Hohe Flexibilität bei schwankenden Kapitalbedürfnissen
- Minimierung des Fremdeinflusses

Die fehlende Messbarkeit gewisser Kriterien sowie Antinomien unter den Zielsetzungen verhindern eine eindeutige Bestimmung der optimalen Kapitalstruktur. Unter Würdigung der Unternehmungsgesamtpolitik sind daher Prioritäten zu setzen, welche je nach Führungsstil, Traditionsgebundenheit und Verantwortungsbewusstsein des Managements zu unterschiedlichen Ergebnissen führen.[8] Zur Realisierung dieser Grundsatzentscheide kann auf die folgenden Finanzierungsformen zurückgegriffen werden:[9]

Abb. 1.6.: Formen der Finanzierung

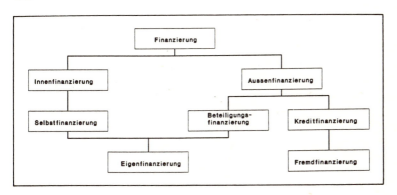

Quelle: P. Kasper (1976), 33

Ueber die Formen der Selbst- und Beteiligungsfinanzierung verschafft sich die Unternehmung Eigenkapital. Als dauerhaft verfügbares Risikokapital übernimmt es eine Haftungs- oder Garantiefunktion.[10] Dem Eigenkapitalgeber stehen je nach Rechtsform

---

[8] B. Lutz (1983), 17
[9] Abb. 1.6. beschränkt sich auf die Darstellung der klassischen Fremd- und Eigenfinanzierungsformen. Ausführlichere Beschreibungen bei L. Perridon/M. Steiner (1988), 197 und 199; M. Boemle (1986), 22; F. Steiner (1986), 58; R. Volkart (1983), 18
[10] H. Rautenberg (1984), 5 ff.

der Unternehmung und Art der Beteiligung unterschiedlich weitgehende Mitwirkungsrechte zu. Er partizipiert an den Gewinnen und
Verlusten sowie an einem allfälligen Liquidationserlös, besitzt
in der Regel jedoch keinerlei Anspruch auf festen Zins und Kapitalrückzahlung. Das Eigenkapital bildet das finanzielle Funda-
ment des Unternehmens und steckt weitgehend den Rahmen für seine
Entwicklung ab.[11]

Die Aufnahme von <u>Fremdkapital</u> begründet ein Forderungsverhält-
nis. Durch die zeitlich begrenzte Kapitalüberlassung erwirbt
der Fremdkapitalgeber einen Anspruch auf Zins und Rückzahlung.
Die Unternehmung geht eine entsprechende Verpflichtung ein. Im
Unterschied zu den Eigenkapitalkosten ist der Zinsaufwand für
das Fremdkapital steuerlich abzugsfähig.[12] Abb. 1.7. fasst die
wesentlichen Unterschiede zwischen Eigen- und Fremdfinanzierung
zusammen:

<u>Abb. 1.7.</u>: Unterschiede zwischen Eigen- und Fremdkapital

Kriterium	Eigenkapital	Fremdkapital
Stellung	Eigentuemerstellung	Glaeubigerstellung
Haftung	Mindestens in der Hoehe der Einlage	keine Haftung
Nutzen	Gewinn- und Verlust- anteil	ueblicherweise fester Zinsanspruch
Mitsprache	in der Regel berechtigt	grundsaetzlich ausge- schlossen
Verfuegbarkeit	in der Regel unbegrenzt	in der Regel terminiert
Steuerliche Behandlung	Kosten nicht abzugs- faehig	Kosten abzugsfaehig
Kosten	tendenziell hoeher	tendenziell niedriger

<u>Quelle:</u> L. Perridon/M. Steiner (1988), 198

---

[11] J. Dreher (1985), 7
[12] F. Steiner (1986), 66

B. Bedeutung der Bankkreditfinanzierung

Ist der Entscheid über das Ausmass der Fremdfinanzierung getroffen, so stehen die verschiedenen Formen des Bankkredites
aus Sicht der Unternehmung in direkter Konkurrenz zu einer Reihe weiterer Fremdfinanzierungsalternativen (vgl. Abb. 1.8.).

<u>Abb. 1.8.</u>: Möglichkeiten der Fremdfinanzierung

	Bankkredite [13]	Nichtbank-Kredite [14]	Kreditsubstitute
Kurzfristige Fremdfinan- zierung (bis 1 Jahr)	- Kontokorrentkredit - Diskontkredit - Akzeptkredit - Rembourskredit - Kautionskredit	- Lieferantenkredit - Kundenanzahlung - Geldmarktfinan- zierung	- Factoring
Mittel- und langfristige Fremdfinan- zierung (ueber 1 Jahr)	- Darlehen - Fester Vorschuss	- Darlehen von Privat- personen, Kunden, Lieferanten, Vor- sorgeeinrichtungen, Konzerngesellschaften - Personaleinlagen - Kassenscheine - Anleihen	- Forfaitierung - Leasing

<u>Quellen</u>: L. Perridon/M. Steiner (1988), 228 ff., 263 ff., 284
ff; M. Boemle (1986), 285 ff.; J. Süchting (1984), 112 ff.

Aufgrund der veröffentlichten Buchhaltungsergebnisse schweizerischer Unternehmen kann zunächst festgestellt werden, dass der
<u>Fremdfinanzierungsgrad</u> (berechnet als ungewichteter Durchschnitt
für 23 erfasste Branchen aus Industrie und Handel) 1986 rund 64
Prozent betrug. Die überwiegende Mehrzahl von Wirtschaftsklassen
(16 von 23) wies Fremdkapitalanteile zwischen 57 und 73 Prozent
aus. Die Extremwerte lagen bei 42 bzw. bei 78 Prozent.[15] Im
Zeitablauf ist bezüglich der Unternehmensverschuldung kein ein-

---

[13] Erwähnt sind nur die Kredit<u>formen</u> gemäss E. Albisetti et
al. (1987), 106
[14] Der Kreditbegriff wird hier in einem weiteren Sinne verstanden, so dass auch Geld- und Kapitalmarktfinanzierungen darunter fallen.
[15] BFS, Buchhaltungsergebnisse schweizerischer Unternehmungen
1986/87, 71 ff. Die stillen Reserven sind in den veröffentlichten Zahlen nicht enthalten. Der <u>effektive</u> Eigenfinanzierungsgrad liegt entsprechend höher.

heitlicher Trend erkennbar.[16]

Ueber den <u>Anteil der Bankkredite</u> am Bilanzsummentotal lassen sich mangels statistischer Grundlagen keine exakten Aussagen machen. Eine Auswertung der Bilanzen von rund 40 schweizerischen Unternehmen erlaubt zumindest gewisse generelle Rückschlüsse:

(1) Was bereits aus Sicht der Banken festgestellt wurde, bestätigt auch die Analyse der Unternehmensbilanzen: Insbesondere die langfristigen Kredite haben gegenüber der Anleihensfinanzierung Bilanzsummenanteile verloren. Diese Entwicklung wird verständlich, wenn man den Vergleich zwischen den laufenden Kosten für Obligationen und Hypotheken zieht. Seit 1981 wurden die Obligationen jedes Jahr bis zu 1 Prozentpunkt niedriger verzinst als Hypothekarkredite.[17]

(2) Die Bedeutung der Bankkreditfinanzierung hängt eng mit der Unternehmensgrösse zusammen. Kleine und mittlere Betriebe ohne Zugang zum Kapitalmarkt weisen in der Regel nebst einem höheren Eigenfinanzierungsgrad auch höhere Bankkreditanteile auf als Grossfirmen.[18] Bei den grössten multinationalen Unternehmungen der Schweiz liegen die ausgewiesenen Bankkredite fast ausnahmslos deutlich unter 25 Prozent der Bilanzsumme.[19]

(3) Das Ausmass der Finanzierungsunterschiede zwischen den Branchen kann anhand der Beanspruchung von Krediten mit hypothekarischer Deckung aufgezeigt werden. Besonders nied-

---

[16] Zwischen 1977 und 1984 hat der Fremdfinanzierungsgrad in acht Branchen ab- und in zehn Branchen zugenommen; BFS, Buchhaltungsergebnisse schweizerischer Unternehmungen 1982/83 und 1984/85 19 bzw. 20. Eine 1985 erfolgte Aenderung in der Brancheneinteilung lässt keine Vergleiche der neusten Zahlen mit den Werten vor 1985 zu; BFS Buchhaltungsergebnisse schweizerischer Unternehmungen 1985/86, 9.

[17] BFS, Statistisches Jahrbuch der Schweiz 1989, 225

[18] So auch A.-U. Löffler (1987), 17

[19] Eine Ausnahme bildet die Pirelli Gruppe mit einem Anteil von rund 50 Prozent per 31.12.1987.

rig ist sie in der Energie- und Wasserversorgungsbranche
sowie in der Tabakindustrie (1986 jeweils weniger als 1
Prozent). Dagegen deckten die Unternehmungen der holzverar-
beitenden Industrie ihren Finanzbedarf 1986 zu über 30 Prozent durch Hypotheken.[20]

(4) Der stetige Wandel in der Finanzstruktur lässt sich nicht
    nur am Stellenwert des Bankkredites, sondern auch an der
    Entwicklung eines anderen Finanzierungsinstrumentes illu-
    strieren. Infolge des harten Konkurrenzkampfes auf dem In-
    vestitionsgütermarkt ist die Bedeutung der Anzahlungen in
    den letzten Jahren massiv gesunken.[21] Heute übersteigen sie
    nur in Einzelfällen 20 Prozent der Bilanzsumme.[22] Da die
    überaus teure Finanzierung durch Lieferantenkredite keine
    sinnvolle Alternative darstellt[23], eröffnen sich hier wie-
    derum neue Chancen für den kurz- und mittelfristigen Bank-
    kredit.

Jede Untersuchung der Unternehmensbilanzen kann die Bedeutung
der Kreditfinanzierung nur unvollkommen erfassen. Die nicht
benützten und mittels Bereitstellungskommissionen abgegoltenen
Verpflichtungskredite erscheinen in den Bilanzen ebensowenig
wie die zur Ueberwindung von Liquiditätsengpässen offen gehal-
tenen Kontokorrent-Limiten. Diese nur schwer durch andere Finanzierungsformen substituierbaren Kreditleistungen decken im
wesentlichen kurzfristige Finanzierungsbedürfnisse ab. Ob die
Unternehmen auch im mittel- und langfristigen Bereich auf den
traditionellen Bankkredit zurückgreifen werden, hängt von seiner
raschen, einfachen und flexiblen Verfügbarkeit, von der verfolgten Unternehmenspolitik sowie von der Situation auf dem Kapitalmarkt ab.

---

[20] BFS, Buchhaltungsergebnisse schweizerischer Unternehmungen
     1986/87, 42 ff.
[21] M. Boemle (1986), 285 f.
[22] Eine Ausnahme bildet der Sulzer-Konzern mit rund 25 Prozent
     per 31.12.1987.
[23] L. Perridon/M. Steiner (1988), 264

TEIL II:

DIE SYNDIZIERUNG IM KREDITGESCHAEFT

Kapitel 1: Begriff und Merkmale des Bankenkonsortiums

A. Im allgemeinen

Im weitesten Sinne versteht man unter einem Bankenkonsortium
(Bankensyndikat) die Verbindung von zwei oder mehreren Banken
zur Erreichung eines gemeinsamen Zweckes.[1] Das Konsortialgeschäft ist keine eigenständige Bankleistung.[2] Konsortien existieren vielmehr in den verschiedensten Bereichen des Bankgeschäftes, so namentlich

- im Kreditgeschäft[3]
- im Emissionsgeschäft[4]
- im Börsengeschäft[5] sowie
- im Beteiligungsgeschäft.[6]

Charakteristisch für alle Arten von Konsortien sind nebst der
gemeinsamen Zweckverfolgung mehrerer Banken die temporäre Natur
der Verbindung, die Risikoteilung, die einheitliche Leitung sowie die Aufrechterhaltung der rechtlichen und wirtschaftlichen

---

[1] E. Albisetti et al. (1987), 628; SBG, Bankfachwörterbuch
(1987), 104; H. Herold (1964), 190
[2] H. Büschgen (1987), 3
[3] Kreditkonsortien, Sicherungskonsortien, Stillhaltekonsorti-
en, Sanierungskonsortien; vgl. unten, 47 ff. zu den Konsortien im Kreditgeschäft.
[4] Gründungskonsortien, Begebungskonsortien, Uebernahmekonsor-
tien; vgl. dazu H. Hämmerli (1986), 250 ff.; SKA, Das Emissionsgeschäft in Schweizerfranken (1985), 33 ff.; H. Scholze
(1973), 131 ff.; H. Delorme/H.-J. Hoesserich (1971), 49 ff.
[5] Börseneinführungskonsortien, Kurspflegekonsortien; vgl. dazu
H. Scholze (1973), 625 ff.; H. Delorme/H.-J. Hoesserich
(1971), 99 ff.
[6] Anteilsbindungskonsortien (Anteilsbindungspools); vgl. dazu
H. Scholze (1973), 669 ff.

Selbständigkeit aller Beteiligten.[7] Merkmale wie etwa die Vereinigung von Kapital oder das Handeln auf gemeinsame Rechnung
treffen hingegen nur für bestimmte Typen von Konsortien zu.

Die Technik der Syndizierung ist im übrigen keineswegs neu.
Konsortien lassen sich bis in die Zeit Babylons vor rund 3300
Jahren zurückverfolgen.[8] In der Geschäftswelt des alten Rom
hatten sie bereits ihren festen Platz.[9] In der Zwischenzeit
ist aus den ersten Ansätzen zur Kräftezusammenfassung und Risikominderung eine "komplexe hochentwickelte Verfahrenstech-
nik für die Erstellung unterschiedlichster Bankleistungen"[10]
entstanden.

Von den hier untersuchten zeitlich befristeten Konsortien klar
abzugrenzen sind die sogenannten Consortium Banks, welche von
Banken aus verschiedenen Ländern für unbegrenzte Dauer als
selbständige Institute gegründet wurden und in gewissen Seg-
menten des Eurogeschäftes hochspezialisierte Leistungen (u.a.
auch Konsortialkredite) anbieten.[11]

B. Im Kreditgeschäft

Die Bankenkonsortien des Kreditgeschäftes weisen folgende fünf
begriffswesentlichen Merkmale auf:

(a) Gemeinsamer Zweck
(b) Zeitliche Befristung
(c) Risikoteilung
(d) Einheitliche Leitung
(e) Aufrechterhaltung der rechtlichen und wirtschaftlichen
    Selbständigkeit aller Beteiligten

---

[7] In Anlehnung an E. Albisetti et al. (1987), 628; H. Büschgen
     (1987), 3 ff.; H. Scholze (1973), 3; H. Delorme/H.-J. Hoes-
     serich (1971), 7 ff.
[8] R. Gut (1983), 89
[9] H. Scholze (1973), 37
[10] H. Büschgen (1987), 3
[11] G. Obst/O. Hintner (1980), 205; K. Preisig (1976), 65 ff.

Zu den <u>unmittelbar</u> verfolgten <u>Hauptzwecken</u> der konsortialen
Bankenverbindung (wie sie aus den vertraglichen Vereinbarungen
zwischen den Banken hervorgehen) zählen

- die gemeinsame Kreditgewährung
- die gemeinsame Sicherstellung und der Verlustausgleich sowie
- die Aufrechterhaltung bestehender Kreditbeziehungen zu einem
  notleidenden Kreditnehmer.

<u>Unmittelbar</u> verfolgte <u>Nebenzwecke</u> sind

- der Informationsaustausch
- die Vereinheitlichung von Konditionen sowie
- die Beeinflussung der Unternehmungsführung.[12]

Die Konsortien des kommerziellen Kreditgeschäftes sind typischerweise ad hoc Syndikate. Sie sind zeitlich eng befristet
und beschränken sich meist auf die Durchführung eines Einzel-
geschäftes.[13] In allen Fällen führt das kollektive Vorgehen zu
einer breiteren Abstützung von Risiken und damit zu einer Risikominderung für die einzelne Bank. Trotz dieser Aufteilung von
Geschäften auf mehrere Konsorten bleibt die Einheit des Handelns
durch eine zentrale Leitung gewahrt, welche führungstechnische,
administrative und repräsentative Funktionen erfüllt.[14] Die Aufrechterhaltung der rechtlichen und wirtschaftlichen Selbständigkeit aller Beteiligten ergibt sich zwingend aus der temporären
Natur des Konsortiums.[15]

---

[12] Vom <u>unmittelbaren Zweck des Konsortiums</u> kann der <u>Endzweck
der Konsorten</u> unterschieden werden. Endzweck ist in der
Regel ein ökonomischer Vorteil für die Beteiligten (wirtschaftlicher Endzweck). Als Beispiel für einen nichtwirt-
schaftlichen Endzweck wäre etwa die Erhaltung von Arbeitsplätzen durch Sanierung zu nennen; R. Francioni (1987), 51
[13] Im Gegensatz dazu stehen die permanenten Emissionssyndika-
te, welche über einen <u>längeren</u> Zeitraum hinweg <u>mehrere</u>
Einzelgeschäfte nach einem bestimmten Schlüssel unter sich
aufteilen.
[14] H. Delorme/H.-J. Hoesserich (1971), 9
[15] H. Delorme/H.-J. Hoesserich (1971), 7

Was die Definition anbelangt, bestehen zwischen den Konsortien
nach schweizerischem Recht und internationalen Konsortien keine
grundlegenden Unterschiede. Die begriffswesentlichen Merkmale
(a-e) gelten auch für die Konsortien des Euromarktes. Auf rechtliche, organisatorische und abwicklungstechnische Besonderheiten
der Eurokreditkonsortien wird im Teil III über das Kreditkonsortium hingewiesen.[16]

---

[16] Vgl. unten, 47 ff. zum Kreditkonsortium.

Kapitel 2: Die Rechtsform des Konsortiums

Mit dem Eingehen einer konsortialen Verbindung schliessen sich die Beteiligten zu einer Gesellschaft zusammen.[1] Im Gesellschaftsrecht existieren dazu genau acht Rechtsformen.[2] Für das Konsortium sieht der Gesetzgeber keine bestimmte Form vor. Die Konsorten sind also grundsätzlich frei, eine Gesellschaftsform zu wählen, die ihren spezifischen Bedürfnissen optimal Rechnung trägt.[3] Im folgenden ist zu untersuchen, welche Rechtsformen für das Bankenkonsortium rechtlich zulässig und betriebswirtschaftlich sinnvoll sind.

A. Anforderungen an die Rechtsform

Aufgrund der Eigenschaften und Zielvorstellungen der beteiligten Banken muss die Rechtsform folgende Anforderungen erfüllen:[4]

- Zulassung von juristischen Personen als Gesellschafter
- Minimaler Rechtsformaufwand
- Einfache Gründung und Auflösung
- Hoher Anteil an dispositiven Normen
- Keine Publizitätsvorschriften
- Geringe Steuerbelastung

B. Ergebnis

1. Kollektiv- und Kommanditgesellschaft

Kollektiv-[5] und Kommanditgesellschaften[6] scheiden als Alterna-

---

[1] H. Scholze (1973), 5
[2] Einfache Gesellschaft, Kollektivgesellschaft, Kommanditgesellschaft, Aktiengesellschaft, Kommandit-AG, GmbH, Genossenschaft, Verein.
[3] R. Francioni (1987), 40
[4] In Anlehnung an R. Francioni (1987), 41 und L. Fischer (1977), 186 f.
[5] OR 552 - 593

tiven aus, weil sie die Mitwirkung juristischer Personen ganz
oder teilweise ausschliessen.[7]

2. Aktiengesellschaft und Kommandit-AG

Auf Aktiengesellschaften[8] und Kommandit-Aktiengesellschaften[9]
finden weitgehend die gleichen gesetzlichen Bestimmungen Anwendung.[10] Beide Gesellschaftsformen erlauben die Mitwirkung juristischer Personen. Gemessen an den Anforderungen der Konsorten
überwiegen jedoch die Nachteile, namentlich die Formvorschriften, die hohen Kosten der Gründung und Auflösung, die Kapital-
bindung, die Publizität sowie die Doppelbesteuerung.[11]

3. Gesellschaft mit beschränkter Haftung

Die Gesellschaft mit beschränkter Haftung[12] ist aus den gleichen Gründen wie die AG als Rechtsform für das Konsortium unge-
eignet.

4. Genossenschaft

Die Gesellschaftsform der Genossenschaft[13] fällt für die Konsorten ausser Betracht, weil sie auf dem Gedanken der Selbsthilfe
beruht, eine minimale Anzahl von sieben Mitgliedern verlangt,
die Erfüllung von Formvorschriften voraussetzt, durch den Han-
delsregister-Eintrag unerwünschte Publizität schafft sowie
bezüglich Mitgliedschaft (Prinzip der offenen Türe für neue
Mitglieder) und Stimmrecht (Prinzip der einen Stimme pro Kopf)

---

[6]   OR 594 - 619
[7]   OR 552 bzw. OR 594
[8]   OR 620 - 763
[9]   OR 764 - 771
[10] OR 764 II
[11] D. Bieri (1987), 160; R. Francioni (1987), 42
[12] OR 772 - 827
[13] OR 828 - 926

für das Konsortium unzweckmässige zwingende Gesetzesvorschriften
enthält.[14]

5. Verein

Die verhältnismässig liberale Ausgestaltung des Vereinsrech-
tes[15] macht diese Gesellschaftsform für das Konsortium grundsätzlich interessant. Die dispositiven Gesetzesbestimmungen
wären so weit anpassbar, dass die Vereinsform den Anforderungen der Konsorten weitgehend entsprechen würde.[16] Nun erheben
sich allerdings Bedenken in bezug auf die Zulässigkeit. Der
wirtschaftliche Zweck des Konsortiums steht im Widerspruch zu
den Intentionen des Gesetzgebers, der die Rechtsform des Vereins
ideellen Zwecken vorbehalten will.[17] Ein Konsortium in Vereinsform könnte daher in Anwendung von ZGB 59 II, ZGB 62 und OR 530
II als einfache Gesellschaft qualifiziert werden.[18] Wie bei
allen juristischen Personen bestünde überdies das Problem der
Doppelbesteuerung.[19]

6. Einfache Gesellschaft

Die einfache Gesellschaft[20] ist die Grund- und Subsidiärform
des Gesellschaftsrechtes.[21] Als Gesellschafter kommen natürli-
che und juristische Personen in Frage.[22] Die gesetzliche Ordnung
ist weitgehend dispositiver Natur und kann daher von den Beteiligten auf ihre individuellen Bedürfnisse zugeschnitten werden.[23] Spezielle Formerfordernisse sind nicht zu beachten.[24]

---

[14] R. Francioni (1987), 43
[15] ZGB 60 - 79
[16] D. Bieri (1987), 155
[17] ZGB 60 I
[18] D. Bieri (1987), 159
[19] R. Francioni (1987), 44
[20] OR 530 - 551
[21] A. Meier-Hayoz/P. Forstmoser (1984), 197 N 2
[22] T. Guhl/H. Merz/M. Kummer (1980), 562
[23] A. Meier-Hayoz/P. Forstmoser (1984), 197 N 3
[24] H. Becker (1934) Art. 530 N 11

Die Gründung unterliegt keinen Publizitätsvorschriften.[25] Eine wirtschaftliche Doppelbesteuerung unterbleibt.

7. Zusammenfassung

Nur die Rechtsform der einfachen Gesellschaft wird den Anforderungen der Konsorten vollumfänglich gerecht. Andere Gesellschaftsformen kommen aus rechtlicher oder betriebswirtschaftlicher Sicht kaum in Frage. In der Literatur wird das Konsortium daher praktisch ausnahmslos mit der einfachen Gesellschaft gleichgesetzt.[26]

---

[25] A. Meier-Hayoz/P. Forstmoser (1984), 201 N 26
[26] E. Albisetti et al. (1987), 423; D. Bieri (1987), 153 f.; R. Francioni (1987), 2; U. Emch/H. Renz (1984), 197 f.; P. Gutzwiller et al. (1982), 201 f. N 1260; T. Guhl/H. Merz/M. Kummer (1980), 565. Analog dazu ist das Konsortium in der BRD regelmässig eine Gesellschaft bürgerlichen Rechts; A. Jährig/H. Schuck (1982), 111; H. Scholze (1973), 7; H. Delorme/H.-J. Hoesserich (1971), 11; H. Herold (1964), 191

Kapitel 3: Arten von Konsortien

A. Kreditkonsortium[1]

Das Kreditkonsortium ist eine
- zeitlich begrenzte Vereinigung von zwei oder mehreren selbständig bleibenden Banken
- zur Durchführung eines Kreditgeschäftes
- auf gemeinsame Rechnung
- unter Verteilung des Risikos auf die einzelnen Konsorten.[2]

Der unmittelbare Zweck des Kreditkonsortiums besteht in der gemeinsamen Kreditgewährung[3], also der Durchführung eines Konsortialkreditgeschäftes.

Wesensmerkmale:

(a) Im Vordergrund stehen Geschäfte mit höherem Risiko, d.h. grössere Geschäfte oder Geschäfte mit Kunden minderer Qualität.[4]

(b) Kreditverhandlungen, Sicherstellung und Kreditabwicklung sind zentralisiert. Die Kreditforderung steht den Gläubigern in der Regel zur gesamten Hand zu. Jede Konsortialbank hält eine bestimmte Quote. Bezüglich der Kreditkonditionen sind die Banken einander gleichgestellt.

(b) Der Zusammenschluss erfolgt typischerweise in Form der einfachen Gesellschaft.[5]

Arten des Kreditkonsortiums:

(1) Kreditkonsortium mit Gesamthandsverhältnis
(2) Kreditkonsortium ohne Gesamthandsverhältnis

---

[1] Vgl. unten, 47 ff. zum Kreditkonsortium.
[2] In Anlehnung an E. Albisetti et al. (1987), 423; G. Obst/O. Hintner (1980), 340; W. Reiter (1967), 35
[3] R. Francioni (1987), 36
[4] M. Cramer (1981), 12
[5] E. Albisetti et al. (1987), 628; vgl. oben, 29 ff. zur Rechtsform des Konsortiums.

B. Sicherungskonsortium[6]

Das Sicherungskonsortium ist eine
- zeitlich begrenzte Vereinigung von zwei oder mehreren selbständig bleibenden Banken
- zur gemeinsamen Sicherstellung eines Parallelkredites
- unter Verteilung des Risikos auf die einzelnen Konsorten.

Der unmittelbare Zweck des Sicherungskonsortiums besteht also
in der Zusammenfassung (Poolung) von Sicherheiten aus einem
Parallelkredit. Ein Parallelkredit setzt sich aus zwei oder
mehreren rechtlich unabhängigen Krediten an einen bestimmten
Kreditnehmer zusammen. Sie werden von verschiedenen Banken in
eigenem Namen und auf eigene Rechnung gewährt.[7] Der Parallelkredit wird auch als "unechter Konsortialkredit" bezeichnet.[8]

Wesensmerkmale:

(a) Anders als beim Kreditkonsortium unterhält hier jede Bank
    eine direkte Geschäftsbeziehung zum gemeinsamen Kreditneh-
    mer. Die Kreditforderungen stehen den einzelnen Banken
    separat zu, die Zentralisation der Kreditabwicklung ent-
    fällt.
(b) Bei den Kreditverhandlungen erfolgt unter den Banken eine
    enge Abstimmung.[9] Dabei wird regelmässig eine Vereinheit-
    lichung der Konditionen angestrebt.[10]
(c) Trotz rechtlicher Unabhängigkeit der Kreditbeziehungen,
    übertragen die Konsorten die treuhänderische Verwaltung
    der Sicherheiten einer bestimmten Bank und verabreden ei-
    nen Verlustausgleich.
(d) Die beteiligten Banken informieren sich gegenseitig über
    die Entwicklung ihrer separaten Kreditbeziehungen.[11]

---

6 Vgl. unten, 161 ff. zum Sicherungskonsortium.
7 G. Obst/O. Hintner (1980), 343
8 H. Scholze (1973), 104
9 G. Obst/O. Hintner (1980), 343
10 A. Jährig/H. Schuck (1982), 112
11 G. Obst/O. Hintner (1980), 343

C. Stillhaltekonsortium[12]

Das Stillhaltekonsortium ist eine Vereinigung von zwei oder mehreren selbständig bleibenden Banken, welche sich bereitfinden, ihre rechtlich unabhängigen Kredite an einen insolventen Kreditnehmer unter Weiterführung des Zinsendienstes bis zu einem bestimmten Zeitpunkt offenzuhalten.[13]

Der unmittelbare Zweck (Vertragszweck) des Stillhaltekonsortiums besteht in der Aufrechterhaltung der Kreditbeziehungen verschiedener Banken zu einem notleidenden Kreditnehmer. Keine Bank soll zum Schaden der anderen ausbrechen können.

Wesensmerkmale:

(a) Am Stillhaltekonsortium sind in der Regel ausschliesslich Banken beteiligt. Es ist jedoch üblich, dass auch anderen Gläubigern (insbesondere Lieferanten) separate Stillhalteverpflichtungen auferlegt werden.

(b) Die Mitwirkung der Banken an einem Stillhaltekonsortium setzt voraus, dass der Kreditnehmer grundsätzlich überlebensfähig ist.[14]

(c) Die Aufrechterhaltung bestehender Kreditlimiten kann mit einer Poolung vorhandener oder neu gewährter Kreditsicherheiten einhergehen.[15]

(d) In der Regel legt man sowohl von Seiten der Banken wie auch von Seiten des Kreditnehmers Wert auf die Vermeidung unnötiger Publizität.

(e) Oft bilden Stillhalteabkommen die Grundlage für weitergehende Sanierungsleistungen.[16]

(f) Für das Stillhaltekonsortium mit Sicherheitenpool wird regelmässig die Form der einfachen Gesellschaft gewählt.

---

[12] Vgl. unten, 200 ff. zum Stillhaltekonsortium.
[13] In Anlehnung an H. Scholze (1973), 119 und H. Delorme/H.-J. Hoesserich (1971), 48
[14] G. Kayser (1983), 2; A. Herrhausen (1979), 359
[15] M. Lüthy (1988), 240
[16] H. Scholze (1973), 119 f.

D. Sanierungskonsortium[17]

Das Sanierungskonsortium ist eine zeitlich begrenzte Vereinigung von Banken, welche sich bereitfinden, zur Unterstützung
eines insolventen Kreditnehmers einen Beitrag zu leisten, der
über den blossen Fälligkeitsaufschub hinausgeht.[18]

Unmittelbarer Zweck des Sanierungskonsortiums ist die gemeinsame Aufbringung von Sanierungsleistungen, welche geeignet sind,
die wirtschaftliche Lebensfähigkeit der betroffenen Unternehmung
wiederherzustellen.[19]

Wesensmerkmale:

(a) Grundlage für die Bildung eines Sanierungskonsortiums ist
    ein Stillhalteabkommen zwischen den beteiligten Banken.
(b) Sanierungsleistungen werden erst dann bereitgestellt, wenn
    das Stillhalten alleine keinen Erfolg verspricht.
(c) Entscheidend für die Mitwirkung der Banken in Sanierungs-
    fällen ist die Ueberlebensfähigkeit und -willigkeit[20] der
    betroffenen Unternehmung sowie die Bereitschaft der Gläu-
    biger zur Opfersymmetrie.
(d) Wenn es um die Existenz von Unternehmen mit regionaler oder
    nationaler Bedeutung geht, werden sich die Banken nicht nur
    von rein betriebswirtschaftlichen Ueberlegungen leiten
    lassen, sondern auch Kunden- und Oeffentlichkeitsinteressen
    berücksichtigen.[21]

---

[17] Vgl. unten, 221 ff. zum Sanierungskonsortium.
[18] Nicht unter diese Definition fällt das sogenannte Stützungs-
     konsortium, welches dazu dient, Einleger und Sparer eines
     zahlungsunfähigen Kreditinstitutes vor Verlusten zu bewahren
     und damit negative Auswirkungen auf das Ansehen der gesamten
     Branche zu vermeiden; H. Delorme/H.-J. Hoesserich (1971), 49
[19] SBG, Bankfachwörterbuch (1987), 93
[20] W. Frehner (1986), 24
[21] R. Holzach (1982), 7

Kapitel 4: Motive und Ursachen der Syndizierung

Die Motive und Ursachen, welche zur Begründung von Kredit-,
Sicherungs-, Stillhalte- und Sanierungskonsortien führen, liegen
auf drei Ebenen: im Bereiche des Kunden, im Bereiche der Banken
sowie im Bereiche der Oeffentlichkeit.

A. Motive im Bereiche des Kunden

Aus Sicht des Kreditnehmers weist die Beteiligung mehrerer
Banken an einem Kreditgeschäft insbesondere fünf Vorteile auf:[1]

(1) Deckung hoher und höchster Kreditbedürfnisse: Kredite ab
    einer bestimmten Grössenordnung (in der Schweiz ab etwa
    200 Millionen Franken) sind fast nur noch auf konsortialer
    Basis erhältlich. Auch für geringere Beträge werden mit
    Vorteil mehrere Banken angesprochen, wenn die Kreditgewäh-
    rung mit verhältnismässig hohen Risiken verbunden ist.

(2) Schaffung optimaler Voraussetzungen für die Deckung zukünf-
    tiger Finanzbedürfnisse:[2] Im Hinblick auf wachsende Finanz-
    bedürfnisse stellt der Auf- und Ausbau umfassender Ge-
    schäftsbeziehungen zu einer Mehrzahl von Banken eine abso-
    lute Notwendigkeit dar. Bestehen bereits mehrere Bankver-
    bindungen, so legen insbesondere die Hausbanken Wert darauf,
    entsprechend ihrer Bedeutung an einem neuen Kreditgeschäft
    zu partizipieren. Daher werden gelegentlich auch Kredite
    syndiziert, welche aufgrund ihres Umfanges und des damit
    verbundenen Risikos ohne weiteres von einer einzigen Bank

---

[1] Die im folgenden genannten Vorteile können, müssen aber nicht
zur Bildung eines Konsortiums führen, denn die meisten der
hier formulierten Anliegen des Kreditnehmers würden auch durch
die Aushandlung mehrerer Individualkredite erfüllt. Eine solche Lösung hätte jedoch anderweitige Nachteile. Der Vergleich
zwischen einem Konsortialkredit und mehreren Individualkrediten aus Sicht des Kunden wird in TEIL III über das Kreditkonsortium gezogen; vgl. unten, 47 ff. zu den Eigenschaften des
Konsortialkredites.
[2] H. Rentsch (1978), 126

aufgebracht werden könnten.[3]

(3) Wahrung der Unabhängigkeit: Die Einflussmöglichkeiten einer
    Bank auf die Geschäftspolitik ihres Kunden wachsen tendenzi-
    ell mit der Höhe ihres Engagements. Durch eine breite Ab-
    stützung der Kreditfinanzierung werden einseitige Abhängig-
    keiten vermieden.[4]

(4) Erschwerte Kündbarkeit der Kreditmittel: Die Einbindung
    der Kreditgeber in ein Konsortium erschwert - gerade auch
    in finanziellen Notlagen - das Vorprellen einzelner Banken
    und damit die Aufkündbarkeit der Kredite.[5]

(5) Gegengeschäfte: Die Beteiligung mehrerer Institute kann
    sowohl im Hinblick auf eine grössere Anzahl von Gegenge-
    schäften wie auch in Erfüllung gegengeschäftlicher Ver-
    pflichtungen erfolgen.[6]

B. Motive im Bereiche der Banken

Grundsätzlich möchte jede Bank das Kreditgeschäft auf eigene
Rechnung, ohne die Mitwirkung anderer Institute tätigen.[7] Spezielle Gründe können jedoch ein zeitlich beschränktes Zusammen-
gehen verschiedener Banken erforderlich machen. Dazu zählen:

(1) Gesetzliche Auflagen: Sehr hohe Kreditsummen übersteigen
    unter Umständen die Finanzierungskapazität eines einzelnen
    Institutes.[8] Dies wäre der Fall, wenn als Folge der Kre-
    ditgewährung die Eigenmittelvorschriften (VBaG 11 ff.) oder
    die Liquiditätsvorschriften (VBaG 15 ff.) nicht mehr einge-
    halten werden könnten bzw. wenn aufgrund der gesetzlichen

---

[3] H. Delorme/H.-J. Hoesserich (1971), 28
[4] D. Bieri (1987), 71
[5] D. Bieri (1987), 72
[6] H. Rentsch (1978), 126
[7] D. Bieri (1987), 73
[8] E. Albisetti et al. (1987), 423

Bestimmungen über die Risikoverteilung (VBaG 21) ein melde-
pflichtiges Klumpenrisiko entstünde.

(2) Freiwillige Risikominderung:[9] Hohe Kreditbeträge oder Zweifel an der Kundenbonität sprechen unter Umständen gegen ein
längerfristiges Alleinengagement. Als Grenzen dienen bankinterne Belehnungslimiten, welche über die gesetzlichen Auflagen hinausgehen, namentlich Kundenlimiten, Länderlimiten sowie Gesamtplafonds für bestimmte Kreditarten, Branchen oder
Währungspositionen. Besonders ausgeprägt ist der Wunsch nach
Risikostreuung in Stillhalte- und Sanierungsfällen.

(3) Refinanzierungsprobleme: Im Zusammenhang mit langfristigen
Ausleihungen stellt sich das Problem der fristenkongruenten
Refinanzierung. Eine Syndizierung kann als Mittel dienen, um
den Bedarf an langfristigen Einlagen zu reduzieren.

(4) Reziprozitätsüberlegungen: Selbst wenn aus Risiko- oder
Refinanzierungsgründen keine zwingende Notwendigkeit für
ein kollektives Handeln besteht, kann die Erwartung eines
reziproken Verhaltens oder die Erfüllung entsprechender
Verpflichtungen zur Bildung eines Konsortiums führen.

C. Ursachen im Bereiche der Oeffentlichkeit

Das Verhalten der Banken ist zuweilen Gegenstand der öffentlichen Diskussion. Angesichts ihres wirtschaftlichen Gewichtes
wird insbesondere von den Grossbanken erwartet, dass sie bei
ihrer Entscheidungsfindung nicht nur betriebswirtschaftlichen,
sondern auch gesellschaftspolitischen Interessen wie etwa der
Erhaltung von Arbeitsplätzen Rechnung tragen.[10] Dieser politische Druck äussert sich vor allem in Sanierungsfällen. Dabei
geht die Forderung der Oeffentlichkeit nicht direkt auf die
Bildung eines Konsortiums als vielmehr auf die Rettung eines

---

[9]   J. Dohm (1984), 9 N 1; K. Preisig (1976), 100
[10] H. Räss (1983), 19 f.

bestimmten Unternehmens. Sind mehrere Kreditgeber involviert,
so ist damit jedoch fast zwangsläufig ein konsortiales Vorgehen verbunden. Ohne eine gerechte Verteilung der Lasten wird
nämlich keine Bank Hand für Stillhalte- oder Sanierungsleistungen bieten.[11]

---

[11] H. Scholze (1973), 119

Kapitel 5: Rechtliche Probleme der Syndizierung

A. Geheimhaltungs- und Schweigepflicht

1. Im allgemeinen

Die Geheimhaltungs- und Schweigepflicht der Banken gegenüber
ihren Kunden wird durch die schweizerische Rechtsordnung in
dreifacher Hinsicht gewährleistet: Durch den Persönlichkeits-
schutz der Artikel 27 und 28 ZGB, durch die vertragliche Treue-
pflicht im Auftragsrecht (OR 398 II) sowie durch die Strafnorm
in Artikel 47 des Bankengesetzes.[1]

Dem Bankgeheimnis unterliegen alle Daten aus der geschäftlichen Beziehung zwischen Bank und Kunde. Unzulässig ist die
Weitergabe solcher Daten an Dritte (Banken und Nichtbanken)
wie auch die Bestätigung bereits bekannter Tatsachen.[2] Der Kunde
kann jedoch die Bank stillschweigend oder ausdrücklich, vollkommen oder teilweise von der Geheimhaltungspflicht entbinden.[3]

Eine Verletzung des Bankgeheimnisses kann privat-, straf-,
verwaltungs- und arbeitsrechtliche Folgen nach sich ziehen.[4]
Die Beweislast für die Ableitung von Schadenersatzansprüchen
liegt beim Geschädigten selbst.[5]

2. Im Rahmen der Syndizierung

Im Rahmen der <u>vorvertraglichen Verhandlungen</u> über die Bildung
eines Konsortiums tauschen die beteiligten Banken in der Regel
Informationen über den gemeinsamen Kreditnehmer aus. Das Be-
dürfnis nach Erörterung geheimer Tatsachen wächst dabei mit sin-
kender Bonität des Kunden. Zu den Kundengeheimnissen, welche der

---

[1] U. Emch/H. Renz (1984), 138 f.
[2] D. Bodmer/B. Kleiner/B. Lutz (1986), Art. 47 N 4 f.
[3] P. Schwager (1973), 21 f. und 72
[4] M. Aubert/J.-P. Kernen/H. Schönle (1978), 35 ff.
[5] ZGB 8

Schweigepflicht unterliegen, zählen insbesondere Daten über ausgesetzte Limiten, Limitenbenützungen, Sicherheiten, Fälligkeiten und Zinskonditionen sowie unveröffentlichte Finanzzahlen.[6]

Um sich bei der Preisgabe geheimer Informationen keiner einklagbaren Handlung schuldig zu machen, benötigen die Banken bereits vor der Gesprächsaufnahme die Zustimmung des Kreditnehmers.[7] Diese soll wenn möglich ausdrücklich, mündlich oder schriftlich erfolgen. In der Praxis dürfte ein solches Begehren bei einem einwandfrei kreditwürdigen Kunden möglicherweise auf Ablehnung stossen. Ein notleidender Kreditnehmer wird seine Zustimmung hingegen kaum verweigern können.

Versäumen die Banken das Einholen einer Genehmigung, so sehen sie sich - insbesondere wenn die Konsortialverhandlungen scheitern - unter Umständen mit Schadenersatzansprüchen konfrontiert. Je nachdem ob bereits anderweitige vertragliche Beziehungen zu einer oder mehreren Banken bestehen, kann sich der Kreditnehmer auf die Verletzung vertraglicher oder vorvertraglicher Geheimhaltungspflichten berufen. In beiden Fällen hat er zu beweisen, dass die Schweigepflicht verletzt wurde, dass ein Schaden existiert sowie dass zwischen dem pflichtwidrigen Verhalten der Banken und dem Schaden (z.B. Kreditkündigung oder Ablehnung eines Kreditbegehrens) ein adäquater Kausalzusammenhang besteht.[8] Ein solcher Nachweis dürfte nur in den seltensten Fällen gelingen. Die Banken werden sich nämlich auf den Standpunkt stellen, dass die neu gewonnenen Erkenntnisse ihr Verhalten nur unbedeutend beeinflusst hätten und dass ihr Entscheid ohnehin negativ ausgefallen wäre.[9]

Nach Vertragsabschluss sind die Banken befugt, Geheimnisse auszutauschen, von denen sie in ihrer Eigenschaft als Konsortialbanken Kenntnis erhalten. Dagegen haben sie weiterhin Stillschweigen über solche Geheimnisse zu wahren, welche ihnen im

---

[6] D. Bieri (1987), 81
[7] D. Bodmer/B. Kleiner/B. Lutz (1986), Art. 47 N 7
[8] M. Aubert/J.-P. Kernen/H. Schönle (1978), 38 f. bzw. 42 f.
[9] D. Bieri (1987), 86

Rahmen ihrer weiteren, separaten Beziehungen zum Kreditnehmer
anvertraut wurden. Dies führt unter Umständen dazu, dass sich
ein Konsortium aus unterschiedlich gut informierten Banken
zusammensetzt. Diese wenig befriedigende Situation kann vermie-
den werden, indem die Konsorten ein Recht auf gegenseitigen
Informationsaustausch über ihre sämtlichen Geschäftsbeziehungen
zum gemeinsamen Schuldner ausdrücklich in den Konsortialkreditvertrag (beim Kreditkonsortium), in die parallelen Kreditverträge (beim Sicherungskonsortium) bzw. in das Stillhalteabkommen (beim Stillhaltekonsortium) aufnehmen.[10]

B. Kartellrechtliche Probleme

1. Im allgemeinen

Gemäss Artikel 2 des Bundesgesetzes über Kartelle und ähnliche
Organisationen vom 20.12.1985 (Kartellgesetz) gelten als Kartelle "Verträge, Beschlüsse oder rechtlich nicht erzwingbare Abreden, die mittels gemeinsamer Beschränkung des Wettbewerbes den
Markt für bestimmte Waren und Leistungen beeinflussen oder zu
beeinflussen geeignet sind, ..." Entscheidend für die Unterstellung unter das Gesetz ist die Frage, ob eine Wettbewerbsbeschränkung vorliegt.[11] Hingegen spielt es keine Rolle, welche
Form die Abmachung aufweist, ob die Wettbewerbsbeschränkung
Ziel oder bloss Nebenwirkung ist und ob das Kartell auf Dauer
angelegt ist oder nicht.[12] In den Bereich des Kartellgesetzes
fallen gemäss Artikel 4 auch kartellähnliche Organisationen,
namentlich einzelne Unternehmen, durch Kapitalbeteiligung oder
anderweitig verbundene Unternehmen sowie solche, welche ihr
Verhalten stillschweigend aufeinander abstimmen, "soweit sie
den Markt für bestimmte Waren oder Leistungen beherrschen oder
massgeblich beeinflussen." Entscheidendes Kriterium ist hier
der qualifizierte Markteinfluss.[13] Da die Bundesverfassung

---

[10] Vgl. unten, 156, 190 bzw. 206 zur vertraglichen Entbindung
   vom Bankgeheimnis.
[11] D. Sigg (1984), 72
[12] M. Kummer (1966), 2 ff.
[13] D. Sigg (1984), 73 mit Hinweis auf L. Schürmann (1964), 52

kartellistische Zusammenschlüsse in Artikel 31 nicht generell
verbietet, sondern lediglich den Missbrauch untersagt, zeitigt
die blosse Unterstellung unter das Kartellgesetz noch keinerlei
Konsequenzen.[14] Vielmehr ist mittels der Saldomethode zu über-
prüfen, wie weit volkswirtschaftlich oder sozial schädliche Auswirkungen einschränkende Massnahmen erfordern.[15]

Mit den Kartellabsprachen im schweizerischen Bankgewerbe hat
sich die Kartellkommission 1968, 1979 und 1989 befasst. 1968
untersuchte sie die wettbewerbsbeschränkenden Vereinbarungen
der gesamten Branche sowie die schweizerischen, regionalen und
lokalen Verbandsstrukturen. In der allgemeinen Erhebung von
1979 standen die verschiedenen Erscheinungsformen der Banken-
konzentration im Vordergrund. 1989 schliesslich waren die gesamtschweizerisch wirkenden Vereinbarungen Gegenstand der Untersuchung.[16]

2. Im Rahmen der Syndizierung

Es ist zu unterscheiden zwischen Ad hoc-Konsortien und Dauerkonsortien.[17] Reine Ad hoc-Konsortien, die in wechselnder Zusammensetzung, mit wechselnden Quoten jeweils für die Durchführung
eines bestimmten Kreditgeschäftes gebildet werden, bieten aus
wettbewerbsrechtlicher Sicht keinerlei Probleme. Bei den Dauerkonsortien sind wiederum zwei Formen zu unterscheiden, nämlich

(1) die Dauerkonsortien im engeren Sinne (i.e.S.) und
(2) die faktischen Dauerkonsortien.

Für Dauerkonsortien i.e.S. typisch sind die permanenten Vereinbarungen im schweizerischen Emissionsgeschäft, namentlich das
"Emissionskonsortium Schweizer Banken" sowie das "Grosse Syndi-

---

[14] H. Merz (1967), 24
[15] Art. 29 in Verbindung mit Art. 32 Kartellgesetz
[16] Schweizerische Kartellkommission, Die gesamtschweizerisch
wirkenden Vereinbarungen im Bankgewerbe (1989)
[17] L. Schuster (1976), 202

kat". Im Kreditgeschäft wäre dieser Art von Konsortien etwa das
bundesdeutsche "Ausfuhrkreditanstaltkonsortium" zuzurechnen. Wie
weit auch im schweizerischen Exportkreditgeschäft Dauerkonsorti-
en existieren, ist bisher nicht öffentlich bekanntgeworden. Je-
denfalls hat sich die Kartellkommission bis anhin nie mit einer
solchen Erscheinung befasst.

Als faktische Dauerkonsortien können sogenannte Hauskonsortien
grosser Unternehmungen bezeichnet werden, welche sich über Jahre
oder Jahrzehnte hinweg aus den gleichen Banken zusammensetzen
und sämtliche Finanzierungsvorhaben (namentlich Emissionen, aber
auch Kredite) nach einem festen Schlüssel aufteilen.[18] Gegen die
Vermutung, dass es sich hierbei um kartellistische Abmachungen
handelt spricht, dass
- die räumliche Wirkung dieser informellen Absprachen eng be-
  grenzt ist; sie bezieht sich nicht auf einen Markt, sondern
  jeweils auf ein einzelnes Unternehmen
- die Verhandlungsposition der Gegenseite in keiner Weise beeinträchtigt wird, steht es ihr doch frei, Quotenaufteilung und
  Zusammensetzung des Konsortiums jederzeit zu ändern
- zwischen den Banken kaum je schriftliche, bindende Vereinbarungen getroffen werden
- sich innerhalb des Konsortiums z.T. ein harter Wettbewerb um
  Quoten und Führungspositionen abspielt[19]
- die Margen im Konsortialkreditgeschäft einen absoluten Tiefpunkt erreicht haben
- trotz strengsten Kartellvorschriften in der BRD die gemeinsame Uebernahme von Risiken im Rahmen des Konsortialgeschäf-
  tes keiner speziellen Meldepflicht unterliegt.[20]

---

[18] H. Büschgen (1987), 13
[19] H. Büschgen (1987), 6
[20] L. Schuster (1976), 195. Nach H. Rentsch (1978), 127 liegt
  rein juristisch betrachtet kein Kartell vor. Die faktischen
  Dauerkonsortien bezeichnet er als "Quasi-Kartelle". R. Biber
  (1980), 32 f. sieht keine Wettbewerbsbeschränkungen, welche
  es rechtfertigen würden, Konsortien als Kartelle einzustufen.
  Die bundesdeutsche Bankenstrukturkommission hat das Bestehen
  eines Angebotsmonopols von Konsortien gegenüber den kapitalsuchenden Gesellschaften bereits 1979 ausdrücklich verneint;
  H. Büschgen (1987), 15 f.

TEIL III:

DAS KREDITKONSORTIUM

Kapitel 1: Allgemeines zum Kreditkonsortium

A. Gegenstand

1. Begriff und Zweck

Das Kreditkonsortium wird definiert als eine
- zeitlich begrenzte Vereinigung von zwei oder mehreren selbständig bleibenden Banken
- zur Durchführung eines Kreditgeschäftes
- auf gemeinsame Rechnung
- unter Verteilung des Risikos auf die einzelnen Konsorten.[1]

Es steht unter einer zentralen Leitung, welche die Konsorten
nach aussen vertritt, die Verhandlungen mit dem Kreditnehmer
führt sowie die Sicherheiten verwaltet und den Kredit abwick-
kelt. Für ihren Zusammenschluss wählen die Banken in der Regel
die Rechtsform einer einfachen Gesellschaft.[2] Zweck der Verbindung ist die einheitliche Kreditgewährung an den gemeinsamen Kreditnehmer in Form des Konsortialkredites.

2. Eigenschaften des Konsortialkredites

"Der Konsortialkredit verkörpert keine eigene Kreditart, sondern die äussere Form für die gemeinschaftliche Kreditgewährung
mehrerer Banken."[3] Ebenso wie der Individualkredit tritt er daher in den verschiedensten Arten und Formen auf.[4]

---

[1] In Anlehnung an E. Albisetti et al. (1987), 423 und G.
   Obst/O. Hintner (1980), 340
[2] U. Emch/H. Renz (1984), 197 f.; vgl. oben, 29 ff. zur Rechtsform des Konsortiums.
[3] H. Scholze (1973), 102; H. Herold (1964), 190
[4] J. Dohm (1984), 9 N 3

<u>Aus Sicht des Kunden</u> können die Eigenschaften des Konsortial-
kredites wie folgt umschrieben werden:

(1) Flexibilität im Betrag: Je nach Vereinbarung sind während
    der Laufzeit Limitenerhöhungen und -reduktionen, Rückzah-
    lungen, Teilrückzahlungen und Wiederbeanspruchungen mög-
    lich. Die Risikoteilung zwischen den Banken erlaubt die
    Gewährung hoher Kreditbeträge.[5]
(2) Flexibilität in der Benützung: Zeitpunkt und Währung der
    Kreditbenützung können fixiert oder offen gelassen werden.
    Sammellimiten ermöglichen die kombinierte Benützung ver-
    schiedener Kreditarten und -formen.
(3) Flexibilität bei den Konditionen: Zur Auswahl stehen un-
    terschiedlichste Laufzeiten, fixe oder variable Zinssätze
    (insbesondere auf Konveniums- oder LIBOR-Basis), ev. mit
    Tiefst- oder Höchstplafonds, viertel-, halb- oder ganzjähr-
    liche Zinstermine sowie feste oder von Belehnung, Benut-
    zungshöhe oder Zeitpunkt der Benützung abhängige Margen.
(4) Flexibilität bei der Sicherstellung: Die Sicherheiten sind
    während der gesamten Kreditlaufzeit grundsätzlich aus-
    tauschbar. Unteilbare Sicherheiten stellen kein Hindernis
    dar. Eine unübliche Deckung wird unter Umständen akzep-
    tiert.[6]
(5) Diskretion: Für Konsortialkredite gelten keine speziellen
    Publizitätsvorschriften.
(6) Einfachheit: Der Kontakt zum Kunden wird ausschliesslich
    durch die vertretungsberechtigte Bank sichergestellt. Der
    Kreditnehmer kommuniziert während der gesamten Vertrags-
    dauer nur mit <u>einem</u> Gesprächspartner. Es existiert kein
    Prospektzwang. Die Vertragsgestaltung ist - zumindest bei
    Verträgen nach schweizerischem Recht - einfach und über-
    schaubar.[7]
(7) Raschheit: Die ausserordentlich hohe Leistungsfähigkeit

---

[5] A. Friese (1988), 540
[6] Vgl. unten, 78 ff. zur Sicherstellung des Kreditkonsortiums.
[7] Vgl. unten, 147 ff. zum Konsortialkreditvertrag.

des Marktes für syndizierte Kredite erlaubt auch die Bereitstellung höchster Beträge innert kürzester Frist.[8]

(8) Unabhängigkeit: Die breite Abstützung der Kreditfinanzierung verhindert einseitige Abhängigkeiten.[9]

(9) Ausgewogenheit: Es können mehrere Banken entsprechend ihrer Bedeutung berücksichtigt werden.[10]

(10) Gleichheit: Die Kreditkonditionen sind für alle Konsortialbanken identisch. Die von den einzelnen Banken ausgesetzten Quoten werden stets anteilsmässig benützt.

(11) Erschwerte Kündbarkeit: Die Einbindung der Kreditgeber in ein Konsortium erschwert das Vorprellen einzelner Banken und damit die Aufkündbarkeit des Konsortialkredites.[11]

Im Vergleich zu einer Finanzierung über mehrere Individualkredite weist der Konsortialkredit für den Kunden insbesondere vier Vorteile auf: die Einfachheit der Beschaffung und Abwicklung (stets nur ein statt mehrere Ansprechpartner), die Gleichbehandlung der Banken, die Möglichkeit zur Bestellung unteilbarer Sicherheiten[12] sowie die erschwerte Kündbarkeit. Auf der anderen Seite hat der Kreditnehmer die Anstrengungen der Konsortialführerin für Zusammenstellung und Leitung des Konsortiums in der Regel mit speziellen Kommissionen abzugelten.[13] Ausserdem könnte sich die enge Zusammenarbeit und Verständigung unter den Konsortialbanken möglicherweise nachteilig auf die Konditionen auswirken.

Gegenüber einer öffentlichen Anleihe hebt sich der Konsortialkredit zunächst durch seine fast unbegrenzte Flexibilität bezüglich Betrag, Benützung, Ausgestaltung der Konditionen und Sicherstellung ab.[14] Aus Kundensicht vergleichsweise positiv zu

---

[8] E. Storck (1988), 11
[9] D. Bieri (1987), 71
[10] H. Rentsch (1978), 126
[11] D. Bieri (1987), 72
[12] Diese Möglichkeit besteht auch bei einem Parallelkredit mit Sicherheitenpool; vgl. unten, 161 ff. zum Sicherungskonsortium.
[13] Vgl. unten, 101 ff. zur Entschädigung der Federführerin.
[14] M. Bray (1984), 22

werten sind auch weitere Eigenschaften wie etwa Diskretion,
Einfachheit und Raschheit der Beschaffung. Ausserdem dürfte
die freie Wahl der beteiligten Banken und die Durchsetzung der
gewünschten Quotenzuteilung weniger Schwierigkeiten bereiten
als auf dem verhältnismässig stark kartellisierten Emissionsmarkt. Umgekehrt begibt sich der Kunde bei einem Konsortialkredit in eine gewisse Abhängigkeit und trägt in der Regel das
Risiko einer vorzeitigen Kreditkündigung. Schliesslich kann
die Begebung einer öffentlichen Anleihe dem Wunsch nach möglichst grosser Steigerung des Bekanntheitsgrades entspringen.
Bei einem Konsortialkredit ist Publizität zwar grundsätzlich
möglich, in ihrer Wirkung aber relativ beschränkt.

3. Wirtschaftliche Bedeutung des Konsortialkredites

Mit der Gewährung von Konsortialkrediten decken die Banken vorwiegend mittlere und hohe Kreditbedürfnisse ab, welche die Fi-
nanzierungskapazität bzw. die Risikobereitschaft eines einzelnen
Institutes übersteigen.[15] Im schweizerischen Geschäft schwanken
die Beträge in der Regel zwischen 20 Mio. und mehreren 100 Mio.
Franken. Auf dem Eurokreditmarkt werden nicht selten Milliarden-
beträge bereitgestellt. Die Zahl der beteiligten Konsortialbanken variiert je nach Umfang und Risiko des Kredites. In der
Schweiz partizipieren in den meisten Fällen weniger als 10 Banken. Eurokreditkonsortien vereinigen demgegenüber bis zu 200 und
mehr Institute.[16] Die Beteiligungsquoten der einzelnen Banken
liegen selten unter 2 Mio. Franken. Eine weitergehende Syndizierung erfolgt allenfalls in Form von Unterbeteiligungen.[17]

Ueber den Gesamtumfang des schweizerischen Konsortialkreditgeschäftes liegen keine Zahlen vor. Dies gilt sowohl für das
ausstehende Volumen wie auch für Anzahl und Umfang der jähr-

---

[15] E. Albisetti et al. (1987), 627
[16] R. Gut (1983), 89
[17] Vgl. unten, 110 ff. zur Beteiligung und Unterbeteiligung am
Kreditkonsortium.

lichen Neuausleihungen.[18] Der Mangel an statistischen Angaben
ist darauf zurückzuführen, dass die Banken in ihren Jahresbe-
richten nicht zwischen Konsortial- und Individualkrediten diffe-
renzieren müssen. Man darf jedoch davon ausgehen, dass der <u>Trend</u>
etwa parallel zur Entwicklung des Eurokreditgeschäftes verläuft.
Und hier hat der syndizierte Eurokredit 1988 mit einem Volumen
von über 100 Mia. US-Dollar eine eigentliche Renaissance er-
lebt.[19] Dabei wurden allerdings - ähnlich wie im Emissionsgeschäft - höhere Risiken und tiefere Margen in Kauf genommen.[20]
Der Rückzug kleinerer Banken sowie eine stärkere Gewichtung von
Ertragsgesichtspunkten unter den verbleibenden Grossbanken haben
mittlerweile aber dazu geführt, dass sich zumindest bei der
Preisgestaltung wieder eine Wende zum Besseren abzeichnet.[21]

Die <u>Einsatzmöglichkeiten</u> des Konsortialkredites liegen vor allem
in den Bereichen der traditionellen Handels- und Investitionsfi-
nanzierung[22], der Projektfinanzierung (z.T. in Form von Kofinanzierungen mit der Weltbank)[23], der Akquisitions- und Leveraged
Buyout-Finanzierung[24], der Absicherung von Geldmarktprogram-
men[25], der Bereitstellung von Ueberbrückungsmitteln für zukünftige Anleihen oder Kapitalerhöhungen[26] sowie der Finanzierung
von Leistungsbilanzdefiziten.[27] Etwas weniger gebräuchlich ist
die konsortiale Betriebsmittelfinanzierung.

Im <u>schweizerischen Inlandgeschäft</u> treten als Kreditnehmer vorwiegend mittlere und grosse Unternehmen, nicht kapitalmarktfähi-

---

[18] Einziger Anhaltspunkt: Nach einer Auskunft der SNB betrug
der Anteil der Konsortialkredite am Total der Auslandkredite in den ersten fünf Monaten des Jahres 1989 rund 32 Prozent. Weitere Angaben, welche einen Vergleich mit früheren
Perioden erlauben würden, sind nicht erhältlich.
[19] E. Storck (1989), 4 f.
[20] A. Friese (1988), 540. Zwischen 1984 und 1988 fielen die
durchschnittlichen Spreads der Eurokredite von 92 auf 36
Basispunkte; OECD, Financial Market Trends (1989), 102
[21] N. Pavey (1988), 1 f.
[22] E. Storck (1988), 11
[23] P. Pott (1984), 304 ff.
[24] A. Friese (1988), 540
[25] A. Friese (1988), 540
[26] W. Vallenthin (1974), 157
[27] E. Storck (1988), 11

ge Firmen sowie öffentlich-rechtliche Körperschaften auf. Bei
den Kreditformen dominieren Geldkredite, namentlich Darlehen
und feste Vorschüsse, z.T. in Kombination mit Kontokorrent-Limiten. Die Syndizierung von Kautionen ist selten. Akzept- und
Diskont-Konsortialkredite sind praktisch inexistent.

Im schweizerischen Auslandgeschäft und am Eurokreditmarkt treten
als Kunden vor allem multinationale Unternehmungen, Staaten sowie Staatsbetriebe und gelegentlich auch supranationale Organisationen wie die Weltbank auf. Das Schwergewicht der Kreditvergabe liegt eindeutig im OECD-Raum. Umgekehrt ist der Kreditfluss
in die hoch verschuldeten Entwicklungsländer praktisch völlig
versiegt.[28] Parallel zur Aenderung der Kundenstruktur verlagert
sich das Geschäft auf neue Marktsegmente. Die Kreditkonsortien
konzentrieren sich immer stärker auf einige bedeutende Marktnischen. Dazu zählen die Absicherung von Note- und Commercial
Paper-Programmen sowie die Finanzierung der auch in Europa rasch
wachsenden Zahl von Firmenverbindungen und -übernahmen.[29] Ein
Grossteil dieser für M&A-Zwecke bereitgestellten Kredite wird
allerdings gar nie benutzt oder relativ bald durch Anleihens-
emissionen zurückbezahlt.[30] Immer häufiger schliesslich bilden
Konsortialkredite einen Bestandteil von als "Multi Option Facilities (MOF's)" bekanntgewordenen Paketfinanzierungen.[31]

B. Vertragsverhältnisse

Das schweizerische Konsortialkreditgeschäft beruht auf dem
Abschluss von zwei separaten Verträgen, dem Konsortialvertrag
auf der einen, dem Konsortialkreditvertrag auf der anderen
Seite:[32]

---

[28] E. Storck (1989), 6 f.
[29] A. Friese (1988), 540
[30] B. Strebel-Aerni (1988), 24
[31] L. Schuster (1988), 12 f.
[32] R. Francioni (1987), 1 f.

Abb. 3.1.: Vertragsverhältnisse beim Kreditkonsortium

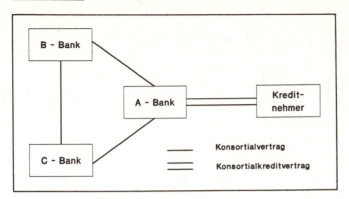

Quelle: R. Francioni (1987), 1

Der Konsortialvertrag regelt das Verhältnis zwischen den beteiligten Konsortialbanken (Innenverhältnis). Gewöhnlich handelt
es sich um einen Gesellschaftsvertrag nach dem Recht der einfachen Gesellschaft.[33]

Der Konsortialkreditvertrag regelt das Verhältnis zwischen dem
Konsortium und der Kreditnehmerin (Aussenverhältnis).[34] Er bildet die geschäftliche Grundlage für den Abschluss des Konsortialvertrages.[35]

Im Eurokreditgeschäft werden die Beziehungen der Konsorten untereinander sowie zwischen den Konsorten und der Kreditnehmerin
in einer einzigen Vertragsurkunde geregelt[36], deren Umfang nicht
selten weit über hundert Seiten umfasst. Für das schweizerische
Kreditkonsortium ist eine klare Trennung zwischen Innen- und

---

[33] U. Emch/H. Renz (1984), 197 f.; vgl. oben, 29 ff. zur Rechtsform des Konsortiums. Im Rahmen der folgenden Ausführungen
wird für das Kreditkonsortium immer die Rechtsform der einfachen Gesellschaft zugrunde gelegt.
[34] Wenn im folgenden der Ausdruck Kreditvertrag verwendet wird,
ist damit immer der Konsortialkreditvertrag gemeint.
[35] L. Fischer (1977), 179
[36] A. König (1984), 26; R. McDonald (1982), 214 ff.; J.-B.
Blaise/P. Fouchard (1981), 176 N 33

Aussenvereinbarung vorzuziehen.[37]

C. Arten

Für das Verhältnis zwischen den Banken und dem Kreditnehmer
ist es von entscheidender Bedeutung, ob die Konsorten eine
<u>Gemeinschaft zur gesamten Hand</u> bilden oder nicht. Entsprechend
sind zwei Arten von Kreditkonsortien zu unterscheiden:[38]

(1) Das Kreditkonsortium mit Gesamthandsverhältnis
(2) Das Kreditkonsortium ohne Gesamthandsverhältnis

1. Kreditkonsortium mit Gesamthandsverhältnis

Ohne gegenteilige Vereinbarung bilden die Mitglieder einer
einfachen Gesellschaft gemäss OR 544 I eine Gemeinschaft zur
gesamten Hand.[39] Dies bedeutet, dass eine Gesellschaftsforde-
rung ein "ungeteiltes, gemeinsames Recht"[40] der Konsorten darstellt. Wird nun <u>im Kreditvertrag</u> das Gesamthandsverhältnis[41]
nicht ausdrücklich ausgeschlossen, so besteht dem Kreditnehmer
gegenüber genau <u>eine</u> Forderung. Ueber diese Forderung können nur
alle Konsorten gemeinsam oder ein von ihnen ermächtigter Vertreter verfügen.[42] In der konsortialen Praxis hat die Gesamthandschaft zur Folge, dass die Konsorten

---

[37] Dies vor allem aus drei Gründen: (1) Die Unterschiedlich-
keit der beiden Vertragstypen (Gesellschaftsvertrag vs.
synallagmatischer Vertrag) spricht gegen eine Vermischung.
(2) In der Regel ist es weder erwünscht noch erforderlich,
dass der Kreditnehmer als Nichtmitglied der einfachen Gesellschaft Einblick in die Innenvereinbarung erhält. (3) Eine
Trennung erhöht Uebersichtlichkeit und Lesbarkeit der Vereinbarungen.
[38] R. Francioni (1987), 3
[39] A. Von Tuhr/A. Escher (1974), 292
[40] T. Guhl/H. Merz/M. Kummer (1980), 26
[41] Die Begriffe Gesamthandschaft und Gesamthandsverhältnis
werden im folgenden synonym verwendet.
[42] A. Siegwart (1938), Art. 544 N 13

- ihren Kreditanteil im Aussenverhältnis nicht selbständig
  kündigen können
- gegenüber dem Kreditnehmer kein eigenes Verrechnungsrecht
  besitzen[43]
- nur gemeinsam klagen können[44]
- unter Vorbehalt einer anderen Vereinbarung für die Kredithergabe (also bis zur Auszahlung des Kredites) solidarisch
  haften.[45]

Das Gesamthandkonsortium gewährt sowohl in <u>rechtlicher</u> wie auch
in <u>wirtschaftlicher</u> Hinsicht einen <u>Einheitskredit</u>.

Im Gegensatz zur internationalen Praxis halten schweizerische
Kreditkonsortien mit überwiegender Mehrheit am Gesamthandsverhältnis fest. Für die Richtigkeit dieser Lösung sprechen mindestens vier Gründe:

(1) Der Zwang zum gemeinsamen Vorgehen bezüglich Kreditkündi-
    gung und Prozessführung verhindert das Vorprellen einzel-
    ner Konsorten.[46] Gerade in diesem Punkt decken sich die
    Interessen des Kreditnehmers mit den Interessen der mass-
    gebenden Konsortialbanken.
(2) Die Solidarhaftung der Banken für die Kredithergabe ent-
    spricht unter Umständen einem Kundenwunsch. In bezug auf
    das zusätzlich übernommene Risiko erheben sich im nationa-
    len Geschäft keinerlei Bedenken.[47] Bei Bedarf kann die so-
    lidarische Verpflichtung gemäss OR 544 III wegbedungen wer-
    den.[48]

---

[43] A. Von Tuhr/A. Escher (1974), 293
[44] A. Von Tuhr/A. Escher (1974), 293
[45] OR 544 III
[46] D. Bieri (1987), 72
[47] Ein theoretisches Risiko besteht ohnehin nur so lange, bis
     der Kreditbetrag vollständig ausbezahlt ist. Im hypotheti-
     schen Fall eines zahlungsunwilligen Konsorten bestünden Re-
     gressansprüche. In der Schweiz kann das Banken-Insolvenz-
     risiko getrost vernachlässigt werden.
[48] A. Siegwart (1938), Art 544 N 28. Bei Verträgen neueren Da-
     tums ist eindeutig eine Tendenz in diese Richtung erkennbar.

(3) Die Dauer der eingeschränkten Verfügungsberechtigung über
den eigenen Kreditanteil ist limitiert durch die im Konsortialvertrag vereinbarte Kündigungsfrist.

(4) Das Kreditkonsortium mit Gesamthandsverhältnis hat sich in
der schweizerischen Praxis über Jahrzehnte hinweg bewährt.
Offenkundige Probleme sind nicht aufgetreten.

2. Kreditkonsortium ohne Gesamthandsverhältnis

In Abweichung von der dispositiven Regel gemäss OR 544 I ist
ein Ausschluss der Gesamthandschaft zulässig.[49] Weil sich dies
direkt auf das Aussenverhältnis auswirkt, bedarf es dazu eines
ausdrücklichen Vorbehaltes gegenüber dem Kreditnehmer.[50] Es
entstehen Teilobligationen[51] und jeder Konsorte wird nach Massgabe der Beteiligungsquote Alleingläubiger seines Kreditanteils.[52] Dies hat in bezug auf die Rechte und Pflichten der
Banken folgende Konsequenzen: Die Konsorten können

- im Aussenverhältnis individuell über ihren Kreditanteil verfügen[53] d.h. ihn (nach den Bestimmungen des Kreditvertrages)
  selbständig kündigen und allfällige Sicherheiten nötigenfalls
  verwerten
- gegenüber dem Kreditnehmer ein eigenes Verrechnungsrecht
  geltend machen
- alleine prozessieren
- für die Kredithergabe nur bis zur Höhe ihrer eigenen Quote
  (also nicht solidarisch) haftbar gemacht werden.[54]

Rein juristisch betrachtet stellt ein Konsortialkredit bei Ausschluss der Gesamthandschaft im Aussenverhältnis nichts anderes
als eine Summe von Individualkrediten dar. Damit trotzdem ein

---

[49] R. Francioni (1987), 82
[50] H. Becker (1934), Art. 544 N 2
[51] R. Francioni (1987), 3
[52] W. Vallenthin (1974), 150; H. Scholze (1973), 13
[53] R. Francioni (1987), 79
[54] R. Francioni (1987), 79

wirtschaftlich einheitlicher Kredit gewährt werden kann, (wie
es dem Zweck des Konsortialkredites entspricht)[55] sind die
Teilobligationen in Entstehung, Bestand und Beendigung zu syn-
chronisieren.[56] Die Konsorten verpflichten sich deshalb im Konsortialvertrag, von ihrem Verfügungsrecht nach aussen keinen
selbständigen Gebrauch zu machen.[57] Dies ändert jedoch nichts
an ihrer <u>tatsächlichen</u> Verfügungsgewalt im Aussenverhältnis.[58]

Tendenziell wird der Wunsch nach Alleinberechtigung am eigenen
Kreditanteil umso grösser, je höher die Kreditsumme ist. Deshalb
bevorzugen deutsche Konsortien ebenso wie Eurokreditsyndikate
den Ausschluss des Gesamthandsverhältnisses.[59] In der Schweiz
ist dagegen aus den bereits genannten Gründen eine Gesamthandschaft vorzuziehen.[60]

D. Organisatorischer Aufbau

Das Kreditkonsortium der schweizerischen Praxis besitzt eine
ebenso einfache wie zweckentsprechende Struktur. Es besteht
aus der <u>Federführerin</u> (Konsortialführerin) und den <u>Beteiligten</u>
(Mitkonsorten):[61]

---

[55] D. Bieri (1987), 189
[56] R. Francioni (1987), 3
[57] H. Scholze (1973), 13; H. Delorme/H.-J. Hoesserich (1971), 17
[58] H. Herold (1964), 196
[59] C. Hinsch/N. Horn (1985), 171 ff.; L. Fischer (1977), 180;
W. Vallenthin (1974), 149 f.; H. Herold (1964), 196
[60] Vgl. oben, 54 ff. zum Kreditkonsortium mit Gesamthandsverhältnis.
[61] Vgl. unten, 89 ff. zur Federführung; vgl. unten, 110 ff. zur
Beteiligung.

Abb. 3.2.: Aufbau des Kreditkonsortiums

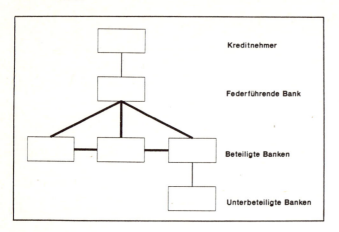

Quelle: H. Herold (1964), 192 f.

Im Eurokreditgeschäft ist es dagegen üblich, je nach Höhe der Kreditquoten und Aufgabenverteilung, zwischen einer Management-gruppe (bestehend aus Lead Manager und Co-Managern) sowie den gewöhnlichen Beteiligten (Participants) zu unterscheiden.[62] Gelegentlich wird noch eine weitere Abstufung vorgenommen, so dass die Titel in der Reihenfolge ihrer Bedeutung "Lead Mana-ger", "Manager", "Co-Manager" und "Participant" lauten.[63]

Schweizerische Kreditkonsortien wählen eine mehrstufige Struk-tur nur in begründeten Ausnahmefällen - so etwa bei ausseror-dentlich hohen Kreditbeträgen und entsprechend vielen Beteilig-ten oder auf speziellen Wunsch des Kreditnehmers bzw. einzel-ner Banken. Die Bildung einer Managementgruppe zur Aufteilung von Federführungsaufgaben ist vollkommen unüblich.

Jeder Konsortialbank - ob federführend oder nicht - steht in der Regel die Möglichkeit offen, mittels einer separaten Verein-barung Unterbeteiligungen an andere Banken abzugeben. Die Unter-beteiligten bleiben jedoch ausserhalb des Konsortiums.[64]

---

[62] E. Albisetti et al. (1987), 627
[63] R. McDonald (1982), 162; R. Margulici/C. Dufloux (1981), 828
[64] Vgl. unten, 113 ff. zur Unterbeteiligung.

E. Abwicklung des Konsortialkredites

1. Kontenübersicht

Die Abwicklung eines konsortial gewährten Geldkredites lässt
sich wie folgt darstellen:[65]

<u>Abb. 3.3.:</u> Kontenübersicht und Geldfluss

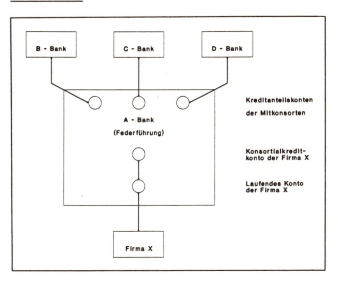

<u>Quelle:</u> R. Francioni (1987), 29

Bei der federführenden Bank wird der Konsortialkredit über drei
Arten von Konten abgewickelt, nämlich

- über die Kreditanteilskonten der beteiligten Banken
- über das Konsortialkreditkonto sowie
- über das laufende Konto des Kreditnehmers.

Die <u>Kreditanteilskonten</u> lauten auf die Namen der übrigen Konsortialbanken und werden zu den Bedingungen des Kreditvertrages als Haben-Konti geführt. Gutschriften und Belastungen erfol-

---

[65] In Anlehnung an R. Francioni (1987), 28 ff., z.T. mit be-
grifflichen Unterschieden.

gen valutakongruent.[66] Um eine unverhältnismässig hohe Anzahl
von Buchungen zu vermeiden, wird bei Kontokorrent-Krediten in
der Regel nur auf Ende jeden Monats ein Kontenausgleich vorgenommen.[67]

Das Konsortialkreditkonto lautet auf den Kreditnehmer und ist
zugleich Kreditanteilskonto der Federführerin. Ihr aktueller
Kreditanteil ergibt sich aus der Differenz zwischen dem Soll-
Saldo des Konsortialkreditkontos sowie der Summe aller Haben-
Saldi auf den Kreditanteilskonten der Mitkonsorten.[68]

Das laufende Konto des Kreditnehmers ist ein bereits existie-
rendes oder neu zu eröffnendes Kontokorrent- oder Vorschuss-
konto. Es wird in der Regel quartalsweise abgeschlossen.

2. Buchhalterische Behandlung

Die buchhalterische Behandlung von Konsortialkrediten soll
anhand des folgenden Beispiels veranschaulicht werden:[69]

Ein Konsortium, bestehend aus den zwei Banken A-Bank (Federführung) und B-Bank, gewährt der Firma X einen Geldkredit. Die
A-Bank eröffnet für den Kreditnehmer ein Konsortialkreditkonto
sowie (falls nicht bereits vorhanden) ein laufendes Konto und
für die B-Bank ein Kreditanteilskonto mit der Bezeichnung "Firma X". Entsprechend dem jeweiligen Abwicklungsstand des Konsortialkreditgeschäftes sind bei der federführenden Bank folgende
Vorfälle buchhalterisch zu erfassen:

---

[66] Die federführende Bank soll keine Sondergewinne erzielen,
   indem sie die Erträge mit zeitlicher Verzögerung weitergibt
   oder der Kreditnehmerin höhere Zinsen und Kommissionen ver-
   rechnet als sie ihren Mitkonsorten vergütet; H. Scholze
   (1973), 123; vgl. unten, 133 f. zur Regelung der Kontenfüh-
   rung im Konsortialvertrag.
[67] H. Scholze (1973), 105 f.
[68] H. Delorme/H.-J. Hoesserich (1971), 41
[69] In Anlehnung an H. Scholze (1973), 123 ff. und H. Delorme/H.-
   J. Hoesserich (1971), 38 ff.

(1) Die A-Bank stellt der Firma X den Kreditbetrag zur Verfügung. Buchung:
Konsortialkreditkonto Firma X / Laufendes Konto Firma X

(2) Gleichzeitig überweist die B-Bank ihren Anteil an die Federführerin. Buchung:
Girokonto SNB / Kreditanteilskonto B-Bank "Firma X"

(3) Die A-Bank belastet die Kreditnehmerin für Zins und Kommissionen. Buchungen:
Konsortialkreditkonto Firma X / Zinsertrag
Konsortialkreditkonto Firma X / Kommissionsertrag
Laufendes Konto Firma X / Konsortialkreditkonto Firma X

(4) Gleichzeitig leitet die A-Bank den Zins- und Kommissionsertrag anteilsmässig an die B-Bank weiter.[70] Buchungen:
Zinsertrag / Kreditanteilskonto B-Bank "Firma X"
Kommissionsertrag / Kreditanteilskonto B-Bank "Firma X"
Kreditanteilskonto B-Bank "Firma X" / Girokonto SNB

(5) Die Kreditnehmerin bezahlt die Kreditsumme an die A-Bank zurück. Buchung:
Laufendes Konto Firma X / Konsortialkreditkonto Firma X

(6) Gleichzeitig leitet die A-Bank die Rückzahlung anteilsmässig an die B-Bank weiter. Buchung:
Kreditanteilskonto B-Bank "Firma X" / Girokonto SNB

Bei Verpflichtungskrediten ändern die Kontobezeichnungen. Das Konsortialkreditkonto wird beispielsweise zum Kautionskonto, das Kreditanteilskonto zum Kautionsanteilskonto. Die Federführerin bucht wie folgt:

(1) Vertragsbeginn:
Kautionskonto Firma X / Hauptbuch Kautionskonto
Hauptbuch Kautionskonto / Kautionsanteilskonto B-Bank "Firma X"

(2) Kommissionszahlung und anteilsmässige Weiterleitung:
Laufendes Konto Firma X / Kommissionsertrag
Kommissionsertrag / Girokonto SNB

---

70 Ev. unter Abzug der vereinbarten Federführungskommission; vgl. unten, 101 ff. zur Entschädigung der Federführerin.

(3) Vertragsbeendigung:

Hauptbuch Kautionskonto / Kautionskonto Firma X

Kautionsanteilskonto B-Bank "Firma X" / Hauptbuch Kautionskonto

Die Mitkonsorten führen in ihrer eigenen Buchhaltung Beteiligungskonten. Sowohl bei Geld- wie auch bei Verpflichtungskrediten buchen sie gleichlautend wie die Federführerin, wobei allerdings Soll- und Habenseite vertauscht sind.[71]

3. Behandlung in Bilanz und Erfolgsrechnung

Weder das Bankengesetz noch die entsprechende Verordnung enthalten Vorschriften in bezug auf die Eingliederung des Konsortialkreditgeschäftes in Bilanz und Erfolgsrechnung.[72] Für die Banken besteht daher keine Veranlassung, konsortial gewährte Kredite im Jahresabschluss separat auszuweisen. Auch in den ergänzenden Angaben fehlt regelmässig jeder Hinweis auf den Umfang des Konsortialkreditgeschäftes.

In der Bilanz werden Konsortialkredite wie gewöhnliche Individualkredite behandelt.[73] Jede Bank weist lediglich ihren eigenen Anteil aus.[74] Bei der Federführerin resultiert er aus der Differenz zwischen dem Soll-Saldo des Konsortialkreditkontos und den Haben-Saldi der Kreditanteilskonten.[75] Obwohl die Mitkonsorten nur mit der Federführerin in direkter Kontoverbindung stehen, erfassen sie ihren Anteil korrekterweise nicht unter der Rubrik "Bankendebitoren", sondern als Forderung an einen normalen Bankkunden.[76]

In der Erfolgsrechnung sind die Erträge aus der Gewährung von

---

[71] H. Delorme/H.-J. Hoesserich (1971), 41
[72] BaG 6 und VBaG 23 ff.
[73] H. Scholze (1973), 125
[74] G. Obst/O. Hintner (1980), 342
[75] Vgl. oben, 59 f. zur Kontenübersicht.
[76] H. Delorme/H.-J. Hoesserich (1971), 41

Konsortialkrediten in den Posten "Aktivzinsen" und "Kommissionsertrag" enthalten.

4. Ablauforganisatorische Schnittstellen

Die wichtigsten bankinternen Schnittstellen in der Ablauforganisation des Konsortialkreditgeschäftes sind

- die Frontstelle zur Akquisition und Betreuung der Kundenbeziehung
- die Kreditbewilligungsinstanz (bei Konsortialkrediten häufig GD- oder VR-Stufe)
- die Rechtsabteilung zur Unterstützung der Frontstellen bei der Vertragsredaktion
- das Rechnungswesen zur Kontrolle der erforderlichen Liquidität sowie der Unterlegungssätze
- die Geldstelle zur Ermittlung der Marktkonditionen für Ausleihung und Refinanzierung von Schweizerfranken-Krediten
- der Devisenhandel zur Ermittlung der Marktkonditionen für Ausleihung und Refinanzierung von Fremdwährungskrediten sowie zur Währungskonversion
- die Devisenadministration zur Standführung bei Fremdwährungskrediten
- die Wertschriftenadministration zur Erfassung und Verwaltung allfälliger Kreditdeckungen
- die Zahlungsverkehrsabteilung zur technischen Ausführung von Zahlungen sowie
- je nach Organisation der Bank eine spezielle Syndikatsabteilung zur Syndizierung und Abwicklung des Geschäftes.

F. Unterlegungs-, Melde- und Bewilligungspflichten

1. Eigenkapitalunterlegung

Gemäss Artikel 4 lit. a des Bankengesetzes haben die Banken für ein angemessenes Verhältnis zwischen ihren eigenen Mitteln und den gesamten Verbindlichkeiten zu sorgen. Die Artikel 11-14 der Verordnung regeln die Einzelheiten. Massgebend für die Berechnung des notwendigen Eigenkapitals ist bei Geldkrediten der Buchwert, bei Verpflichtungskrediten die Vertragssumme.[77]

Im Zusammenhang mit Konsortialkrediten gelten für die federführende Bank wie auch für die Mitkonsorten folgende Grundsätze:[78]

(1) Bei Geldkrediten ist jeder Konsorte ab dem Zeitpunkt der Auszahlung im Umfange des verbuchten Betrages (welcher seiner Beteiligungsquote oder einem Bruchteil davon entspricht) unterlegungspflichtig.

(2) Bei Verpflichtungskrediten (u.a. Bürgschaften, Garantien) mit solidarischer Haftung hat jeder Konsorte ab Inkrafttreten des Vertrages die gesamte Vertragssumme zu unterlegen. Der Regressforderung gegen die anderen Banken kommt dabei die Eigenschaft einer Deckung zu.

(3) Bei Verpflichtungskrediten ohne solidarische Haftung bemisst sich das Eigenkapitalerfordernis lediglich nach der Beteiligungsquote jeder einzelnen Bank.

Wie weit das gesetzlich vorgeschriebene Eigenkapital durch die Abgabe von Unterbeteiligungen reduziert werden kann, wird im Kapitel über die Beteiligung und Unterbeteiligung untersucht.[79]

2. Meldung von Klumpenrisiken

Die Behandlung von Klumpenrisiken ist in Artikel 4bis des Bankengesetzes sowie in Artikel 21 der entsprechenden Verordnung geregelt. Danach haben die Banken bei der Kreditvergabe zwischen den Verpflichtungen eines einzelnen Kunden und den Eigenmitteln

---

[77] D. Bodmer/B. Kleiner/B. Lutz (1986), Art. 4 N 8
[78] Abgeleitet aus den gesetzlichen Bestimmungen (BaG 4 lit. a, VBaG 12 I) sowie aus D. Bodmer/B. Kleiner/B. Lutz (1986), Art. 4 N 30 und Art. 4bis N 32.
[79] Vgl. unten, 119 f. zur Eigenkapitalunterlegung bei Abgabe von Unterbeteiligungen.

bestimmte Relationen einzuhalten. Ueberschreitungen der in der
Verordnung festgelegten Höchstsätze sind meldepflichtig[80] und
müssen auf Verlangen der Bankenkommission herabgesetzt werden.[81]

Bei Konsortialkrediten gelten für die Ermittlung eines meldepflichtigen Klumpenrisikos die folgenden Grundsätze:[82]

(1) Sofern die Banken dem Kreditnehmer gegenüber für die Kredit-
    hergabe solidarisch haften, hat vom Abschluss des Vertrages
    bis zur Kreditauszahlung jede einzelne Bank den Gesamtbetrag
    (Vertragssumme bei Verpflichtungskrediten oder Kreditlimite
    bei Geldkrediten) aufzurechnen. Der Regressforderung gegen
    die Mitkonsorten kommt die Eigenschaft einer Deckung zu.
(2) Sofern die Solidarhaftung für die Kredithergabe im Kredit-
    vertrag ausdrücklich ausgeschlossen wurde, hat jede Bank
    vor und nach der Kreditauszahlung jeweils nur ihre Betei-
    ligungsquote aufzurechnen.
(3) Nach vollständiger Auszahlung des Konsortialkredites ist
    der Gesamtbetrag - unabhängig von der Art der Haftung - für
    die Meldepflicht nicht mehr massgebend.

Aehnliche Fragen stellen sich im Zusammenhang mit Unterbetei-
ligungsverhältnissen. Sie werden im Kapitel über die Beteiligung und Unterbeteiligung an Konsortialkrediten untersucht.[83]

3. Bewilligungs- und Meldepflichten für Auslandkredite

Für konsortial gewährte Auslandkredite gelten gemäss Artikel 8
des Bankengesetzes[84] und Rundschreiben der Schweizerischen Nationalbank vom 27.10.88 betreffend "Aenderung der Kapitalex-
portbestimmungen" spezielle Richtlinien:

---

[80] VBaG 21 I
[81] VBaG 21 VI
[82] D. Bodmer/B. Kleiner/B. Lutz (1986), Art. 4bis N 32 und N 45
[83] Vgl. unten, 120 f. zur Meldepflicht bei Unterbeteiligungen.
[84] Insbesondere BaG 8 I, II Ziff. c, III, IV, sowie V Ziff. a

(1) Der Export von Konsortialkrediten in Schweizerfranken und fremder Währung wird generell bewilligt.[85]

(2) Eine Ausnahme bilden Kreditgeschäfte mit Schuldnern in ausgewählten Ländern. Solche Kredite bedürfen einer individuellen Bewilligung.[86] Gegenwärtig gilt dies nur für Kapitalexporte nach Südafrika.

(3) Jedes generell bewilligte Konsortialkreditgeschäft, das den Gesamtbetrag von mindestens 10 Mio. Franken erreicht, ist der Nationalbank innert zehn Tagen nach Vertragsunterzeichnung durch die Federführerin zu melden. Die Meldung hat Angaben über Schuldner, Geschäftsart, Syndikatsbanken, Betrag, Währung, Zinssatz, Laufzeit, Datum der Auszahlung, Rückzahlungsmodalitäten, allfällige Garantien und andere wesentliche Elemente des Geschäftes zu enthalten.[87]

(4) Bei Konsortialkrediten unter ausländischer Federführung haben beteiligte Banken mit Schweizer Domizil ihren Anteil zu melden, wenn der Gesamtbetrag des Konsortialkreditgeschäftes 10 Mio. Franken übersteigt.[88]

G. Beschlussfassung

Das Kreditkonsortium als einfache Gesellschaft fasst Gesellschaftsbeschlüsse unter Mitwirkung _aller_ Konsorten.[89] Die Initiative zur Beschlussfassung geht in der Regel von der federführenden Bank aus.[90] Unter Vorbehalt einer abweichenden vertraglichen Vereinbarung gilt das dispositive[91] Gesetzesrecht der Artikel 534 I, II und 535 III OR. Im folgenden ist zu prüfen, wie weit die gesetzlichen Bestimmungen zur Beschlussfassung den Belangen des Kreditkonsortiums entsprechen bzw. in welchen Punkten allenfalls vom vorgezeichneten Pfad abzuweichen wäre.

---

[85] Rundschreiben der SNB vom 27.10.88, 2 Ziff. 2.3.
[86] Rundschreiben der SNB vom 27.10.88, 3 Ziff. 2.6. und 4.
[87] Rundschreiben der SNB vom 27.10.88, 3 Ziff. 2.7. und 4.2.
[88] Rundschreiben der SNB vom 27.10.88, 3 Ziff. 2.7.
[89] A. Siegwart (1938), Art. 534 N 1
[90] H. Scholze (1973), 15
[91] H. Becker (1934), Art. 534 N 5 f. und Art. 535 N 9

1. Gegenstand

Das Gesetz umschreibt den Gegenstand der Beschlussfassung nur sehr allgemein.[92] Gemäss OR 535 III beschliesst das Gesamtkonsortium insbesondere über die "Vornahme von Rechtshandlungen, die über den gewöhnlichen Betrieb der gemeinsamen Geschäfte hinausgehen." Diese wenig konkrete Vorschrift erlaubt keine klare Kompetenzabgrenzung zwischen geschäftsführender Bank und Gesamtkonsortium.[93] Sie ist daher vertraglich zu präzisieren. Dies soll dadurch geschehen, dass die wichtigsten Rechtshandlungen, welche nach dem Willen der Konsorten einen Gesamtbeschluss erfordern, im Konsortialvertrag explizit aufgeführt werden. Zu diesen Rechtshandlungen von erstrangiger Bedeutung zählen namentlich Aenderungen des Konsortialvertrages und der zugrunde liegenden Verträge (Kreditvertrag, Sicherungsverträge, AGB und Depotreglement), die Kündigung des Konsortialkredites, die Verwertung einzelner oder aller Sicherheiten sowie die Einleitung gerichtlicher Schritte gegen den Kreditnehmer oder gegen Dritte.

2. Abstimmungsverfahren

Es stehen drei unterschiedliche Abstimmungsverfahren zur Auswahl, nämlich

- das Prinzip der Einstimmigkeit
- das Mehrheitsprinzip sowie
- eine Kombination von Einstimmigkeits- und Mehrheitsprinzip.

Gemäss OR 534 I gilt in der einfachen Gesellschaft grundsätzlich das Prinzip der Einstimmigkeit. Diese Variante entspricht in hohem Masse dem gegenseitigen Vertrauensverhältnis der beteiligten Banken und damit dem Charakter des konsortialen Verhältnisses.[94] Weil Entscheidungen - trotz weitgehender Uebereinstim-

---

[92] R. Francioni (1987), 127 mit Hinweis auf W. Von Steiger (1976), 391
[93] R. Francioni (1987), 127
[94] H. Scholze (1973), 9

mung der massgebenden Konsortialbanken - mit einer einzigen Gegenstimme blockiert werden können, führt sie anderseits dazu, dass Konsorten mit bescheidenen Quoten unter Umständen eine überproportionale Bedeutung erlangen. Ungeachtet dieses Nachteils dominiert in der schweizerischen Praxis nach wie vor das Einstimmigkeitsprinzip.

In Abweichung vom Grundsatz der Einstimmigkeit kann im Gesellschaftsvertrag das Mehrheitsprinzip vereinbart werden.[95] Der Umfang des Stimmrechts bemisst sich dabei zweckmässigerweise nicht nach der Personenzahl[96], sondern nach der Höhe der Beteiligungsquoten am Konsortialkredit.[97] Es ist denkbar, dass selbst gewisse Aenderungen des Konsortialvertrages durch Mehrheitsbeschluss erfolgen.[98]

Als dritte Lösung und Mittelweg bietet sich eine Kombination zwischen Einstimmigkeits- und Mehrheitsprinzip an, wie sie bei Eurokreditkonsortien häufig anzutreffen ist.[99] Ohne den einvernehmlichen Charakter der konsortialen Bankenverbindung grundsätzlich in Frage zu stellen, würde sie dem Kreditkonsortium eine gewisse Flexibilität verleihen. Bei der Wahl dieser Variante sind allerdings folgende Grundsätze zu beachten:

(1) Aenderungen des Konsortialvertrages - seien sie auch noch so geringfügiger Natur - sollen weiterhin von der Zustimmung aller Konsorten abhängig gemacht werden.

(2) Damit keine Bank dem Zwang unterliegt, gegen ihren Willen an einem Prozess des Konsortiums mitzuwirken, sollen Beschlüsse über ein gemeinsames gerichtliches Vorgehen ebenfalls nur einstimmig gefasst werden.

(3) Falls der Konsortialvertrag für die Aenderung des zugrunde liegenden Kreditvertrages die Möglichkeit von Mehrheitsentscheiden vorsieht, sollen die Majoritätsbanken von ihrem

---

[95] H. Becker (1934), Art. 534 N 5
[96] Dispositive Regel von OR 534 II
[97] L. Fischer (1977), 181
[98] A. Siegwart (1938), Art. 534 N 9
[99] C. Hinsch/N. Horn (1985), 161 ff.

diesbezüglichen Recht nur mit äusserster Zurückhaltung Gebrauch machen. Jede _wesentliche_ Aenderung des Kreditvertrages (z.B. eine zu weitgehende Konzession an den Kreditnehmer) könnte den unterlegenen Banken Anlass zur Anfechtung des Entscheides geben.[100]

(4) Um dem gegenseitigen Vertrauensverhältnis so weit als möglich Rechnung zu tragen, soll für die gültige Beschlussfassung eine _qualifizierte Mehrheit_ von mindestens zwei Dritteln verlangt werden.

(5) Es ist im Konsortialvertrag unmissverständlich festzuhalten, in welchen Fragen das Mehrheitsprinzip zur Anwendung gelangt[101] und wie die Mehrheit bestimmt wird.

3. Form

Im Recht der einfachen Gesellschaft existieren keine Vorschriften über die Form des Gesellschaftsbeschlusses. Es obliegt den Konsorten, sich auf die Modalitäten der Beschlussfassung zu einigen. Beschlüsse können beispielsweise an einer Versammlung der Konsortialbanken, brieflich oder telefonisch gefasst werden.[102] Ein kurzer Hinweis im Konsortialvertrag verschafft die notwendige Klarheit.[103] Dabei sollen sich die Banken, insbesondere zur Wahrung der Flexibilität bei Entscheidungen von hoher Dringlich-

---

[100] A. Siegwart (1938), Art 534 N 9: "Es kann nun aber der Wille der Parteien auch dahin gehen, dass sogar eigentliche _Vertragsergänzungen und -änderungen_ mehrheitlich sollen beschlossen werden können (...). Beschlüsse solcher Art können aber nur innert gewisser Grenzen gefasst werden." Wenn also selbst eine Mehrheitsänderung des Gesellschaftsvertrages grundsätzlich zulässig ist, so gilt dies ohne Zweifel auch für die Aenderung eines anderen Vertrages (Kreditvertrag), an dem die Gesellschafter ebenfalls beteiligt sind und der die Grundlage des Gesellschaftsvertrages bildet. Selbstverständlich bedarf es für eine Aenderung des Kreditvertrages immer auch der Zustimmung des Kreditnehmers, es sei denn, er hätte den Konsorten gewisse Gestaltungsrechte (z.B. in bezug auf Zinssatzänderungen) eingeräumt.

[101] W. Von Steiger (1976), 395

[102] H. Scholze (1973), 15

[103] Vgl. unten, 136 zur Abmachung betreffend die Form der Beschlussfassung im Konsortialvertrag.

keit (zu denken wäre etwa an eine rechtzeitige Notifikation von Zessionsschuldnern), sämtliche Möglichkeiten der Beschlussfassung (also auch die telefonische) offenhalten.

H. Prozessführung[104]

Das Konsortium als einfache Gesellschaft ist weder prozess- noch betreibungsfähig.[105] An die Stelle des Konsortiums treten die einzelnen Konsorten.[106]

Der Inhalt einer konsortialvertraglichen Abmachung über die Prozessführung hängt wesentlich davon ab, ob die Banken eine Gemeinschaft zur gesamten Hand bilden oder ob die Kreditforderung durch Ausschluss des Gesamthandsverhältnisses in Partialobligationen aufgeteilt wurde, an denen die einzelnen Konsorten die Alleinberechtigung besitzen.[107] Die Frage der Vertragsgestaltung muss daher gesondert untersucht werden, zunächst für das Konsortium mit Gesamthandsverhältnis, sodann für das Konsortium ohne Gesamthandsverhältnis.

1. Kreditkonsortium mit Gesamthandsverhältnis

Weil die Ansprüche gegen den Kreditnehmer oder Dritte nicht den einzelnen Gesellschaftern, sondern allen Konsorten gemeinsam zustehen, können die Mitglieder eines Gesamthand-Konsorti-

---

[104] Die Ueberlegungen zur Prozessführung gelten analog für die Schuldbetreibung. Einziger wesentlicher Unterschied: Bei einer Betreibung können sich die Mitglieder eines Kreditkonsortiums ohne Gesamthandsverhältnis nicht mehr durch die federführende Bank vertreten lassen, sondern müssen einzeln gegen den Schuldner vorgehen; R. Francioni (1987), 155 f. mit Hinweis auf BGE 71 III 167

[105] A. Meier-Hayoz/P. Forstmoser (1984), 199 N 13

[106] W. Von Steiger (1976), 446

[107] Vgl. oben, 54 ff. zu den Arten des Kreditkonsortiums.

ums im Aussenverhältnis nicht selbständig prozessieren.[108] Im Innenverhältnis liegt die Kompetenz zum Entscheid über die Einleitung prozessrechtlicher Schritte gemäss üblicher vertraglicher Vereinbarung[109] sowie auch subsidiär[110] beim Gesamtkonsortium.

In der Praxis des Konsortialkreditgeschäftes sind zwei Konstellationen denkbar, auf die der Vertrag auszurichten ist:

(a) Die Konsorten einigen sich einstimmig darauf, gegenüber der Kreditnehmerin oder Dritten gerichtlich vorzugehen. Für diesen Fall sieht der Konsortialvertrag zweckmässigerweise vor, dass die Federführerin den Prozess in Vertretung der übrigen Konsortialbanken führt und dass die Verfahrenskosten im Verhältnis der Beteiligungsquoten aufgeteilt werden.[111]

(b) Die Konsorten lehnen ein gerichtliches Vorgehen ab. Will man den prozesswilligen Banken trotzdem die Durchsetzung ihrer Ansprüche ermöglichen, so wird ihnen erlaubt, den Prozess im Namen des Konsortiums, aber auf eigenes Risiko und eigene Rechnung zu führen.[112] Um die zur Sachlegitimation im Prozess erforderliche Uebereinstimmung zwischen dem eingeklagten Recht (Gesamthandforderung) und Berechtigung des Klägers (prozesswillige Banken) herzustellen[113], müssen die nicht prozesswilligen Banken ihre Ansprüche unentgeltlich an die prozesswilligen abtreten[114] oder gegenüber dem Beklagten ganz darauf verzichten.[115] Andernfalls

---

[108] H. Merz (1979), 92; A. Von Tuhr/A. Escher (1974), 293. Es fehlt ihnen die erforderliche Sachlegitimation; M. Guldener (1979), 297 f.

[109] Vgl. oben, 67 zum Gegenstand der Beschlussfassung.

[110] OR 535 III betreffend Beschlussfassung über aussergewöhnliche Rechtsgeschäfte.

[111] Vgl. unten, 137 ff. zur Regelung der Prozessführung im Konsortialvertrag.

[112] R. Francioni (1987), 154

[113] M. Guldener (1979), 297 f., insbesondere FN 9

[114] R. Francioni (1987), 154 mit Hinweis auf A. Müller (1938), 137

[115] A. Siegwart (1938), Art. 544 N 16

bliebe zur Durchsetzung der Teilforderungen nur die Auflösung des Konsortiums bzw. der Regress auf den oder die Gesellschafter, welche eine offensichtlich im Interesse der
Gesellschaft liegende Prozessführung verhindert haben.[116]
Um solche Auseinandersetzungen zu vermeiden, müssen die
Voraussetzungen der Prozessführung durch einzelne Banken
sowie die Mitwirkungspflichten nicht prozesswilliger Konsorten vertraglich klar umschrieben werden. Die Konsorten verwenden dazu eine spezielle Klausel, welche auch die Verteilung der Prozesskosten sowie eines allfälligen Prozessgewinnes regelt.[117]

2. Kreditkonsortium ohne Gesamthandsverhältnis

Beim Kreditkonsortium ohne Gesamthandsverhältnis sind die Konsortialbanken Alleingläubiger ihrer Kreditanteile und in der
Regel auch mit separaten Sicherheiten ausgestattet.[118] Im Aussenverhältnis wären sie daher legitimiert, jederzeit ohne die
Mitwirkung der anderen Konsorten zu prozessieren.[119]

Im Innenverhältnis unterliegen sie dagegen grundsätzlich den
gleichen gesellschaftsvertraglichen Restriktionen wie die Mitglieder eines Gesamthand-Konsortiums. Dies gilt sowohl in bezug
auf die Notwendigkeit eines Gesellschaftsbeschlusses für die
Einleitung gerichtlicher Schritte wie auch für die Frage der
Vertretung im Prozess durch die Federführerin.[120] Bei einem
negativen Entscheid des Gesamtkonsortiums benötigen die Banken wiederum eine vertragliche Ermächtigung, damit sie ihre
Ansprüche selbständig geltend machen dürfen.[121] Anders als beim

---

[116] A. Siegwart (1938), Art. 544 N 16 und Art. 534 N 6
[117] Vgl. unten, 137 ff. zur Regelung der Prozessführung im Konsortialvertrag.
[118] Vgl. unten, 82 ff. zur Sicherstellung des Kreditkonsortiums
ohne Gesamthandsverhältnis.
[119] Vgl. oben, 56 f. zum Kreditkonsortium ohne Gesamthandsverhältnis.
[120] Vgl. oben, 71 Fall (a)
[121] Vgl. oben, 71 f. Fall (b)

Kreditkonsortium mit Gesamthandsverhältnis führen die prozesswilligen Alleingläubiger einen Prozess jedoch nicht im Namen
sämtlicher Gesellschafter, sondern nur in ihrem eigenen und ausschliesslich für ihren Anteil. Damit entfallen die Probleme der
Anspruchsabtretung, des Anspruchsverzichtes sowie der Verteilung
eines allfälligen Prozessgewinnes.[122]

I. Beendigung

Die Gesetzesregel von Artikel 545 OR nennt für die einfache Gesellschaft sieben Auflösungsgründe. Lediglich zwei davon sind
für das Kreditkonsortium praktisch bedeutsam, nämlich die Auflösung durch Erreichung oder Unerreichbarkeit des Zweckes[123] sowie
die Auflösung durch Kündigung.[124] Eine vertragliche Vereinbarung
geht in jedem Falle vor.[125]

Bei der gesellschaftsinternen Regelung der Beendigung haben
sich die Konsorten in erster Linie am Aussenverhältnis zu orientieren. Ausgehend von der Ueberlegung, dass das Ziel des Kreditkonsortiums in der gemeinsamen Durchführung des Kreditgeschäftes
besteht, muss der Konsortialvertrag genau so lange existieren
wie die zugrunde liegende Kreditbeziehung. Ohne die Möglichkeit
einer gleichzeitigen Beendigung des gemeinsamen Kreditvertrages
wäre die Auflösung des Konsortiums für das Aussenverhältnis wir-

---

[122] Eine Ausnahme bildet der Fall, wo sich die Konsorten - trotz
separater Gläubigerschaft an den Kreditforderungen - zur
gesamten Hand sicherstellen lassen, namentlich im Zusammenhang mit einer Globalzession; vgl. unten, 84 zur Sicherstellung durch Zession beim Kreditkonsortium ohne Gesamthandsverhältnis. Um beispielsweise gegen einen säumigen Zessionsschuldner gültig vorgehen zu können, wären die prozesswilligen Banken auf eine Abtretung der Gesamthand-Sicherheiten bzw. auf einen vollständigen Verzicht der nicht
prozesswilligen Banken angewiesen; vgl. unten, 138 FN 34
zur Regelung der Prozessführung im Konsortialvertrag.
[123] OR 545 I Ziff. 1
[124] OR 545 I Ziff. 6
[125] W. Von Steiger (1976), 451

kungslos.[126]

Die Konsorten wollen und können ihre Verbindung also nicht
unabhängig vom Kreditgeschäft beenden.[127] Deshalb sind auch
die Gesellschaftsauflösung durch Uebereinkunft[128] oder aus
wichtigem Grund[129] praktisch irrelevant. Umgekehrt endet der
Konsortialvertrag in jedem Falle mit Beendigung der Kreditbeziehung.[130] Eine Auflösung des Kreditvertrages entzieht dem
Konsortialvertrag die notwendige geschäftliche Grundlage.[131]

Im folgenden soll der Einfluss von Konsortialkrediten mit fester
Laufzeit und solchen mit Kündigungsrechten auf die Ausgestaltung
des Konsortialvertrages aufgezeigt werden.

1. Kredite mit fester Laufzeit

Konsortialkredite ohne Kündigungsrecht erfordern Konsortialverträge ohne Kündigungsrecht. Das Konsortium hat keine Möglichkeit, den Kredit vor dem vereinbarten Termin fällig zu
stellen. Der Konsortialvertrag wird daher fest bis zum Ablauf
des Kreditvertrages geschlossen.

Konsortialverträge mit fester Laufzeit enden durch Zweckerreichung, Ablauf der Vertragsdauer (geht in der Regel mit der
Zweckerreichung einher) oder durch Unerreichbarkeit des Zweckes.

---

[126] Gemäss OR 551 wird durch Auflösung der Gesellschaft an den
Verbindlichkeiten gegenüber Dritten nichts geändert.
[127] D. Bieri (1987), 218 f. schildert einen theoretischen Aus-
nahmefall: Der Kreditvertrag erlaubt den Konsorten bei Ein-
treten gewisser Umstände, den Konsortialvertrag (nicht jedoch das Kreditverhältnis) vorzeitig aufzulösen. Bei einem
Konsortium ohne Gesamthandsverhältnis geht damit der Konsortialkredit (der rechtlich ohnehin aus Teilkrediten besteht) in einen Parallelkredit über. Bei einem Gesamthand-
Konsortium wäre ein solcher Wandel in der Kreditbeziehung
wohl nur durch Kündigung des Konsortialkredites und Abschluss neuer Kreditverträge überhaupt denkbar.
[128] OR 545 I Ziff. 4
[129] OR 545 I Ziff. 7
[130] D. Bieri (1987), 216
[131] L. Fischer (1977), 179

Normal ist die Beendigung durch Erreichen des Gesellschaftszwekkes.[132] Dies bedeutet konkret, dass "alle Verpflichtungen der Banken, des Kreditnehmers und allfälliger dritter Sicherungsgeber erfüllt worden sind."[133] Die Unmöglichkeit der Zweckerreichung liegt beispielsweise bei vorzeitiger Rückzahlung des Kredites oder im Konkurs des Kreditnehmers vor.[134]

2. Kredite mit ordentlichem Kündigungsrecht

Ein konsortialvertragliches Kündigungsrecht ist nur so weit sinnvoll, wie es die Kündigungsmöglichkeiten im Aussenverhältnis berücksichtigt.[135] Sind Konsortialkredite mit einem ordentlichen Kündigungsrecht ausgestattet, wonach das Konsortium den Kredit unter Einhaltung einer bestimmten Frist fällig stellen kann, so soll auch den einzelnen Konsorten die Möglichkeit zur Kündigung des Konsortialvertrages offenstehen.

Konsortialverträge mit Kündigungsrecht enden ebenso wie die Konsortialverträge mit fester Laufzeit üblicherweise durch Erreichung des Gesellschaftszweckes. Sollte die Vereinbarung dennoch vorzeitig gekündigt werden, so verbleiben den nichtkündigenden Banken zwei Möglichkeiten:

(a) Kündigung des gesamten Konsortialkredites und Auflösung des Konsortiums nach Massgabe der dispositiven[136] Artikel 548 ff. OR. Diese Lösung hat den Vorteil, dass sie eindeutig und vertraglich leicht zu regeln ist, rechtlich keinerlei Probleme aufwirft und den Konsorten genügend Zeit für eine Neubeurteilung der Lage lässt.[137]

---

[132] H. Scholze (1973), 21
[133] D. Bieri (1987), 216 f.
[134] R. Francioni (1987), 160
[135] Die Gesellschaft kann erst nach Beilegung der externen Auseinandersetzung beendigt werden; H. Becker (1934), Art. 545 N 1
[136] A. Siegwart (1938), Art. 548, 549, 550 N 8
[137] R. Francioni (1987), 169

(b) Auszahlung der ausscheidenden Konsorten und Fortsetzung
des Konsortiums mit veränderten Anteilen am Konsortialkredit. Diese Variante erfordert eine Vertragsänderung im
Innen- und im Aussenverhältnis. Ueberdies müssen sich aus-
scheidende und verbleibende Konsorten über die Höhe der
Abfindungssumme einigen.[138] Obgleich eine Weiterführung der
Gesellschaft auch ohne entsprechende Bestimmung im Konsortialvertrag möglich ist[139], kann eine detaillierte vertragliche Vereinbarung (samt konkreten Berechnungsregeln für
die Abfindungssumme) den Konsens erleichtern.[140]

Es ist in jedem Falle zweckmässig, die Kündigungsfrist im Konsortialvertrag so festzulegen, dass der Federführerin genügend
Zeit verbleibt, um zunächst das Interesse an einer Fortsetzung
des Konsortiums abzuklären und anschliessend - falls notwendig -
den Kreditvertrag rechtzeitig zu kündigen.[141] Die Kündigungsfrist im Innenverhältnis wäre also geringfügig höher anzusetzen
als die Kündigungsfrist im Aussenverhältnis.[142]

3. Kredite mit ausserordentlichem Kündigungsrecht

Sowohl Kreditverträge mit fester Laufzeit wie auch solche mit
ordentlichem Kündigungsrecht enthalten immer häufiger auch ein

---

[138] Die Abfindungssumme kann (sofern vertraglich vorgesehen)
nach dem Mehrheitsprinzip festgesetzt werden. Für die Ausscheidenden ist ein Mehrheitsbeschluss jedoch nur dann verbindlich, wenn sie ihm zustimmen; W. Von Steiger (1976),
420 und A. Siegwart (1938), Art 547 N 47, beide mit Hinweis
auf BGE 59 II, 1933
[139] W. Von Steiger (1976), 413
[140] Vgl. unten, 139 ff. zur Regelung der Kündigung, Auflösung
bzw. Weiterführung im Konsortialvertrag.
[141] R. Francioni (1987), 162
[142] Es wäre durchaus denkbar, die Kündigungsfrist im Innenverhältnis noch weiter auszudehnen. Dies hätte keinerlei Einfluss auf die Möglichkeiten des Gesamtkonsortiums den Kredit
entsprechend der kürzeren Fristen im Aussenverhältnis zu
kündigen, würde aber die Verfügungsberechtigung des einzelnen Konsorten über seinen Kreditanteil stärker einschränken.
Aus Sicht der federführenden Bank bietet eine solche Lösung
zweifellos gewisse Vorteile.

<u>ausserordentliches (a.o.) Kündigungsrecht</u>. Danach darf der Kreditgeber den Kredit unter gewissen Umständen (ungeachtet der Laufzeit oder der ordentlichen Kündigungsfrist) <u>sofort</u> fällig stellen.[143] Im Konsortialvertrag kann sich das a.o. Kredit-Kündigungsrecht auf drei Arten niederschlagen:

(1) Der Konsortialvertrag bestimmt, dass der Konsortialkredit bei Eintritt eines a.o. Kündigungsgrundes durch die federführende Bank unverzüglich fällig zu stellen ist. Die Kündigung des Konsortialkredites führt zur Auflösung des Kreditverhältnisses und damit auch zur Auflösung des Konsortialvertrages.

(2) Die Banken delegieren das a.o. Kündigungsrecht bis auf die Stufe des einzelnen Konsorten. Dies bedeutet konkret, dass bei Eintritt eines a.o. Kündigungsgrundes jeder Konsorte berechtigt wäre, den Konsortialvertrag sofort zu kündigen und damit die Kündigung des Konsortialkredites sowie die Auflösung des Konsortiums oder zumindest die Rückzahlung seines Anteils herbeizuführen.

(3) Trotz ausserordentlicher Kündigungsmöglichkeit des Konsortiums im Aussenverhältnis erhält die einzelne Bank im Innenverhältnis keine entsprechenden Kündigungsrechte. Bei Eintritt eines a.o. Kündigungsgrundes entscheidet somit das Gesamtkonsortium (aufgrund der ihm nach den Regeln über die Beschlussfassung zustehenden Kompetenz), ob der Konsortialkredit vorzeitig gekündigt oder weitergeführt werden soll. Damit nimmt jede Bank in Kauf, dass sie unter Umständen - trotz Vorliegen eines a.o. Kündigungsgrundes - gezwungen sein wird, ihr Kreditengagement aufrechtzuerhalten.

---

[143] Vgl. unten, 154 f. zum ausserordentlichen Kündigungsrecht im Kreditvertrag. Die Voraussetzungen zur vorzeitigen Kündigung beziehen sich in der Regel auf das Verhalten des Kreditnehmers (Nichteinhalten von Vertragsbedingungen). Theoretisch könnten aber auch Verhalten oder Eigenschaften der Konsorten zur Bedingung für das ausserordentliche Kündigungsrecht gemacht werden (z.B. Zahlungsunfähigkeit eines Konsorten). Der Kreditnehmer ist gut beraten, solche zusätzlichen Auflagen abzulehnen.

Sowohl aus Sicht des Kreditnehmers wie auch aus Sicht der massgebenden Konsortialbanken erscheint es sinnvoll, die Beurteilung
der Frage, ob die Voraussetzungen einer a.o. Kündigung tatsächlich gegeben sind oder nicht, dem Gesamtkonsortium zu überlassen
(Variante 3), anstatt sich im vornherein auf eine bestimmte Re-
aktion festzulegen (Variante 1) oder die Entscheidungskompetenz
bis auf die Stufe des einzelnen Institutes zu delegieren (Variante 2). Dies auch in Uebereinstimmung mit der Praxis im Eurokreditgeschäft, wo bei Vorliegen eines "Events of Default" in
der Regel die "Majority Banks" über das weitere Vorgehen bestimmen.[144]

J. Sicherstellung

Zur Sicherstellung von Konsortialkrediten können grundsätzlich
die gleichen Sicherheiten herangezogen werden, wie bei der Gewährung von Individualkrediten.[145] Im schweizerischen Konsortialkreditgeschäft besonders gebräuchlich sind die Verpfändung von
Wertschriften (Aktien, Obligationen und Schuldbriefe), die Abtretung von Forderungen sowie Bürgschaften und Garantien.[146]

An die gemeinsame Sicherstellung im Rahmen des Kreditkonsortiums knüpfen die einzelnen Banken folgende drei Erwartungen:

(1) Optimierung der Sicherheitenverwaltung durch Zentralisation

---

144 C. Hinsch/N. Horn (1985), 286; R. McDonald (1982), 228
145 H. Scholze (1973), 108
146 Im Eurokreditgeschäft besitzt die Sicherstellung von Konsortialkrediten nicht denselben Stellenwert wie in der Schweiz.
Von euromarktfähigen Firmen und staatlichen Schuldnern werden kaum je Sicherheiten verlangt, von nichteuromarktfähigen
Firmen gegebenenfalls die Beibringung von Garantieerklärun-
gen. Der starke Konkurrenzdruck sowie der hohe Rechts- und
Kontrollaufwand führen oft zum Verzicht auf andere Sicherungsformen. Hingegen gehören indirekte Sicherungsmittel in
Form von Gleichbesicherungs- und Negativklauseln zum Standard; C. Hinsch/N. Horn (1985), 101 ff.; R. McDonald (1982),
234 f.; H.-W. Goltz (1980), 125 ff.; K. Preisig (1976), 170
ff.

(2) Anteilsmässige Berechtigung an den Sicherheiten im Innenver-
    hältnis
(3) Anteilsmässige Berechtigung an den Sicherheiten im Aussen-
    verhältnis

Die ersten beiden Zielsetzungen betreffen ausschliesslich das
Innenverhältnis und können daher unabhängig von der Vereinba-
rung mit dem Sicherungsgeber verwirklicht werden. Die zentrale
Verwaltung der Sicherheiten[147] und die anteilsmässige Gleich-
stellung der Banken innerhalb des Konsortiums gehören zum Wesen
des Konsortialkredites. Die entsprechenden Vereinbarungen sind
Gegenstand des Konsortialvertrages und bieten keine besonderen
Probleme.[148]

Die dritte Zielsetzung tangiert das Aussenverhältnis. Hier geht
es nicht um die gegenseitigen Ansprüche der Konsorten, sondern
um ihre direkten Ansprüche gegen den Sicherungsgeber bzw. auf
die bestellten Sicherheiten. Auch in dieser Hinsicht wollen die
Konsorten einander anteilsmässig gleichgestellt sein.

Neben dem Wunsch der einzelnen Konsorten auf anteilsmässige
Gleichberechtigung stehen die Bestrebungen des Gesamtkonsortiums, die erhaltenen Sicherheiten optimal auszunutzen, d.h. das
Total der allfälligen Verwertungserlöse so lange von der Konkursmasse fernzuhalten, bis die Forderungen der Banken aus dem
Konsortialkredit vollständig gedeckt sind. Wie weit dies gelingt, hängt von der Ausgestaltung der Sicherungsverträge ab,
welche die Banken mit dem Kreditnehmer oder Dritten abschliessen. Bei Individualkrediten verwenden sie dafür spezielle Stan-
dardformulare. Diese Vertragstexte können mit geringfügigen Anpassungen auch für die Besicherung von Konsortialkrediten übernommen werden. Im folgenden kann es nicht darum gehen, den Inhalt dieser Sicherungsverträge im Detail zu erläutern[149]; entscheidend für die Stellung der Banken im Aussenverhältnis ist

---

[147] A. Jährig/H. Schuck (1982), 112
[148] Vgl. unten, 133 bzw. 135 und 128 f. zu den Beteiligungsquo-
      ten bzw. zu den Aufgaben der Federführerin.
[149] Dazu D. Guggenheim (1986), 121 ff.

vielmehr, welche Sicherheiten wie und vor allem auf wen (auf
die Federführerin, auf die einzelnen Banken oder auf die Konsorten zur gesamten Hand) bestellt werden. Diese Fragen lassen
sich nicht generell beantworten. Die richtige Lösung hängt jeweils von zwei Faktoren ab, nämlich von der

- Art des Konsortiums (Kreditkonsortium mit oder ohne Gesamthandsverhältnis) sowie von der
- Rechtsnatur der erhaltenen Sicherungsrechte (akzessorische
  oder abstrakte).

Spezielle Probleme stellen sich insbesondere im Zusammenhang
mit der Akzessorietät von Sicherungsrechten, weil dieses Rechts-
prinzip eine Uebereinstimmung zwischen dem Forderungsgläubiger
und dem Sicherungsnehmer verlangt.[150] Zu den akzessorischen
Sicherungsinstituten zählen das Pfandrecht sowie die Bürgschaft.[151]

1. Kreditkonsortium mit Gesamthandsverhältnis

Beim Kreditkonsortium mit Gesamthandsverhältnis steht die Kreditforderung den Banken gemeinsam zu.[152] Forderungsgläubiger
sind die Konsorten zur gesamten Hand. Das Konsortium kann sich
wie folgt sicherstellen lassen:

(1) Sicherstellung durch Verpfändung:
Im Vordergrund steht die Verpfändung von Aktien, Obligationen
und Schuldbriefen. Der Akzessorietätsgrundsatz verlangt die
Identität zwischen Forderungsgläubiger (Konsorten zur gesamten
Hand) und Sicherungsnehmer. Die Wertpapiere müssen den Konsor-
ten daher zur gesamten Hand verpfändet werden.[153] Auf diese
Weise sind die Kreditanteile der einzelnen Banken im Aussen-

---

[150] G. Obst/O. Hintner (1980), 342
[151] W. Wiegand (1982), 39
[152] Vgl. oben, 54 ff. zum Kreditkonsortium mit Gesamthandsver-
      hältnis.
[153] D. Zobl (1982), Art. 884 N 28 f.

verhältnis anteilsmässig und gleichrangig besichert und im
Konkurs des Kreditnehmers steht den Konsorten die exklusive
Nutzung der Verwertungserlöse bis zur vollständigen Deckung
ihrer Ansprüche zu.

(2) Sicherstellung durch Bürgschaftsvertrag:
Die Ueberlegungen zur Verpfändung gelten analog für den Bürgschaftsvertrag. Die streng akzessorische Bürgschaft[154] muss
zugunsten der Konsorten zur gesamten Hand errichtet werden.

(3) Sicherstellung durch Zession:
Die Abtretung von Forderungen (üblicherweise in Form einer
Globalzession) gehört zu den abstrakten Sicherungsrechten.[155]
(Kredit-) Forderungsgläubiger und Sicherungsnehmer brauchen
nicht übereinzustimmen. Ohne die Beschränkungen der Akzessorietät stehen den Banken grundsätzlich die folgenden Möglichkeiten
offen:[156]

- Forderungsabtretung zur Sicherstellung des Konsortialkredites auf den Namen der Federführerin.[157] Im Aussenverhältnis
  ist die federführende Bank alleine berechtigt. Die Ansprüche
  der Mitkonsorten sind lediglich obligatorischer Natur und
  richten sich gegen die Federführerin.
- Forderungsabtretung auf den Namen der Federführerin verbunden mit der Nachzession oder Verpfändung allfälliger Verwertungsüberschüsse an die Mitkonsorten. Die federführende Bank
  ist im Aussenverhältnis wiederum bevorteilt.
- Separate, rechtlich getrennte Forderungsabtretungen an die
  einzelnen Banken. Die gleichmässige und überschneidungsfreie
  Aufteilung der zu zedierenden Forderungen ist nicht selten
  mit Schwierigkeiten verbunden. Im Konkurs des Kreditnehmers

---

[154] D. Mühl/W. Petereit (1983), 36 N 61
[155] D. Zobl (1984), 188; E. Bucher (1979), 43
[156] In Anlehnung an D. Zobl (1982), Syst. Teil N 1670 f.
[157] Bsp.: "Die Firma X (Kreditnehmerin) tritt der A-Bank (Feder-
      führerin) sämtliche sich aus dem Geschäftsbetrieb ergeben-
      den gegenwärtigen und zukünftigen Forderungen sicherheits-
      halber ab. Die Abtretung dient zur Sicherstellung des Kon-
      sortialkredites der A-, B- und C-Bank an die Kreditnehmerin
      vom 1.1.89."

ergeben sich - bedingt durch den Wertzerfall einzelner Forderungen - zufällige Ueber- und Unterdeckungen. Die Verwendung
der Mehrerlöse zur Befriedigung der unterdeckten Konsorten
setzt entsprechende Abreden mit dem Sicherungsgeber (Nachzession oder Verpfändung der Ueberschüsse) voraus. Andernfalls
gehen sie dem Konsortium verloren.

- Forderungsabtretung zur gesamten Hand.[158] Sie verdient den
  Vorzug, weil sie die Banken im Aussenverhältnis anteilsmässig gleichstellt und im Konkurs des Kreditnehmers eine optimale Nutzung der Verwertungserlöse gewährleistet.

(4) Sicherstellung durch Garantievertrag:
Die Garantie ist eine selbständige (abstrakte) Verpflichtung.[159] Die Banken sind daher grundsätzlich frei, sich über
die Federführerin, je einzeln (d.h. rechtlich getrennt) oder
gemeinsam (zur gesamten Hand) sicherstellen zu lassen. Aus den
gleichen Gründen wie bei der Zession kann die Sicherstellung
des Konsortiums über die federführende Bank als Lösung verwor-
fen werden. Gemessen an den Zielsetzungen der Konsorten (optimale Nutzung des Verwertungserlöses bei anteilsmässiger Gleichstellung im Aussenverhältnis) spielt es hingegen keine Rolle, ob
der Garant sein Zahlungsversprechen (in separaten gleichlauten-
den Verträgen) anteilsmässig zugunsten der einzelnen Banken oder
zugunsten aller Konsorten zur gesamten Hand abgibt.

2. Kreditkonsortium ohne Gesamthandsverhältnis

Beim Kreditkonsortium ohne Gesamthandsverhältnis ist jeder
Konsorte an seinem Anteil separat berechtigt.[160] Forderungsgläubiger sind die einzelnen Banken. Das Konsortium kann sich
wie folgt sicherstellen lassen:

---

[158] D. Bieri (1987), 224
[159] U. Emch/H. Renz (1984), 219
[160] Vgl. oben, 56 f. zum Kreditkonsortium ohne Gesamthandsver-
      hältnis.

(1) Sicherstellung durch Verpfändung:
Forderungsgläubiger (einzelne Banken) und Sicherungsnehmer
müssen beim akzessorischen Pfandrecht zwingend übereinstimmen.
Die Banken lassen sich deshalb in separaten Verträgen <u>rechtlich getrennt sicherstellen</u>.[161] Dies kann grundsätzlich auf
drei Arten geschehen:

- Vorrangige Sicherstellung der Federführerin verbunden mit
  separaten Nachverpfändungen zugunsten der anderen Banken.
  Die nachrangigen Pfandgläubiger sind im Aussenverhältnis
  benachteiligt.[162]
- Verteilung der Pfandgegenstände auf die verschiedenen Banken. Diese Lösung setzt die Teilbarkeit der Sicherheiten
  voraus. Ausserdem haben Wertänderungen der verschiedenen
  Pfänder u.U. zur Folge, dass einzelne Banken im Konkurs des
  Schuldners über-, andere dagegen unterdeckt sind. Im Verwer-
  tungsfall fliessen die Ueberschüsse voll gedeckter Banken in
  die Konkursmasse.[163] Den unterdeckten Konsorten können Mehrerlöse nur dann zugeführt werden, wenn entsprechende Nachpfand-
  rechte bestellt worden sind. Dies hätte jedoch wiederum unerwünschte Rangunterschiede zur Folge.
- Errichtung gleichrangiger Pfandrechte.[164] Die Banken sind gegen aussen gleichberechtigt und partizipieren im Verhältnis
  ihrer Quoten bis zur vollständigen Befriedigung aller Ansprüche aus dem Konsortialkredit. Diese Lösung verdient daher den
  Vorzug.

(2) Sicherstellung durch Bürgschaftsvertrag:
Die Gültigkeit der akzessorischen Bürgschaftsverpflichtung setzt
die Identität zwischen Forderungsgläubiger und Sicherungsnehmer
voraus. Da jede Bank alleine an ihrer Forderung berechtigt ist,
muss auch die Sicherstellung <u>rechtlich getrennt</u> erfolgen.[165] Bei
einer Bürgschaft kann dies sinnvollerweise nur dadurch geschehen, dass sich der Bürge jeder Bank gegenüber für ihren Anteil

---

[161] D. Bieri (1987), 204
[162] D. Zobl (1982), Art. 886 N 1 f.
[163] D. Mühl/W. Petereit (1983), 176 N 484
[164] D. Zobl (1982), Art. 886 N 15
[165] D. Bieri (1987), 204

(bzw. einen Bruchteil davon) verpflichtet. Ob seine Erklärung in separaten Verträgen oder in einem einzigen Schriftstück verurkundet wird, ist dabei unerheblich.

(3) Sicherstellung durch Zession:
Die Ausführungen über die Sicherstellung durch Zession beim Gesamthandkonsortium gelten sinngemäss.[166] Allerdings werden die Mitglieder eines Kreditkonsortiums ohne Gesamthandsverhältnis im Bestreben nach grösstmöglicher Unabhängigkeit im Aussenverhältnis - trotz der geschilderten Nachteile - die separate Sicherstellung durch die Aufteilung der Forderungen einer Zession zur gesamten Hand vorziehen.

(4) Sicherstellung durch Garantievertrag:
Die Ausführungen über die Sicherstellung durch Garantievertrag beim Gesamthandkonsortium gelten sinngemäss.[167] Da eine rechtlich getrennte Sicherstellung - anders als bei der Sicherungszession - keine Nachteile aufweist, werden sich die Mitglieder eines Kreditkonsortiums ohne Gesamthandsverhältnis selbstverständlich für die Entgegennahme separater Garantien entscheiden.

3. Zusammenstellung der Ergebnisse

Die Ergebnisse aus den vorangehenden Abschnitten sind in Abb. 3.4. nochmals zusammengestellt:

---

[166] Vgl. oben, 81 f. zur Sicherstellung durch Zession beim Kreditkonsortium mit Gesamthandsverhältnis.
[167] Vgl. oben, 82 zur Sicherstellung durch Garantievertrag beim Kreditkonsortium mit Gesamthandsverhältnis.

Abb. 3.4.: Sicherstellung von Konsortialkrediten (Aussenverhältnis)

Art des Konsortium	Forderungs-glaeubiger	Sicherungsform	Sicherungsnehmer	Probleme im Aussenverhaeltnis
KREDIT-KONSORTIUM MIT GESAMT-HANDS-VERHAELTNIS	KONSORTEN ZUR GESAMTEN HAND	Verpfaendung	Konsorten z. ges. Hand	Keine
		Buergschaft	Konsorten z. ges. Hand	Keine
		Zession	Federfuehrerin	Beguenstigung der Federfuehrerin
		Zession mit Nachzession oder Ueberschussverpfaendung	Federfuehrerin bzw. Mitkonsorten	Beguenstigung der Federfuehrerin
		Separate Zessionen	Einzelne Banken	Abgrenzungsprobleme, Wertunterschiede, ev. Verlust von Verwertungsueberschuessen
		Zession	Konsorten z. ges. Hand	Keine
		Garantie	Federfuehrerin	Beguenstigung der Federfuehrerin
		Separate Garantien	Einzelne Banken	Keine
		Garantie	Konsorten z. ges. Hand	Keine
KREDIT-KONSORTIUM OHNE GESAMT-HANDS-VERHAELTNIS	EINZELNE BANKEN	Verpfaendung mit Nachverpfaendungen	Federfuehrerin bzw. Mitkonsorten	Beguenstigung der Federfuehrerin
		Separate Verpfaendungen	Einzelne Banken	Teilbarkeit der Sicherheiten, Wertunterschiede, ev. Ueberschussverluste
		Mehrfachverpfaendung im gleichen Rang	Einzelne Banken	Keine
		Separate Buergschaften	Einzelne Banken	Keine
		Zession	Federfuehrerin	Beguenstigung der Federfuehrerin
		Zession mit Nachzession oder Ueberschussverpfaendung	Federfuehrerin bzw. Mitkonsorten	Beguenstigung der Federfuehrerin
		Separate Zessionen	Einzelne Banken	Abgrenzungsprobleme, Wertunterschiede, ev. Verlust von Verwertungsueberschuessen
		Zession	Konsorten z. ges. Hand	Keine
		Garantie	Federfuehrerin	Beguenstigung der Federfuehrerin
		Separate Garantien	Einzelne Banken	Keine
		Garantie	Konsorten z. ges. Hand	Keine

K. Steuerfragen

1. Grundsatz

Abgaberechtlich versteht man unter Konsortialkrediten die "Gewährung fester Vorschüsse mehrerer Gläubiger an einen Schuldner zu gleichen Bedingungen. Nicht unter diesen Begriff fallen
konsortialiter eingeräumte Kontokorrentkredite und andere Vorschüsse, bei denen es an einer festen Schuldsumme fehlt."[168]

Die steuerliche Behandlung von Konsortialdarlehen hängt davon
ab, ob kollektive Mittelbeschaffung vorliegt oder nicht. Liegt
kollektive Mittelbeschaffung vor, so werden Konsortialdarlehen
gleich behandelt wie Obligationenanleihen.[169]

Die Eidgenössische Steuerverwaltung betrachtet ein Konsortialdarlehen als kollektive Mittelbeschaffung, wenn mehr als 10
Nichtbanken im Konsortium vertreten sind. Die Zahl der beteiligten Banken[170] ist dagegen bedeutungslos. Unterbeteiligte
Nichtbanken werden bei der Ermittlung der zulässigen 10 Nichtbanken mitgezählt, sofern sie im Kreditvertrag namentliche Erwähnung finden (was allerdings in der Praxis kaum je vorkommen
dürfte).[171] Konsortialdarlehen bis zu 50'000 Franken fallen generell ausser Betracht.[172] Die Aufnahme von Kunden in Bankenkon-

---

[168] Rundschreiben der SBVg vom 28.6.1983 betreffend Neurege-
lung der steuerlichen Behandlung von Konsortialdarlehen, 1
[169] Rundschreiben der SBVg vom 28.6.1983, 2
[170] Als Banken gelten Institute, welche aufgrund ihres Heimat-
rechtes diesen Status besitzen und der entsprechenden Ban-
kengesetzgebung unterstehen. Finanzgesellschaften gehören
nicht dazu.
[171] Vgl. unten, 121 ff. zur steuerlichen Behandlung von Unterbeteiligungen.
[172] Rundschreiben der SBVg vom 28.6.1983, 2 f. Vor Juni 1983
galt die alte Praxis, wonach kollektive Mittelbeschaffung
vorliegt, wenn mehr als drei Banken ein Konsortium bilden.
Ein Konsortialdarlehen blieb jedoch dann ohne steuerliche
Folgen, wenn die Banken zwecks Steuerbefreiung eine ausdrückliche Gesamthanderklärung abgaben. Dies mag mit dazu
beigetragen haben, in der konsortialen Praxis der Schweiz
eine Gesamthand-Tradition zu schaffen; vgl. oben, 54 ff.
zum Kreditkonsortium mit Gesamthandsverhältnis.

sortien zum Zwecke der steuerlich privilegierten Vermögensan-
lage würde als Umgehungskonstruktion betrachtet.[173]

2. Umsatzabgabe

Der eidgenössischen Umsatzabgabe unterliegt die entgeltliche
Uebertragung von Eigentum an bestimmten Urkunden, sofern ein
inländischer Effektenhändler als Partei oder Vermittler mitwirkt. Gegenstand der Steuer ist u.a. die Uebertragung von
Obligationen.[174]

Sofern mehr als 10 Nichtbanken am Konsortium partizipieren,
gilt der Tatbestand der kollektiven Mittelbeschaffung als erfüllt. Das gesamte Konsortialdarlehen (inklusive der Banken-
quoten) wird steuerrechtlich als Obligationenanleihe qualifiziert und mit der Umsatzabgabe belastet.[175] Der Steuersatz beträgt 1,5 Promille auf Ausleihungen an inländische und 3 Promille auf Ausleihungen an ausländische Schuldner.[176]

3. Verrechnungssteuer

Die eidgenössische Verrechnungssteuer ist eine Objekt- und
Quellensteuer, welche u.a. auf den Erträgen von Obligationen,
nicht jedoch auf Darlehenszinsen erhoben wird. Es unterliegen
ihr nur Leistungen inländischer Schuldner.[177]

Sofern die Voraussetzungen der kollektiven Mittelbeschaffung
erfüllt sind, wird das Darlehen einer Obligationenanleihe
gleichgestellt.[178] In diesem Falle schulden die Konsortialbanken auf den Darlehenszinsen inländischer Kreditnehmer die Ver-

---

[173] Rundschreiben der SBVg vom 28.6.1983, 5
[174] E. Höhn (1986), 450 f. N 19 ff.
[175] Rundschreiben der SBVg vom 28.6.1983, 3
[176] BG über die Stempelabgaben 16 I
[177] E. Höhn (1986), 399 f. N 1 und 4
[178] Rundschreiben der SBVg vom 28.6.1983, 4

rechnungssteuer in der Höhe von 35 Prozent.[179]

---

[179] BG über die Verrechnungssteuer 13 I

Kapitel 2: Die Federführung

A. Gegenstand

Die federführende Bank verhandelt mit der kapitalsuchenden Gesellschaft, organisiert die Syndizierung und leitet die Durchführung des Kreditgeschäftes.[1] Sie übernimmt die Führung im
Verhältnis der Konsortialbanken untereinander und im Verhältnis zwischen dem Konsortium und der Kreditnehmerin sowie Dritten. In ihrer Funktion als Mitglied des Konsortiums einerseits
und als Beraterin und Vertraute des Kunden anderseits übt sie
eine Vermittlerrolle zwischen dem Kreditnehmer und den übrigen
Konsorten aus.[2]

Im weitesten Sinne beginnt die Federführung, sobald eine bestimmte Bank vom Kreditinteressenten das Mandat zur Bildung
eines Konsortiums erhält. Nach dem Abwicklungsstand des Konsortialkreditgeschäftes können für die Federführerin zwei Auf-
gabenbereiche unterschieden werden: die Aufgabe als Lead Manager in der Vorvertragsphase[3] sowie die Aufgabe der technischen
Durchführung nach Vertragsabschluss als Agent[4] (vgl. Abb. 3.5.).
Manager- und Agentenfunktion liegen (in der Schweiz wie auch im
Eurogeschäft) regelmässig bei ein- und derselben Bank[5] oder zumindest innerhalb des gleichen Bankkonzerns.[6]

---

[1] In Anlehnung an E. Albisetti et al. (1987), 288; M. Lewis/K.
Davis (1987), 349 f.; SBG, Bankfachwörterbuch (1987), 45
[2] G. Obst/O. Hintner (1980), 341
[3] C. Hinsch/N. Horn (1985), 23
[4] M. Lewis/K. Davis (1987), 350
[5] M. Elland-Goldsmith (1981), 117 N 5; H.-W. Goltz (1980), 148
[6] C. Hinsch/N. Horn (1985), 178

Abb. 3.5.: Federführung im weiteren Sinne

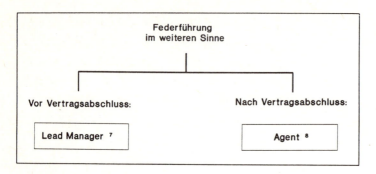

Quelle: C. Hinsch/N. Horn (1985), 178

In einem engeren Sinne versteht man unter der Federführung die Leitung des Konsortiums. Sie beginnt erst mit der Unterzeichnung des Konsortialvertrages und zerfällt in die Geschäftsführung im Innenverhältnis sowie die Vertretung im Aussenverhältnis[9] (vgl. Abb. 3.6.). Die Aufteilung dieser Funktionen auf verschiedene Träger ist zwar grundsätzlich möglich[10], in der Praxis aber nicht zweckmässig und daher auch nicht üblich.[11]

Abb. 3.6.: Federführung im engeren Sinne

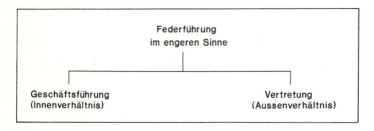

Quelle: R. Francioni (1987), 10

---

[7] Vgl. unten, 95 ff. zu den Aufgaben des Lead Managers.
[8] Vgl. unten, 98 ff. zu den Aufgaben des Agenten.
[9] R. Francioni (1987), 7
[10] A. Siegwart (1938), Art. 535 N 4
[11] H. Scholze (1973), 14; H. Herold (1964), 197

B. Geschäftsführung im Innenverhältnis

Soweit die Gesellschafter keine abweichende Vereinbarung treffen, steht die Geschäftsführung gemäss Artikel 535 I OR allen
Beteiligten zu.[12] Diese Lösung ist für das Kreditkonsortium
nicht brauchbar, weil sie jede einzelne Handlung von der Zustimmung sämtlicher Gesellschafter abhängig machen würde.[13]
Aus praktischen Erwägungen wird daher die Kompetenz zur Führung der Geschäfte an die federführende Bank delegiert.[14] Die
übrigen Konsorten verzichten auf eine direkte Teilnahme an der
Geschäftsführung.[15]

Der genaue Umfang der internen Leitungsbefugnisse wird in erster Linie durch den Konsortialvertrag bestimmt. Ist nichts vereinbart, so gilt das dispositive[16] Gesetzesrecht von OR 535 III.
Danach beschränken sich die Befugnisse des Geschäftsführers auf
Rechtshandlungen, welche über den gewöhnlichen Betrieb der ge-
meinschaftlichen Geschäfte nicht hinausgehen.[17] Alle übrigen
Handlungen erfordern (sofern nicht Gefahr im Verzuge liegt) einen Gesellschaftsbeschluss.

Die Unterscheidung zwischen gewöhnlichen und nicht gewöhnlichen Handlungen ist letztlich eine Ermessensfrage.[18] Eine klare vertragliche Regelung verdient deshalb den Vorzug.[19]

---

[12] H. Becker (1934), Art. 535 N 2
[13] W. Vallenthin (1974), 146; H. Scholze (1973), 14; H. Delorme/
H.-J. Hoesserich (1971), 18
[14] L. Fischer (1977), 181. Nach OR 535 I wäre auch die Uebertragung an mehrere Gesellschafter oder an einen Dritten denkbar.
Das schweizerische Kreditkonsortium macht von diesen Möglichkeiten zu Recht keinen Gebrauch.
[15] H. Becker (1934), Art. 535 N 4
[16] A. Siegwart (1938), Art. 535 N 6 f.
[17] Zu den gewöhnlichen Geschäften gehören u.a. die Kontiführung,
die Leitung des Schriftverkehrs, das Einverlangen von Gesell-
schafterbeiträgen, sowie die Einberufung von Sitzungen; R.
Francioni (1987), 115 ff.
[18] W. Von Steiger (1976), 394
[19] F. Funk (1951), Art. 539 N 1; vgl. unten, 132 ff. zur Regelung der Geschäftsführung im Konsortialvertrag.

C. Vertretung im Aussenverhältnis

Gemäss OR 543 III wird die Vermutung eines Aussenstehenden ge-
schützt, dass der geschäftsführende Gesellschafter auch zur
Vertretung ermächtigt sei. Dies trifft in der konsortialen
Praxis regelmässig zu.[20] Die Uebertragung der Vertretung an
mehrere Gesellschafter[21] oder an Drittpersonen[22] ist möglich,
jedoch unüblich.

Der handelnde Gesellschafter kann nach aussen entweder im Namen sämtlicher Gesellschafter als direkter Stellvertreter oder
in seinem eigenen Namen als indirekter Stellvertreter auftre-
ten.[23] Je nachdem entsteht ein Aussenkonsortium (Aussengesell-
schaft) bzw. ein Innenkonsortium (Innengesellschaft).[24]

Abb. 3.7.: Arten der Vertretung

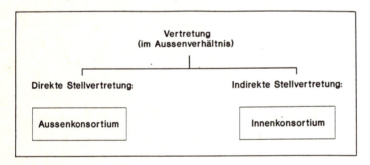

Quelle: R. Francioni (1987), 10

1. Aussenkonsortium

Handelt der Vertreter im Sinne von OR 543 II im Namen und für
Rechnung sämtlicher Gesellschafter, so entsteht ein Aussenkonsortium.[25] Das Kreditkonsortium gibt sich nach aussen als sol-

---

[20] R. Francioni (1987), 137
[21] H. Becker (1934), Art. 543 N 5
[22] A. Meier-Hayoz/P. Forstmoser (1984), 209 N 54
[23] T. Guhl/H. Merz/M. Kummer (1980), 570 f.
[24] H. Herold (1964), 197
[25] G. Obst/O. Hintner (1980), 341

ches zu erkennen. Die Konsorten werden gesamthaft berechtigt
und verpflichtet (OR 32 I). Dies setzt allerdings voraus, dass
der vertretungsberechtigte Gesellschafter seine Vertretungsmacht
nicht überschritten hat bzw. dass die übrigen Gesellschafter
seine Handlung nachträglich billigen (OR 38 I).[26]

Der Umfang der Vertretungsmacht der Geschäftsführerin und Vertreterin des Konsortiums bestimmt sich grundsätzlich nach der
vertraglich erteilten Ermächtigung (OR 33 II) oder aber nach
der gegenüber einem Dritten erfolgten Kundgebung (OR 33 III).
Verzichten die Konsorten auf eine gesellschaftsvertragliche
Regelung bzw. auf die Kundgabe besonderer Einschränkungen, so
ist die gesetzliche Vertretungsmacht massgebend, welche aus OR
543 III und 535 III abgeleitet werden kann. Sie erstreckt sich
auf Vertretungshandlungen, die zum gewöhnlichen Betrieb der ge-
meinschaftlichen Geschäfte gehören.[27] So könnte der Vertreter
etwa Erklärungen an die Adresse des Konsortiums gültig entgegennehmen.[28] Die gesetzliche Vertretungsmacht überschreiten würde
er hingegen, wenn er dem Kreditnehmer in irgendeiner Form ein
Abgehen von den ursprünglichen Kreditkonditionen zugestände.[29]

Der Umfang der Vertretungsbefugnis richtet sich wiederum in
erster Linie nach dem Gesellschaftsvertrag. Ist nichts vereinbart, so steht sie der Federführerin im Ausmass ihrer (durch
Vertrag oder Gesetz) abgegrenzten Geschäftsführungskompetenzen
zu.[30]

In der Praxis schaffen die Banken Klarheit über den Umfang der
Vertretungsbefugnis, indem sie den Rahmen konsortialvertrag-
lich abstecken.[31] Idealerweise werden die Kompetenzen der Federführerin dabei mindestens so weit gefasst, dass sie der gesetz-

---

[26] A. Meier-Hayoz/P. Forstmoser (1984), 208 N 51
[27] W. Von Steiger (1976), 435 f.
[28] H. Becker (1934), Art. 543 N 6
[29] R. Francioni (1987), 141
[30] W. Von Steiger (1976), 435; vgl. oben, 91 zum Umfang der Geschäftsführungskompetenzen.
[31] Vgl. unten, 134 f. zur Regelung der Vertretung im Konsortialvertrag.

lichen Vertretungsmacht entsprechen. Eine Ueberschreitung der
im Konsortialvertrag geregelten Vertretungsbefugnis wäre damit
auch gleichzeitig eine Ueberschreitung der Vertretungsmacht und
hätte folglich für die Mitkonsorten keine bindende Wirkung.[32]
Unter diesen Voraussetzungen genügt es, wenn die Banken im Kreditvertrag lediglich den Adressaten der Vollmacht bekanntgeben,
ohne deren Inhalt nochmals im Detail einzugrenzen.[33]

2. Innenkonsortium

Im Gegensatz zum Aussenkonsortium tritt das Innenkonsortium
gegenüber dem Kreditnehmer als solches nicht in Erscheinung.[34]
Die federführende Bank handelt in eigenem Namen und für Rechnung der Gesellschaft.[35] Nach den Regeln der indirekten Stell-
vertretung (OR 32 II) wird im Aussenverhältnis nur der handelnde
Gesellschafter berechtigt und verpflichtet.[36] Im Innenverhältnis
sind die übrigen Konsorten (Innenkonsorten) aufgrund des Konsortialvertrages an allen Rechten und Pflichten still beteiligt[37],
sofern der Vertreter im Rahmen seiner Vollmacht tätig war.[38]
Die Innenkonsorten besitzen im übrigen den Status von Beteiligten und sind nicht mit Unterbeteiligten zu verwechseln.[39]

Das Interesse der Banken, dem Kunden gegenüber tatsächlich in
Erscheinung zu treten[40], hat dazu geführt, dass Innenkonsortien
heute die Ausnahme bilden.[41]

---

[32] A. Siegwart (1938), Art. 543 N 15
[33] R. Francioni (1987), 143; vgl. unten, 151 zur Federführungsklausel im Kreditvertrag.
[34] G. Obst/O. Hintner (1980), 341 f.
[35] T. Guhl/H. Merz/M. Kummer (1980), 570
[36] A. Meier-Hayoz/P. Forstmoser (1984), 208 N 53
[37] G. Obst/O. Hintner (1980), 342
[38] A. Siegwart (1938), Art. 543 N 6
[39] W. Vallenthin (1974), 155; vgl. unten, 113 ff. zur Unterbeteiligung.
[40] H. Büschgen (1987), 5
[41] H. Scholze (1973), 24

D. Aufgaben als Lead Manager

Bis zur Vertragsunterzeichnung übt die federführende Bank ihre
Funktion als Lead Manager (Lead Bank, Manager) aus. Diese vorvertragliche Phase dauert je nach Umfang des Kredites, Marktlage
und zeitlicher Dringlichkeit wenige Tage bis mehrere Wochen.[42]

1. Offerte und Mandat

Ausgangspunkt ist die Unterbreitung einer auf zwei bis vier
Wochen befristeten Kreditofferte, worin die Bank dem Kreditinteressenten - unter Vorbehalt der Einigung auf einen endgültigen Vertragstext - den gewünschten Betrag zu bestimmten Konditionen fest (als firm commitment, fully underwritten), teilweise fest (partly underwritten) oder auf best efforts-Basis
anbietet.[43] Bei einer Festzusage verpflichtet sich die Bank,
den Kreditvertrag nicht an einem Misslingen der Syndizierung
scheitern zu lassen. Sie trägt damit - ähnlich wie bei der
Festübernahme von Wertpapieren - das sogenannte Plazierungsrisiko.[44] Weil das Angebot der Bank jedoch regelmässig unter dem
ausdrücklichen Vorbehalt einer Einigung auf den endgültigen
Vertragstext steht und in der Offerte erst die Basiskonditionen
genannt sind, könnte sie sich ihrer Verpflichtung notfalls entziehen, indem sie eine definitive Uebereinkunft durch die Formulierung unannehmbarer Auflagen verhindert. Gewöhnlich scheint
ein solches Verhalten allerdings wenig sinnvoll, weil es dem
Institut über die Beeinträchtigung seiner Reputation langfristig
grösseren Schaden zufügen würde als die Erfüllung der eingegangenen Verpflichtungen.[45] Mit einem best efforts-Angebot über-

---

[42] R. McDonald (1982), 98 ff. und 148 f. veranschlagt den Zeit-
bedarf für die Bildung eines grossen Euro-Konsortiums nach
konventionellem Zeitplan auf 6, nach abgekürztem Zeitplan
auf 4 Wochen. In Einzelfällen und insbesondere auch im
schweizerischen Geschäft werden noch wesentlich kürzere
Fristen eingehalten.
[43] L. Margulici/C. Dufloux (1981), 823 f.; T. Donaldson (1979),
81; E. Storck (1979), 529
[44] E. Albisetti et al. (1987), 627
[45] C. Hinsch/N. Horn (1985), 38 f.

nimmt die offerierende Bank kein Plazierungsrisiko. Sie verspricht lediglich, den Kreditbetrag - analog zur kommissionsweisen Plazierung von Wertpapieren - nach Möglichkeit zu den gewünschten Bedingungen unterzubringen. Bei einem Fehlschlag der Syndizierung können die Kreditkonditionen angepasst oder der Betrag reduziert werden.[46] Häufige Misserfolge führen allerdings auch auf dieser Basis zu schwer reparablen Imageverlusten.[47] Eine dritte Lösung stellt die Kombination von Underwriting und best efforts dar, wobei ein Teilbetrag fest übernommen und der Restbetrag nach Möglichkeit weiterplaziert wird.[48]

Wie das Angebot im konkreten Fall lautet, hängt in erster Linie von den Kundenwünschen, sodann von der Marktlage, dem Kreditbetrag und der Schuldnerqualität ab. In der Schweiz stehen ganz eindeutig Kredite auf best efforts-Basis im Vordergrund.

Nach Einigung auf die finanziellen Eckdaten (insbesondere Art, Betrag, Laufzeit und Kosten des Kredites) erteilt der Kreditinteressent der offerierenden Bank das Mandat zur Bildung eines Konsortiums. Die Bank wird zum Lead Manager.[49]

2. Aufgaben

Von der Mandatserteilung bis zur Vertragsunterzeichnung fallen der federführenden Bank insbesondere die folgenden Aufgaben zu:[50]

(1) Zusammenstellung des Konsortiums:
Die Aufteilung des gesamten Kreditbetrages auf mehrere Banken

---

[46] K. Preisig (1976), 103
[47] T. Donaldson (1979), 82
[48] L. Margulici/C. Dufloux (1981), 824
[49] C. Hinsch/N. Horn (1985), 12; P. Wood (1980), 256
[50] A. Pöhler (1989), 14; E. Albisetti et al. (1987), 627 f.; H. Büschgen (1987), 23 ff.; C. Hinsch/N. Horn (1985), 20 f.; R. McDonald (1982), 95 ff. und 125 ff.; M. Elland-Goldsmith (1981), 116 f.; L. Margulici/C. Dufloux (1981), 256 ff.; T. Donaldson (1979), 82 ff.; E. Storck (1979), 531; K. Preisig (1976), 100 ff.

wird als Syndizierung bezeichnet. Im Eurogeschäft sind drei
unterschiedliche Syndizierungsansätze anzutreffen: Bei einem
programmed approach werden ausschliesslich Banken berücksichtigt, die mit dem Kreditnehmer in direkter Beziehung stehen.
Bei einem ad hoc approach lädt der Lead Manager nebst den Haus-
banken des Kreditnehmers weitere Institute zur Teilnahme ein.
Bezüglich der Auswahl lässt er sich dabei primär von Reziprozitätsüberlegungen leiten. Bei einem broadcast approach schliesslich steht die Beteiligung einem erweiterten Kreis offen, der
am Eurokreditmarkt gelegentlich weit über hundert Banken umfasst. Je nach Umfang ihrer Quote wird den Beteiligten der Titel
eines Managers, Co-Managers oder eines Participants verliehen.
Eine spezielle Form der Syndizierung ist der sogenannte Club
Deal. Hier übernimmt eine kleine Zahl von Banken, meist auf
Wunsch des Kreditnehmers, ohne jede Publizität nach aussen,
gleiche oder ähnliche Quoten. Bedient man sich der Sprache des
Euromarktes, so wären die schweizerischen Kreditkonsortien
praktisch ausnahmslos als Club Deals einzustufen. Die Einladung
der Banken erfolgt brieflich oder per "offering telex". Im
Schreiben sind sämtliche Eckdaten der geplanten Transaktion
enthalten.

(2) Informationsbeschaffung und -weiterleitung:
Da ein kreditsuchendes Institut regelmässig seine Hausbank mit
der Federführung betraut (der Weg über eine öffentliche Aus-
schreibung wird in der Schweiz kaum beschritten) sind die zur
Bonitätsprüfung erforderlichen Informationen beim Lead Manager
häufig bereits vorhanden. Gilt der Kreditnehmer unzweifelhaft
als erste Adresse, so werden sich die übrigen Syndikatsbanken
mit einem Jahresbericht begnügen. Bei weniger bekannten Kunden
sowie allgemein bei Krediten mit höherem Risiko benötigen sie
zusätzliche Daten. Weil die Geheimhaltungs- und Schweigepflicht
der Preisgabe geheimer Informationen entgegensteht[51], wird sich
der Lead Manager entweder formell vom Bankgeheimnis entbinden
lassen oder - in Anlehnung an die Euromarktpraxis - nach den
Angaben des Kunden ein detailliertes Informationsmemorandum

---

[51] Vgl. oben, 41 ff. zur Geheimhaltungs- und Schweigepflicht.

zusammenstellen. Dieses gibt in der Regel Auskunft über Rechtsform, Besitzverhältnisse, Organisation, Produkte, Beteiligungen, finanzielle Situation und Zukunftsaussichten der Firma, allenfalls auch über den Sitzstaat selbst. Es wird an alle Banken ausgehändigt, welche anhand der finanziellen Eckdaten des Kredites Interesse an einer Beteiligung bekundet haben.

(3) Entwurf der Verträge und Leitung der Verhandlungen:
Auf der Grundlage der Eckdaten stellt die Lead Bank einen Kreditvertragsentwurf zusammen und unterbreitet ihn dem Kunden sowie den interessierten Banken. Parallel dazu arbeitet sie den Konsortialvertrag aus. In ein bis mehreren Verhandlungsrunden konsolidiert sie alle Aenderungswünsche und erstellt je einen unterschriftsreifen Vertrag für das Innen- sowie für das Aussenverhältnis.[52]

(4) Vorbereitung und Durchführung der Vertragsunterzeichnung:
Bei grösseren Krediten findet die Unterzeichnung in einem feierlich-zeremoniellen Rahmen statt. Eingeladen sind der Kreditnehmer sowie sämtliche Konsorten. Kleinere Banken lassen sich gelegentlich durch die Federführerin vertreten. Mit der Vertragsunterzeichnung (Signing) endet die Tätigkeit des Lead Managers.[53]

E. Aufgaben als Agent

Nach Vertragsabschluss beginnt für die federführende Bank die Funktion des Agenten. Hier geht es um die technische Abwicklung des Konsortialkredites.[54] Die Agententätigkeit umfasst Geschäftsführungs- und Vertretungsaufgaben.

---

[52] Bei Eurokreditkonsortien werden Konsortial- und Kreditvertrag zu einem einzigen Vertragswerk verschmolzen; vgl. oben, 52 ff. zu den Vertragsverhältnissen.
[53] Die Bekanntgabe der erfolgreichen Syndizierung mittels Inserat (Tombstones) ist eine Eigenheit des Eurogeschäftes und in der Schweiz praktisch unbekannt.
[54] H.-W. Goltz (1980), 148

1. Geschäftsführungsaufgaben

Im Rahmen der Geschäftsführung fallen bei der federführenden Bank die folgenden Aufgaben an:[55]

(1) Die Federführerin eröffnet und führt die Kreditanteilskonten der Mitkonsorten entsprechend den Konditionen des Kreditvertrages.[56]

(2) Insbesondere fordert sie die Kreditanteile valutakongruent ein und leitet Zins-, Kommissions- und Kapitalrückzahlungen anteilsmässig sowie valutakongruent an die Konsortialbanken weiter.

(3) Sie übernimmt die Vorbereitung und Leitung der mündlichen Verhandlungen und des Schriftverkehrs im Konsortium. Namentlich bereitet sie die Beschlussfassung für alle Handlungen vor, welche in den Kompetenzbereich des Gesamtkonsortiums fallen.[57]

(4) Sie leitet Informationen des Kreditnehmers (z.B. Abruf von Kredittranchen, Ankündigung vorzeitiger Rückzahlungen, Kreditkündigung, periodische Berichte, Jahresabschlusszahlen) unverzüglich weiter und berichtet dem Konsortium über veränderte Umstände (wie Vertragsverletzungen oder sichtbare Verschlechterungen in der Bonität des Schuldners). Nach Bedarf stellt sie den Mitkonsorten auch detaillierte Zahlen über das Konsortialkreditkonto des Kreditnehmers (in Form von Kontoauszügen und -abschlüssen) zur Verfügung.

(5) Schliesslich obliegt ihr in der Regel bei gedeckten Krediten die treuhänderische Verwaltung der gemeinsamen Sicherheiten.

---

[55] R. Francioni (1987), 115; A. König (1984), 44 ff.; H.-W. Goltz (1980), 149 f.; E. Storck (1979), 532; H. Scholze (1973), 18; H. Delorme/H.-J. Hoesserich (1971), 20

[56] Vgl. oben, 59 f. zur Kontenübersicht.

[57] Vgl. oben, 66 ff. zur Beschlussfassung.

2. Vertretungsaufgaben

Im Rahmen der Vertretung stehen die folgenden Aufgaben im Vordergrund:[58]

(1) Die Federführerin eröffnet das Konsortialkreditkonto und erledigt alle damit zusammenhängenden Formalitäten. Sie überprüft insbesondere, ob die Voraussetzungen (Vorbedingungen) der Kreditauszahlung erfüllt sind.[59]

(2) Sie zeichnet verantwortlich für die Kontoführung sowie für die banktechnische Abwicklung des Konsortialkredites (Zahlungsverkehr und Korrespondenz).

(3) Sie ist Adressat aller Informationen seitens des Kreditnehmers und übermittelt ihm umgekehrt die Erklärungen und Beschlüsse des Konsortiums.

(4) Gegebenenfalls nimmt sie im Namen und für Rechnung der Konsorten die vereinbarten Sicherheiten entgegen und erledigt die notwendigen Formalitäten.

(5) Im Falle einer Auseinandersetzung mit dem Kreditnehmer oder Dritten führt sie den Rechtsstreit als Vertreterin des Konsortiums.[60]

3. Vertragliche Regelung

Diese beiden Kataloge, welche die in der Praxis üblichen Aufgaben der federführenden Bank als Geschäftsführerin und Vertreterin des Konsortiums umschreiben, können von den Konsorten im Prinzip beliebig erweitert oder eingeschränkt werden. Es steht ihnen überdies frei, ob sie die Rechte und Pflichten der Federführerin bloss in Form einer Generalklausel oder detailliert regeln wollen und an welcher Stelle des Kredit- oder des Konsortialvertrages sie dies tun. Um möglichen Konflikten vorzubeugen,

---

[58] R. Francioni (1987), 140; A. König (1984), 44 ff.; A. Jährig /H. Schuck (1982), 111 f.; H. Scholze (1973), 18; H. Delorme /H.-J. Hoesserich (1971), 20; H. Herold (1964), 198

[59] Vgl. unten, 158 zu den Vorbedingungen im Kreditvertrag.

[60] Vgl. oben, 70 ff. zur Prozessführung.

scheint eine vertragliche Lösung mit Generalklausel und entsprechenden Konkretisierungen am zweckmässigsten. Ein Vorschlag wird
in den Kapiteln über den Konsortialvertrag und den Kreditvertrag
unterbreitet.[61]

Im übrigen gelten für die Federführerin als Mitglied des Konsortiums auch die Rechte und Pflichten der nicht federführenden Banken, wie sie im Kapitel über die Beteiligung und Unterbeteiligung umschrieben sind.[62]

F. Entschädigung

Auf den ausländischen Kreditmärkten sowie insbesondere am Eu-
romarkt entspricht es bereits seit Jahrzehnten bankmässiger
Uebung, die Zusammenstellung und Führung eines Kreditkonsortiums mit speziellen Provisionen abzugelten.[63] In der BRD geht
die Usanz z.T. bereits so weit, dass auch ohne ausdrückliche
vertragliche Abmachung eine Führungsprovision als stillschweigend vereinbart gilt.[64]

Im Eurogeschäft basiert die Entschädigung der federführenden
Bank auf drei Säulen:[65]

(1) Spesenersatz:
Der Kreditnehmer hat den Lead Manager bis zu einem gewissen
Maximalbetrag (der bei grossen Krediten mehrere hunderttausend
Dollars betragen kann) für sämtliche Spesen zu entschädigen,
welche ihm aus der Zusammenstellung des Konsortiums, den Verhandlungen und dem Vertragsabschluss erwachsen. Dazu zählen
namentlich Anwalts-, Uebermittlungs-, Reise- und Druckkosten.

---

[61] Vgl. unten, 131 ff. bzw. 151 zur Vertragsgestaltung.
[62] Vgl. unten, 110 zur Beteiligung und Unterbeteiligung.
[63] A. Jährig/H. Schuck (1982), 112; L. Fischer (1977), 181 f.;
     H. Scholze (1973), 19; H. Herold (1964), 198
[64] H.-W. Goltz (1980), 150; L. Fischer (1977), 182
[65] E. Albisetti et al. (1987), 627; M. Lewis/K. Davis (1987),
     350 f.; R. McDonald (1982), 90 f., 96 f. und 185 ff.; C.
     Puhr (1981), 111 ff.; E. Storck (1979), 530 f.

(2) Managementkommission:

Die Managementkommission in Form einer front-end flat fee ist
das Honorar für eine erfolgreiche Syndizierung. Sie beträgt
gegenwärtig 1/4 bis 3/4 Prozent des gesamten Kreditbetrages
und wird nach einem mehr oder weniger komplizierten Schlüssel
zwischen den einzelnen Konsortialbanken aufgeteilt.[66] Der Lead
Manager bzw. die Mitglieder der Managementgruppe sichern sich
dabei den Löwenanteil von in der Regel weit über 50 Prozent.
Die Auszahlung erfolgt üblicherweise innert 30 Tagen nach Vertragsabschluss. Die Managementkommission beinhaltet gewöhnlich
auch den Aufpreis für eine allfällige Festübernahme.

(3) Agentenkommission:

Die Agentenkommission steht dem Agenten als Entschädigung für
die Abwicklung, Verwaltung und Ueberwachung des Konsortialkredites zu. Meistens wird sie jährlich in Form eines festen Betrages erhoben. Ihre Höhe richtet sich in erster Linie nach der
Anzahl der beteiligten Banken und schwankt zwischen 10'000 und
50'000 Dollar pro Jahr.

In der Schweiz wird die Managementkommission in der Regel als
Abschlusskommission und die Agentenkommission als Federführungskommission bezeichnet. Indessen hat sich bei den Inlandkrediten
keine mit der internationalen Provisionsordnung vergleichbare
Praxis entwickelt. Von wenigen Ausnahmen abgesehen, existieren
im schweizerischen Konsortialkreditgeschäft weder Abschluss-
noch Federführungskommissionen. Ebenso unüblich ist die Vereinbarung einer Spesenentschädigung zur Abgeltung der vorvertraglichen Aufwendungen.

Diese Situation mutet nicht nur im internationalen Vergleich
erstaunlich an, sondern auch dann, wenn man einen Blick auf
den benachbarten Markt für öffentliche Anleihen wirft. In ihrer
Eigenschaft als Lead Managerin eines Emissionssyndikates übt
die federführende Bank eine durchaus vergleichbare Funktion aus

---

[66] Vgl. dazu ausführlich R. McDonald (1982), 185 ff.

wie der Lead Manager im Konsortialkreditgeschäft, wird für diese Zusatzleistung jedoch entsprechend honoriert. Ein Beispiel
mag dies verdeutlichen: Bei der Festübernahme einer öffentlichen
Inlandanleihe im Umfang von 100 Mio. Franken mit einer Laufzeit
von 8 Jahren bezieht die Federführerin zum gegenwärtigen Zeitpunkt (Stand April 1989) eine Spesen- und Druckkostenentschädi-
gung von rund 80'000 Franken sowie eine Gestionskommission[67] in
der Höhe von etwa 60'000 Franken, also insgesamt gegen 150'000
Franken. Nach Abschluss der Emission fallen ihr keine weiteren
Führungsaufgaben zu, während die Federführerin im Kreditkonsortium bis zur vollständigen Rückzahlung des Kredites oft über
Jahre hinweg Geschäftsführungs- und Vertretungsfunktionen erfüllen muss.

Man mag die Möglichkeit zur Ueberwälzung einer Führungsprovision auf den Kapitalnehmer der kartellistischen Struktur des
Emissionsmarktes zuschreiben; richtig ist jedoch, dass auch
die Kreditnehmer durchaus bereit sind, die besonderen Leistungen der Federführerin (und als solche müssen Organisation und
Leitung eines Kreditkonsortiums gewertet werden) angemessen zu
entschädigen. Dies setzt allerdings voraus, dass die Banken -
falls notwendig in gegenseitiger Absprache - damit beginnen,
entsprechende Spesen- und Kommissionssätze in Rechnung zu stellen. Für einen Konsortialkredit im Umfang von 100 Mio. Franken
könnten sie etwa folgende Grössenordnung erreichen:

---

[67] Berechnung:

Uebernahmekommission (2 % auf 100 Mio.)	: 2'000'000
+ Spesen (inkl. Druckkosten)	: 80'000
= Total Emissionseinnahmen	: 2'080'000
- Spesen (inkl. Druckkosten)	: 80'000
- Guichetkommission (3/4 % auf 100 Mio.)	: 750'000
= Bruttokommission	: 1'250'000
x 0,05	
= Gestionskommission (5 % der Bruttokommission):	62'000

Zu den Emissionskosten sowie zur Syndikatsabrechnung A.-U.
Löffler (1987), 93 ff.; H. Hämmerli (1986), 234 ff. und 349
ff.; SKA, Das Emissionsgeschäft in Schweizerfranken (1985),
37 f. und 69 ff.

Spesenentschädigung : max. Fr. 50'000

Abschlusskommission (5 Basispunkte) : total Fr. 50'000

Federführungskommission (2 Basispunkte) : Fr. 20'000 p.a.

Sollte es ausnahmsweise nicht möglich sein, die jährlich fällige Federführungskommission direkt gegenüber dem Kreditnehmer einzuverlangen, so kann sie auch bloss intern (im Konsortialvertrag) vereinbart und von den eingehenden Zinsen sowie den Kredit- oder Bereitstellungskommissionen in Abzug gebracht werden.[68]

G. Haftung

1. Haftung als Lead Manager

Von der ersten Kontaktnahme bis zur Vertragsunterzeichnung unterhält der Manager vorvertragliche Rechtsbeziehungen zum Kreditinteressenten sowie zu den eingeladenen Banken. Nach beiden Seiten ist er dabei gewissen Haftungsrisiken ausgesetzt.

Im Verhältnis zum Kreditinteressenten obliegen dem Manager zunächst die üblichen aus ZGB 2 I herleitbaren Sorgfalts- und Treuepflichten, wie sie für alle vorvertraglichen Beziehungen gelten.[69] Eine spezielle Situation entsteht durch die Festzusage d.h. durch das Angebot bzw. die Verpflichtung des Managers, einen bestimmten Kreditbetrag unabhängig vom Erfolg der Syndizierung zu den vereinbarten Basiskonditionen zu gewähren, falls eine Einigung auf den endgültigen Vertragstext zustande kommt.[70] Bei einem Fehlschlag der Syndizierungsbemühungen könnte sich der Manager seinen Verpflichtungen dadurch entziehen, dass er die Kreditvertragsverhandlungen bewusst scheitern lässt. Sofern dem Kreditinteressenten ein entsprechender Nachweis gelingt, kann er im Gegenzug Schadenersatzansprüche geltend ma-

---

[68] H. Scholze (1973), 107; H. Delorme/H.-J. Hoesserich (1971), 43; vgl. unten, 135 f. zur Vereinbarung einer Federführungskommission im Konsortialvertrag.
[69] M. Keller/C. Schöbi (1988), 39
[70] C. Hinsch/N. Horn (1985), 29

chen.[71] Zu dieser Art von Haftungsrisiko muss indessen einschränkend bemerkt werden, dass Festzusagen im schweizerischen Konsortialkreditgeschäft eher selten sind und dass jede Bank, welche weiterhin als Lead Managerin tätig sein will, alles daran setzen wird, um ihren Verpflichtungen vollumfänglich nachzukommen.

Im Verhältnis zu den eingeladenen Banken interessiert die Frage der Haftung für unrichtige oder unterlassene Information. Nach Eintritt in die Vertragsverhandlungen haftet der Manager für die schuldhafte Erteilung falscher Auskünfte[72] sowie für das Verschweigen von Tatsachen, welche "für den Entschluss des Gegners von ausschlaggebender Bedeutung sind."[73] Der Geschädigte kann Schadenersatzansprüche aus culpa in contrahendo[74] geltend machen.

Der Manager haftet also zunächst für absichtlich oder fahrlässig erteilte unrichtige Auskünfte. Dies gilt im besonderen, wenn er an der Erstellung eines Informationsmemorandums beteiligt war, welches im Zeitpunkte seiner Entstehung offensichtlich unzutreffende Aussagen enthielt. Es ist jedoch zulässig und vor allem im Eurogeschäft durchaus üblich, die Haftung so weit wie möglich einzuschränken. Dazu bedarf es innerhalb des Memorandums eines ausdrücklichen Hinweises, dass sich der Manager auf Angaben des Kreditinteressenten stützt, dass er keinerlei Gewähr für deren Richtigkeit übernimmt, dass er nicht befugt ist, geheime Informationen weiterzugeben sowie dass jede Bank die Aussagen eigenverantwortlich zu prüfen und eine selbstän-

---

[71] Ob er sich dabei auf Vertragsverletzung, Vorvertragsverletzung oder culpa in contrahendo (c.i.c.) stützen kann, wird hier nicht weiter untersucht. C. Hinsch/N. Horn (1985), 30 und 37 f. qualifizieren die Underwritingverpflichtung nach deutschem Recht als Vorfeldvertrag. Der Kreditinteressent hätte demnach die Möglichkeit, auf positive Vertragsverletzung oder auf Verletzung des vorkreditvertraglichen Vertrauensverhältnisses (c.i.c.) zu klagen.
[72] M. Keller/C. Schöbi (1988), 42
[73] A. Von Tuhr/H.Peter (1979), 192
[74] Vgl. dazu R. Gonzenbach (1987)

dige Kreditentscheidung zu treffen hat.[75] In der Schweiz wäre bei einer solchen Freizeichnungsklausel die Schranke von OR 100 zu beachten, wonach die Haftung lediglich für leichte, nicht jedoch für grobe Fahrlässigkeit oder Vorsatz wegbedungen werden kann. Die Vorschriften über die Prospekthaftung im Emissionsgeschäft[76] (insbesondere OR 752) lassen sich im übrigen nicht auf das Konsortialkreditgeschäft übertragen.

Der Manager haftet nicht nur für unrichtige Information, sondern auch für <u>unterlassene Aufklärung</u>. Darunter versteht man die vorsätzliche oder fahrlässige Unterschlagung von Tatsachen, welche die Kreditentscheidung der eingeladenen Banken massgeblich beeinflusst hätten.[77] Eine schuldhafte Verletzung der Informationspflichten wäre insbesondere dann anzunehmen, wenn der Manager verschweigen würde, dass der Konsortialkredit lediglich zur Ablösung seiner eigenen notleidenden Kredite dient oder dass der Kreditnehmer unmittelbar vor dem wirtschaftlichen Zusammenbruch steht.[78]

Zusammenfassend lassen sich in bezug auf das vorvertragliche Verhalten des Lead Managers zur Minimierung seiner Haftungsrisiken die folgenden Postulate ableiten: Der Lead Manager soll

- Festzusagen nur so weit eingehen, wie er sie auch bei einem Misserfolg der Syndizierung erfüllen könnte
- mit dem Einverständnis des Kreditinteressenten so umfassend wie möglich informieren oder den übrigen Banken einen direkten Zugang zur Informationsquelle verschaffen
- ein Informationsmemorandum nur auf speziellen Wunsch erstellen, dabei die Haftung bis auf das gesetzliche Minimum von OR 100 einschränken und allenfalls mit Genehmigung des Kreditinteressenten darauf hinweisen, dass wesentliche Informa-

---

[75] C. Hinsch/N. Horn (1985), 52; R. McDonald (1982), 228 f.; H.-W. Goltz (1980), 150 f.; P. Wood (1980), 257 ff.; E. Storck (1979), 531 f.
[76] Vgl. dazu H. Hämmerli (1986), 355 ff.
[77] A. Von Tuhr/H. Peter (1979), 192
[78] C. Hinsch/N. Horn (1985), 52

tionen nicht preisgegeben werden dürfen sowie
- in Zweifelsfällen auf das Mandat verzichten.

2. Haftung als Agent

Nach Unterzeichnung der Verträge haftet die federführende Bank
dem Kreditnehmer sowie den Mitkonsorten gegenüber aus ihrer
Tätigkeit als Agent.

Im Verhältnis zum Kreditnehmer stellt sich die Frage, wie weit
die Federführerin bei der Kreditauszahlung für die Quoten zah-
lungsunwilliger Mitkonsorten in Vorlage zu treten hat. Die Be-
antwortung hängt davon ab, ob die Solidarhaftung der Banken für
die Kredithergabe ausgeschlossen wurde oder nicht. Beim Kreditkonsortium ohne Gesamthandsverhältnis ist die Solidarhaftung
definitionsgemäss ausgeschlossen[79], beim in der Schweiz vorherrschenden Typus des Kreditkonsortiums mit Gesamthandsverhältnis
kann und soll die Solidarhaftung vertraglich abbedungen werden[80], denn die Konsorten wollen sich regelmässig nicht über
ihre Quoten hinaus verpflichten.[81]

Im Verhältnis zu den Konsorten sind die Bestimmungen von OR
538 massgebend. Das Gesetz unterscheidet zwischen honoriertem
und nicht honoriertem Geschäftsführer.[82] Gemäss OR 538 I haftet
der nicht honorierte Geschäftsführer in Besorgung der gesell-
schaftlichen Angelegenheiten (wie jeder andere Gesellschafter
auch) für das Mass an Fleiss und Sorgfalt, das er seinen eigenen
Angelegenheiten entgegenzubringen pflegt.[83]

---

[79] Vgl. oben, 56 f. zum Kreditkonsortium ohne Gesamthandsverhältnis.
[80] Vgl. oben, 54 ff. zum Kreditkonsortium mit Gesamthandsverhältnis.
[81] A. König (1984), 36 f.; vgl. unten, 150 f. zum Ausschluss des
Gesamthandsverhältnisses bzw. der Solidarhaftung im Kreditvertrag.
[82] Geschäftsführung wird hier in einem weiteren Sinne verstanden, so dass nicht nur die Geschäftsführung im Innenverhältnis, sondern auch die Vertretung im Aussenverhältnis darunter
fällt.
[83] W. Von Steiger (1976), 405

Für den <u>honorierten</u> Geschäftsführer gilt die subsidiäre[84] Regel von OR 538 III. Danach haftet er nach den strengeren Bestimmungen des Auftragsrechts.[85] Die Sorgfaltspflicht kann jedoch innert der Schranken von OR 100 bzw. OR 101 (also bis auf die Haftung für rechtswidrige Absicht oder grobe Fahrlässigkeit) vertraglich gemildert werden.[86] Sowohl in der nationalen wie auch in der internationalen Praxis haben sich dafür spezielle Haftungsbeschränkungsklauseln etabliert.[87]

Trotz Haftungsbegrenzung wäre die Federführerin belangbar, wenn sie es unterliesse, Ankündigungen des Kreditnehmers (z.B. betreffend Abruf oder Rückzahlung von Kredittranchen) unverzüglich an ihre Mitkonsorten weiterzuleiten. Gleiches gilt, wenn sie Vertragsverletzungen erkennt, die Konsortialbanken aber nicht in Kenntnis setzt. Auf der anderen Seite braucht sie keinerlei Gewähr für die Echtheit der vom Kreditnehmer eingereichten Unterlagen zu übernehmen[88] oder Nachforschungen über allfällige Verletzungen des Kreditvertrages anzustellen.[89]

H. Beurteilung der Federführung

Das Interesse an der Federführung basiert auf einer Reihe von materiellen und immateriellen Faktoren. Direkte materielle Vorteile erwachsen der Konsortialführerin durch Einnahmen aus Abschluss- und Federführungskommissionen sowie durch die Möglichkeit, den eigenen Kreditanteil selbst festzusetzen und sich dabei die höchste Quote zu sichern.[90]

---

[84] A. Siegwart (1938), Art. 538 N 13 und N 15
[85] T. Guhl/H. Merz/M. Kummer (1980), 569
[86] W. Von Steiger (1976), 406
[87] Vgl. unten, 132 zur Haftungsbeschränkung im Konsortialvertrag. Zur Haftungsbeschränkung des Agenten im Eurokreditkonsortium R. McDonald (1982), 228 f.
[88] H.-W. Goltz (1980), 151
[89] E. Storck (1979), 532
[90] E. Storck (1979), 530

Nicht minder bedeutend sind die Faktoren, welche erst zu einem
späteren Zeitpunkt erfolgswirksam werden. Die Syndizierung eines
bedeutenden Kreditbetrages verhilft dem federführenden Institut
zum Ausbau der Geschäftsverbindungen (sowohl auf Kunden- wie
auch auf Bankenseite), demonstriert seine Leistungsfähigkeit
und Marktpräsenz, hebt das professionelle Image und zieht -
bedingt durch das reziproke Verhalten der eingeladenen Banken -
Beteiligungen an anderen Konsortialkrediten nach sich.[91] Nicht
zuletzt verschafft sich die Federführerin auch eine verbesserte
Ausgangsposition für die Zuweisung anderer Bankgeschäfte (u.a.
Zahlungsverkehrs-, Devisen- und Emissionsgeschäfte).

Auf der anderen Seite erfordert die erfolgreiche Bewältigung
der Federführungsaufgaben ein gewisses Finanzpotential, ein
umfassendes Know-how, Kontakte, das Vertrauen anderer Banken
und nicht zuletzt die Bereitschaft, ein hohes Mass an Verantwortung mit entsprechendem Risiko zu übernehmen.

---

[91] E. Albisetti et al. (1987), 423; H. Büschgen (1987), 23; C.
Hinsch/N. Horn (1985), 22 f.; K. Preisig (1976), 102

Kapitel 3: Beteiligung und Unterbeteiligung

A. Beteiligung

1. Begriff und Stellung des Beteiligten

Die nicht federführenden Banken werden als Beteiligte bzw. als Mitkonsorten bezeichnet. Durch den Konsortialvertrag sind sie untereinander und mit der Federführerin verbunden.[1] Im Aussenvertrag erscheinen sie in der Regel namentlich.[2]

Durch Uebertragung der Federführung an eine einzelne Bank verzichten die Beteiligten auf das ihnen gemäss OR 535 I zustehende Recht zur Geschäftsführung.[3] Damit befreien sie sich gleichzeitig von der entsprechenden Verpflichtung. [4]

Entscheidend für die faktische Stellung eines Beteiligten im Konsortium ist die Höhe seiner Kreditquote (Beteiligungsquote). Sie bildet den Massstab für seinen Anteil an der Kreditbenützung, an den Kreditertägen und am Kreditrisiko. Werden Beschlüsse nach dem Mehrheitsprinzip gefasst, so bemisst sich regelmässig auch der Umfang des Stimmrechtes nach der Beteiligungsquote.[5]

2. Rechte und Pflichten des Beteiligten

Die von der Geschäftsführung ausgeschlossenen Gesellschafter besitzen nach OR 541 gegenüber der federführenden Bank ein "unentziehbares und unverzichtbares" Kontrollrecht.[6] Es umfasst

---

[1] Der früher übliche Abschluss separater Konsortialverträge zwischen der Federführerin und jedem einzelnen Konsorten ist heute längst nicht mehr gebräuchlich; W. Vallenthin (1974), 148
[2] Nicht so im atypischen Fall des Innenkonsortiums; vgl. oben, 94 zum Innenkonsortium.
[3] W. Von Steiger (1976), 398
[4] H. Becker (1934), Art. 535 N 4
[5] L. Fischer (1977), 181; vgl. oben, 66 ff. zur Beschlussfassung.
[6] A. Meier-Hayoz/P. Forstmoser (1984), 207 N 48

die Befugnis zur Einsicht in alle mit den Gesellschaftsangele-
genheiten zusammenhängenden Papiere (Geschäftsbücher, Korrespondenzen, Belege, Verträge, Protokolle etc.) sowie den Anspruch
auf Auskunft.[7] Einschränkungen des Kontrollrechtes in zeitlicher
und sachlicher Hinsicht sind nur bei rechtsmissbräuchlicher
Verwendung zulässig.[8]

Mit Ausnahme des Kontrollrechtes gelten alle weiteren Rechte und
Pflichten der Mitkonsorten auch für die federführende Bank.
Praktisch relevant sind dabei insbesondere die gesetzlichen
Bestimmungen über

- die Beitragspflicht (OR 531)
- die Gewinn- und Verlustbeteiligung (OR 533) sowie
- die Mitwirkung bei der Beschlussfassung (OR 534).

Die <u>Beitragspflicht</u> ist in OR 531 I geregelt. Nach zwingender[9]
Gesetzesvorschrift hat jeder Gesellschafter zur Erreichung des
Gesellschaftszweckes einen Beitrag zu leisten. Diese allgemeine
gesetzliche Regel bedarf der konsortialvertraglichen Präzisie-
rung. Im Zusammenhang mit einem Konsortialkreditgeschäft bedeutet die Beitragspflicht für den einzelnen Konsorten konkret,
dass er auf Verlangen der Federführerin seinen Anteil an der
Kredit- oder Garantiebenützung bereitzustellen hat.[10] Die Höhe

---

[7] W. Von Steiger (1976), 404. Seine Grenze findet das Auskunfts-
     recht dort, wo es um die Preisgabe geheimer Informationen über
     den Kreditnehmer geht, welche der Federführerin nicht in ihrer
     Eigenschaft als Konsortialbank, sondern als Hausbank zugetra-
     gen worden sind. Hier kann es sich beispielsweise um interne
     Zahlen handeln, die der Hausbank seit Jahren regelmässig zur
     Kenntnis gebracht werden, deren Weitergabe der Kreditnehmer
     bei der Bildung des Konsortiums jedoch nicht zugestimmt hat;
     vgl. oben, 41 ff. zur Geheimhaltungs- und Schweigepflicht.
[8] F. Funk (1951), Art. 541 N 1. Als Rechtsmissbrauch bezeich-
     net A. Siegwart (1938), Art. 541 N 2 und N 9 die Weitergabe
     von Kenntnissen an Konkurrenten oder deren "Ausnutzung zu
     unerlaubten Konkurrenzgeschäften."
[9] A. Meier-Hayoz/P. Forstmoser (1984), 203 N 30
[10] R. Francioni (1987), 103. Umgekehrt soll er auch an den Ka-
     pitalrückzahlungen anteilsmässig partizipieren können; vgl.
     unten, 130 f. zur Regelung der Rechte und Pflichten im Kon-
     sortialvertrag.

der Anteile wird sowohl im Kreditvertrag wie auch im Konsortialvertrag festgelegt.[11] Die Quoten sind nur ausnahmsweise gleich
hoch.[12] Ohne vertragliche Vereinbarung schulden die Banken gemäss Artikel 531 II OR gleiche Beiträge.

Die Gewinn- und Verlustbeteiligung ist in OR 533 susidiär[13] geregelt. Danach tragen die Gesellschafter Gewinne und Verluste zu
gleichen Teilen. Da das Kreditkonsortium als solches keine Ge-
winnziele verfolgt, geht es in der konsortialen Praxis um die
Frage der Aufteilung von eingehenden Zinsen und Kommissionen sowie um die Aufschlüsselung allfälliger Verluste. Im Unterschied
zur gesetzlichen Regelung wollen die Konsorten nicht gleichmäs-
sig, sondern im Verhältnis ihrer Quoten partizipieren.[14] Obwohl
eine entsprechende Uebereinkunft auch stillschweigend erfolgen
kann[15], ist eine vertragliche Vereinbarung vorzuziehen.

Das Recht zur Mitwirkung bei der Beschlussfassung lässt sich
aus OR 534 ableiten. Die Modalitäten der Beschlussfassung sind
in einem speziellen Abschnitt des Konsortialvertrages geregelt
und wurden bereits an anderer Stelle besprochen.[16]

3. Beurteilung der Beteiligung

Die Mitgliedschaft in einem bedeutenden Kreditkonsortium ist
nicht nur für die Federführerin attraktiv. Auch die Mitkonsorten profitieren von den Zins- und Kommissionszahlungen, dem
Aufbau neuer Geschäftsbeziehungen und dem Prestigegewinn. Es
wird deshalb mitunter hart um Mitgliedschaft und Quoten gerun-
gen.[17] Pflegt der Kunde Geschäftsbeziehungen mit mehreren Ban-

---

[11] Vgl. unten, 150 f. bzw. 128 ff. zur vertraglichen Festlegung
der Beteiligungsquoten.
[12] H. Delorme/H.-J. Hoesserich (1971), 15
[13] A. Siegwart (1938), Art. 533 N 13
[14] H. Scholze (1973), 20; H. Delorme/H.-J. Hoesserich (1971),
16
[15] H. Becker (1934), Art. 533 N 5
[16] Vgl. oben, 66 ff. zur Beschlussfassung; vgl. unten, 136 f.
zur Regelung der Beschlussfassung im Konsortialvertrag.
[17] H. Büschgen (1987), 13

ken, so legen diese Institute in der Regel grössten Wert darauf, "ihrem Ansehen und ihrer Grösse sowie der historischen Entwicklung und dem Umfang der Geschäftsverbindung" entsprechend beteiligt zu werden.[18] Umgekehrt kann die Konsortialquote auch Grundlage für die Aufteilung der zukünftigen Bankgeschäfte (z.B. des Zahlungsverkehrs oder einer Anleihensemission) des Kreditnehmers auf die einzelnen Banken sein.[19]

Trotz dieser offensichtlichen Vorteile wäre es falsch, wenn eingeladene Banken Beteiligungen allein aus Prestigegründen, aus einem Anlagennotstand heraus oder um sich Optionen auf lukrativere Einladungen offenzuhalten[20], eingehen würden.[21] Auch soll der Mitkonsorte bei der Kreditprüfung nicht auf das Standing der Federführerin abstellen[22], sondern eine selbständige Kreditentscheidung treffen, indem er alle Unterlagen über den Kunden eigenverantwortlich prüft.[23] Gerade in dieser Beziehung sind in der Vergangenheit immer wieder grobe Fehler gemacht worden.[24]

B. Unterbeteiligung

1. Gegenstand

Die Beteiligung eines Dritten an der Quote eines Konsorten wird als Unterbeteiligung bezeichnet.[25] Nach dem Gesetz (OR 542 II) hat jeder Konsorte das Recht, ohne Wissen und Einwilligung der anderen Gesellschafter Aussenstehende an seinem Anteil zu beteiligen. Der Dritte bleibt jedoch von der Mitgliedschaft im Konsortium ausgeschlossen.

---

[18] H. Delorme/H.-J. Hoesserich (1971), 28
[19] H. Scholze (1973), 75
[20] H. Büschgen (1987), 13
[21] E. Albisetti et al. (1987), 423
[22] E. Albisetti et al. (1987), 423
[23] E. Storck (1979), 531 f.
[24] A. Brändle (1982), 11
[25] H. Herold (1964), 193 f.

Die Unterbeteiligung am Konsortialkredit wird begründet, indem
sich ein Konsorte (Oberbeteiligter) und ein Dritter (Unterbetei-
ligter) zu einer weiteren einfachen Gesellschaft (Untergesellschaft) zusammenschliessen.[26] Im Rahmen seiner Quote partizipiert der Unterbeteiligte an der Benützung sowie den übrigen
Vor- und Nachteilen des Konsortialkredites, namentlich auch am
Risiko.[27] Dingliche Rechte besitzt er weder an der Kreditforderung noch an den Sicherheiten. Seine Ansprüche sind rein obligatorischer Natur und richten sich ausschliesslich gegen den Oberbeteiligten. Der Unterbeteiligte trägt damit nebst dem Kundenri-
siko auch das Insolvenzrisiko des Oberbeteiligten.[28] Die Existenz des Unterbeteiligungsverhältnisses wird den übrigen Konsorten und dem Kreditnehmer in der Regel nicht bekanntgemacht.
Ihnen gegenüber erwirbt der Unterbeteiligte keinerlei Rechte
und Pflichten.[29] Der Oberbeteiligte führt die Geschäfte der
Untergesellschaft, wahrt die Interessen des Unterbeteiligten
im Konsortium und lässt ihm die notwendigen Informationen zukom-
men.[30] Der Unterbeteiligungsvertrag regelt die Einzelheiten.[31]

Haben die Konsorten das Gesamthandsverhältnis ausgeschlossen[32],
so kann die Unterbeteiligung auch mit der (Teil-) Abtretung ei-

---

[26] W. Von Steiger (1976), 347 f.; F. Funk (1951) Art. 542 N 2;
A. Siegwart (1938), Art. 542 N 2; H. Becker (1934), Art. 542
N 8
[27] T. Guhl/H. Merz/M. Kummer (1980), 569; H. Scholze (1973),
112; H. Delorme/H.-J. Hoesserich (1971), 23
[28] J. Dohm (1986), 11 N 71; H. Huber (1972), 287 f.
[29] F. Funk (1951), Art. 542 N 2
[30] H. Becker (1938), Art. 542 N 9
[31] Die konkrete Ausgestaltung des Vertrages erfolgt nach den
gleichen Grundsätzen wie im Falle der Unterbeteiligung an
einem Individualkredit und wird daher nicht näher untersucht.
Vertragsbeispiele bei J. Dohm (1986), 14 ff. und H. Scholze
(1973), 115 f. Wo der Vertrag nichts aussagt, bestimmt subsidiär das Recht der einfachen Gesellschaft, wobei nicht auf
das Unterbeteiligungsverhältnis zugeschnittene Regeln (wie
etwa das Gesamthandsverhältnis) als stillschweigend ausgeschlossen bzw. abgeändert gelten müssen; W. Von Steiger
(1976), 349
[32] Vgl. oben, 56 f. zum Kreditkonsortium ohne Gesamthandsverhältnis.

ner Kreditforderung einhergehen.[33] Nach den Regeln der Zession
gemäss OR 164 ff. tritt der Oberbeteiligte seine Kreditforderung
samt den zugehörigen Sicherungsrechten ganz oder teilweise an
den Unterbeteiligten ab.[34] Ohne entgegenstehende Abrede bedarf
es dazu weder einer ausdrücklichen Einwilligung[35] noch der Notifikation des Kreditnehmers.[36] Der einzige wesentliche Unterschied zum oben geschilderten Normalfall einer Unterbeteiligung
ohne (Teil-) Abtretung der Kreditforderung besteht darin, dass
der Unterbeteiligte nun einen direkten Anspruch auf die Forderung bzw. auf die Sicherheiten erwirbt, den er bei einem Konkurs
des Oberbeteiligten gegenüber dem Kreditnehmer bzw. dem Sicherungsgeber geltend machen könnte.[37]

Die Abtretung einer Kreditforderung darf im übrigen nicht mit
der einseitigen Abtretung von Gesellschaftsrechten an Dritte[38]
verwechselt werden. Nebst der konventionellen Form der Unterbeteiligung sieht OR 542 II auch diese Möglichkeit vor, welche
zumindest wirtschaftlich einer Unterbeteiligung gleichkommt. Im
Gegensatz zur (Teil-) Abtretung einer Kreditforderung ist die
einseitige Zession von Gesellschafteranteilen auch beim in der
Schweiz üblichen Gesamthandkonsortium zulässig. Abtretbar sind
allerdings nur die vermögensrechtlichen Ansprüche (wie Gewinn-
und Honoraranteile), nicht jedoch die persönlichen Mitglied-
schaftsrechte (wie Mitverwaltungs- und Kontrollrechte).[39] Der
Zedent bleibt Mitglied des Konsortiums.[40] Gegenüber den Konsor-

---

[33] Beim in der Schweiz vorherrschenden Typus des Kreditkonsortiums mit Gesamthandsverhältnis kommt die selbständige Teil-
zession von Kreditforderungen durch einzelne Konsorten hingegen nicht in Frage, weil sich die Forderung gegen den Kreditnehmer im Gesamteigentum befindet und die Banken nur gemeinsam darüber verfügen können; vgl. oben, 54 ff. zum Kreditkonsortium mit Gesamthandsverhältnis.

[34] J. Dohm (1986), 9 N 56

[35] Dies gilt selbst dann, wenn mit der Forderung gleichzeitig
Pfandrechte abgetreten werden; D. Bodmer/B. Kleiner/B. Lutz
(1986), Art. 17 N 1

[36] J. Dohm (1986), 9 N 57

[37] J. Dohm (1986), 9 N 58 f.

[38] T. Guhl/H. Merz/M. Kummer (1980), 569

[39] A. Siegwart (1938), Art. 542 N 4 f.; H. Becker (1934), Art.
542 N 3 ff.

[40] J. Dohm (1986), 11 N 70

ten und dem Kreditnehmer trägt er weiterhin alle Rechte und
Pflichten eines Gesellschafters.[41] Die Interessen des Unterbeteiligten hat er in guten Treuen zu wahren.[42] Der Zessionar
seinerseits trägt im Verhältnis zum Oberbeteiligten alle mit
seinem Anteil zusammenhängenden Vermögensrechte und -pflichten
sowie die entsprechenden Risiken. Im Insolvenzfall des Konsorten
kann er seine Forderung dem Kreditnehmer gegenüber direkt geltend machen.[43] Die Einzelheiten des Verhältnisses zwischen Zedent und Zessionar regelt der Vertrag.

Bei allen drei angesprochenen Varianten der rechtlichen und
wirtschaftlichen Unterbeteiligung am Kreditkonsortium ist es
kennzeichnend, dass

- soviele Unterbeteiligungsverträge entstehen, wie Unterbeteiligungen abgegeben werden[44]
- der Unterbeteiligte weder gegenüber dem Konsortium noch gegenüber dem Kreditnehmer oder anderen Unterbeteiligten in Erscheinung tritt[45]
- bei Geldkrediten ein Engagement des Unterbeteiligten als
  blosser Risikoträger ohne direkten finanziellen Beitrag möglich, aber selten ist[46]
- ein Konsorte ohne weiteres seine gesamte Quote in Form von
  Unterbeteiligungen weitergeben könnte[47]
- Unterbeteiligungen unter dem Konsortium als Ganzem zwar theoretisch denkbar, heute jedoch nicht mehr üblich sind[48] sowie
  dass
- die Konsorten von der Möglichkeit, Unterbeteiligungen vertraglich auszuschliessen[49], kaum je Gebrauch machen.

---

[41] W. Von Steiger (1976), 411
[42] W. Von Steiger (1976), 411
[43] J. Dohm (1986), 11 N 71
[44] H. Huber (1972), 283
[45] W. Vallenthin (1974), 155
[46] Zum Spezialfall der auf Risikotragung begrenzten Unterbeteiligung am Kreditkonsortium J. Dohm (1986), 12 N 74 ff.
[47] H. Huber (1972), 283
[48] H. Scholze (1973), 79
[49] W. Von Steiger (1976), 411 f.

2. Funktion und Bedeutung

Aus Sicht des Oberbeteiligten liegen die klassischen Funktionen der Abgabe von Unterbeteiligungen in
- der Risikominderung
- der liquiditätsmässigen Entlastung sowie
- der Pflege von geschäftlichen Beziehungen.[50]

Im Vordergrund steht in der Regel die Risikominderung. Weil der Unterbeteiligte Zinsausfälle und Kapitalverluste anteilsmässig trägt, können die Banken - anders als bei der Refinanzierung - einen Teil des Kreditrisikos abwälzen. Gelegentlich suchen einzelne Konsorten mangels anderweitiger Refinanzierungsmöglichkeiten oder aus bilanzoptischen Gründen lediglich eine liquiditätsmässige Entlastung.[51] Und schliesslich dienen Unterbeteiligungen dem Aufbau bzw. der Pflege von Geschäftsverbindungen, nicht zuletzt natürlich in Erwartung eines reziproken Verhaltens der Begünstigten.[52]

Im internationalen Konsortialkreditgeschäft sind seit Beginn der achtziger Jahre zu diesen traditionellen Funktionen zwei weitere hinzugetreten. Erstens wird die Abgabe von Unterbeteiligungen im Rahmen eines aktiven "asset management" gezielt als ein Instrument eingesetzt, um die Vermögensseite der Bilanz bezüglich Kunden-, Risiko-, Liquiditäts- und Länderstruktur zu optimieren.[53] Zweitens soll die Weiterplazierung von Kreditquoten eine Erhöhung der Eigenkapitalrentabilität bewirken, ohne die Bilanzsumme ausweiten zu müssen.[54] Die Technik ist einfach. Eine Führungsbank (Lead Manager oder Mitglied der Managementgruppe) verpflichtet sich gegenüber dem Kreditnehmer zur Festübernahme eines bestimmten Konsortialkreditanteils, wird dafür mit Underwriting- und Managementfees entschädigt, behält die Kommissionen

---

[50] P. McLaughlin (1983), 8; W. Vallenthin (1974), 155 f.; H. Herold (1964), 194
[51] H. Delorme/H.-J. Hoesserich (1971), 24
[52] H. Scholze (1973), 77
[53] H. Büschgen (1987), 25 f.; M. Bray (1984), 22
[54] A. Friese (1988), 541

ein und setzt die Kreditforderung (u.U. bereits vor dem Signing-
termin) ganz oder teilweise auf dem Sekundärmarkt ab.[55] Auf diese Weise erzielen die Syndizierungsabteilungen gewisser Eurobanken
ken bis zu 30 Prozent ihrer Gesamteinnahmen.[56] Als Abnehmer treten in erster Linie Banken ohne Zugang zum internationalen Geschäft auf[57], die sich nur mit kleineren Beträgen oder bloss
während der letzten zwei bis drei Jahre der Kreditlaufzeit en-
gagieren wollen.[58] Für institutionelle Investoren bilden die
relativ hoch rentierenden Unterbeteiligungen als Anlageinstru-
ment eine weitere Möglichkeit zur Ergänzung und Optimierung
ihres Portefeuilles.[59]

Bereits im Jahre 1983 wurde allein der amerikanische Sekundärmarkt für Kreditforderungen auf über 10 Milliarden Dollar ge-
schätzt.[60] Zusätzliche Impulse hat das Geschäft zweifellos durch
das 1984 geschaffene Instrument der Transferable Loan Facilities
(TLFs) erhalten. Die TLFs verfügen über einheitlich strukturier-
te Kreditgrundverträge, worin die Veräusserung von Kreditantei-
len bereits ausdrücklich vorgesehen ist.[61] Dank der Standardi-
sierung dieser (ähnlich den Floating Rate Notes konzipierten)
Kreditforderungen wird auch der Weiterverkauf von Anteilen durch
die unterbeteiligten Banken selbst - also ein eigentlicher Handel mit Kreditquoten - möglich. Durch die Pflicht zur Meldung
jedes Transfers bei der federführenden Bank ist ein Maximum an
Transparenz gewährleistet.[62] Freilich können nicht alle konventionellen Kreditformen als TLFs ausgestaltet werden, namentlich
dann nicht, wenn die Kreditbenützung revolvierend erfolgen soll.
Darüber hinaus ist in jedem Einzelfall sorgfältig abzuwägen, ob
ein durch jahrelanges Relationship Banking aufgebautes Vertrauensverhältnis zum Kunden nicht ohnehin einen Verzicht auf den
Handel mit seinen Kreditverpflichtungen nahelegt.

---

[55] C. Grant (1984), 67
[56] A. Friese (1988), 541
[57] W. Kurz (1985), 25
[58] R. McDonald (1982), 202
[59] C. Grant (1984), 69 f.
[60] C. Grant (1984), 69 f.
[61] H. Büschgen (1987), 26
[62] M. Bray (1984), 24

3. Zulässigkeit

Mit der Abgabe von Unterbeteiligungen ist zwangsläufig die Preisgabe von Geheimnissen über das Kreditverhältnis bzw. den Kreditnehmer verbunden. Es stellt sich daher die Frage nach der Zulässigkeit.

Der Kommentar zum Bankengesetz hält in diesem Zusammenhang fest, dass die Abgabe von Unterbeteiligungen (einschliesslich der Zession von Forderungen) an <u>Banken oder Finanzgesellschaften</u> nicht gegen das Bankgeheimnis verstösst.[63] Dies lässt den Umkehrschluss zu, dass eine Unterbeteiligung von anderen Dritten, welche nicht unter den Begriff der "Banken und Finanzgesellschaften"[64] fallen, eine Bankgeheimnisverletzung darstellt. Vorbehalten bleibt eine spezielle Ermächtigung durch den Kreditnehmer.

Der Kreditvertrag kann ebenso wie der Konsortialvertrag die Abgabe von Unterbeteiligungen generell untersagen.[65]

4. Eigenkapitalunterlegung

Artikel 4 lit. a des Bankengesetzes verlangt ein angemessenes Verhältnis zwischen den eigenen Mitteln und den gesamten Verbindlichkeiten einer Bank. Die Gesetzesregel wird durch die Artikel 11-14 der Verordnung konkretisiert.

Im folgenden ist zu prüfen, unter welchen Voraussetzungen die Abgabe von Unterbeteiligungen beim Oberbeteiligten eine Verminderung der unterlegungspflichtigen Position bewirkt:[66]

(1) Beim Oberbeteiligten einbezahlte Unterbeteiligungsbeträge sind abzugsfähig.

---

[63] D. Bodmer/B. Kleiner/B. Lutz (1986), Art. 47 N 93
[64] Zum Begriff der Banken und Finanzgesellschaften D. Bodmer/ B. Kleiner/B. Lutz (1986), Art. 1 N 7 ff. bzw. N 18 ff.
[65] J. Dohm (1986), 2 N 10
[66] D. Bodmer/B. Kleiner/B. Lutz (1986), Art. 4 N 30

(2) Noch ausstehende Unterbeteiligungsbeträge sind <u>nicht</u> abzugsfähig. Bedeutungsvoll ist dies vor allem im Zusammenhang mit
Verpflichtungskrediten, wo der Oberbeteiligte ab Inkrafttreten des Vertrages bis zur Inanspruchnahme die gesamte Vertragssumme zu unterlegen hat. Der Unterbeteiligung kommt
hier lediglich die Eigenschaft einer Deckung zu.

Zusammenfassend lässt sich festhalten, dass nicht der Abschluss
des Unterbeteiligungsvertrages, sondern erst die Erfüllungshandlung des Unterbeteiligten die Eigenkapitalerfordernisse beim
Oberbeteiligten entsprechend reduziert.

5. Meldung von Klumpenrisiken

In Artikel 4bis des Bankengesetzes sowie in Artikel 21 der entsprechenden Verordnung ist die Behandlung von Klumpenrisiken geregelt. Danach haben die Banken bei der Kreditvergabe zwischen
den Verpflichtungen eines einzelnen Kunden und den Eigenmitteln
bestimmte Relationen zu wahren. Ueberschreitungen der in der
Verordnung festgelegten Höchstsätze sind meldepflichtig[67] und
müssen auf Verlangen der Bankenkommission herabgesetzt werden.[68]

Die Grundsätze für die Ermittlung eines meldepflichtigen Klumpenrisikos bei Konsortialkrediten wurden bereits an anderer
Stelle erläutert.[69] Hier geht es - analog zur Problematik des
vorangehenden Abschnittes über die Eigenkapitalunterlegung - um
die Frage, ob der Oberbeteiligte durch die Abgabe von Unterbeteiligungen seine für die Eigenkapitalbemessung relevante Position entsprechend reduzieren kann. Massgebend ist dabei wiederum
die Erfüllungshandlung des Unterbeteiligten:[70]

---

[67] VBaG 21 I
[68] VBaG 21 VI
[69] Vgl. oben, 64 f. zur Meldung von Klumpenrisiken bei Konsortialkrediten.
[70] D. Bodmer/B. Kleiner/B. Lutz (1986), Art. 4 N 30, Art. 4bis
N 33, N 36, N 45

(1) Unter der Voraussetzung, dass der Unterbeteiligte seinen
    Anteil bis zum Abschluss des Kreditvertrages beim Oberbe-
    teiligten hinterlegt, darf der Gesamtbetrag in entsprechen-
    dem Umfange reduziert werden.
(2) Steht die Leistung des Unterbeteiligten noch aus, so hat
    der Oberbeteiligte den Gesamtbetrag einzusetzen. Dies gilt
    namentlich bei Verpflichtungsgeschäften sowie bei nicht
    vollumfänglich benützten Geldkreditlimiten.
(3) Im seltenen Fall einer offenen Unterbeteiligung ohne solida-
    rische Verpflichtung der Banken ist der Unterbeteiligungsbe-
    trag abzugsfähig.

In ihrer gegenwärtigen Verwaltungspraxis toleriert die Eidgenössische Bankenkommission Plafondsüberschreitungen, welche durch
die Abgabe von Unterbeteiligungen kompensiert werden. Dies ent-
hebt die Banken allerdings nicht von der Meldepflicht.[71]

6. Steuerliche Behandlung

6.1. Steuerrechtliche Definition

Steuerrechtlich spricht man von einer Unterbeteiligung, wenn
der Inhaber einer Darlehensforderung "nach aussen als Allein-
berechtigter auftritt, im Innenverhältnis sich aber entweder
mindestens eine weitere Person mit ihm oder mindestens zwei
weitere Personen ohne ihn in Nutzen und Gefahr der Anlage teilen."[72]

6.2. Umsatzabgabe

Die Umsatzabgabe gehört zu den eidgenössischen Stempelabgaben.[73]
Sie wird auf der entgeltlichen Uebertragung von Eigentum an be-

---

[71] D. Bodmer/B. Kleiner/B. Lutz (1986), Art. 4bis N 67
[72] Rundschreiben der EStV vom 12.1.1976 betreffend Unterbetei-
     ligungen an Forderungen, 2 N 3
[73] E. Höhn (1986), 445 N 2

stimmten Urkunden geschuldet, soweit ein inländischer Effektenhändler als Partei oder Vermittler mitwirkt.[74] Der Erwerb von
Unterbeteiligungen durch Banken (im Sinne des Bankengesetzes)
für eigene Rechnung ist steuerfrei.[75]

Bei der Unterbeteiligung von Nichtbanken sind zwei Fälle ausein-
anderzuhalten:

(1) Unterbeteiligungen ab initio:[76]
Die Konsortialbank gilt als Vermittlerin, wenn sie Unterbeteiligungen am Tage der Kreditgewährung einräumt. Es wird eine
halbe Umsatzabgabe ausgelöst. Sie beträgt 0,75 Promille bei
inländischen bzw. 1,5 Promille bei ausländischen Schuldnern.

(2) Spätere Unterbeteiligungen:[77]
Die Konsortialbank gilt als Vertragspartei, wenn sie Unterbeteiligungen erst zu einem späteren Zeitpunkt abgibt. Sie schuldet
eine volle Umsatzabgabe in der Höhe von 1,5 Promillen bei inländischen bzw. 3 Promillen bei ausländischen Kreditnehmern.

6.3. Verrechnungssteuer

Die Verrechnungssteuer ist eine Objekt- und Quellensteuer,
welche u.a. auf den Erträgen von Obligationen, nicht jedoch
auf Darlehenszinsen erhoben wird. Es unterliegen ihr nur Leistungen inländischer Schuldner.[78] Zinsvergütungen an unterbeteiligte Banken (im Sinne des Bankengesetzes) für eigene Rechnung sind verrechnungssteuerfrei.[79]

Die Unterbeteiligung von Nichtbanken an Darlehensforderungen
ersetzt nach Auffassung der Eidgenössischen Steuerverwaltung

---

[74] Bundesgesetz über die Stempelabgaben (StG) 13 I
[75] StG 14 I c
[76] Rundschreiben der EStV vom 31.1.1974, 17 N 51 in Verbindung
mit StG 16 und 17
[77] Rundschreiben der SBVg vom 28.6.1983, 4
[78] E. Höhn (1986), 399 f. N 1 und N 4
[79] Rundschreiben der EStV vom 12.1.1976, 5 f. N 23

(EStV) im Prinzip die Ausgabe von Obligationen. Verrechnungs-
steuerrechtlich werden diese Unterbeteiligungen daher den Kas-
senobligationen gleichgestellt.[80] Die Konsortialbanken sind
verpflichtet, von den an unterbeteiligte Nichtbanken weiterver-
güteten Zinsen die Verrechnungssteuer in der Höhe von 35 Prozent
in Abzug zu bringen und an die EStV abzuliefern.[81]

7. Beurteilung der Unterbeteiligung

Mit dem Erwerb einer Unterbeteiligung unterwirft sich der Unterbeteiligte für die Dauer des Konsortialkreditgeschäftes allen
gegenwärtigen und zukünftigen Bedingungen, Risiken und Verpflichtungen, welche auch für die Oberbeteiligten gelten.[82]
Obwohl der Unterbeteiligte also im wesentlichen die Pflichten
der Konsortialbanken mitträgt, stehen ihm keine direkten Infor-
mations- und Mitwirkungsrechte zu.[83] Wie weit er seine diesbezüglichen Interessen tatsächlich geltend machen kann, hängt von
der Ausgestaltung des Unterbeteiligungsvertrages bzw. vom Stellenwert ab, welcher der Oberbeteiligte dem gegenseitigen Vertrauensverhältnis beimisst. In der Regel wird dieser dem Unterbeteiligten die notwendigen Auskünfte über das Kreditverhältnis
(Kreditvertrag, Bilanzen etc.) erteilen und ihn vor wichtigen
Entscheidungen konsultieren.[84]

Insgesamt befindet sich der Unterbeteiligte häufig in einer
äusserst schwachen rechtlichen Position. Eine begrenzte Bes-
serstellung - zumindest für den hypothetischen Insolvenzfall
des Oberbeteiligten - kann er dadurch erreichen, dass er sich
einen Anteil an den Gesellschaftsrechten zedieren lässt.[85]
Richtigerweise wird er diesem Fall allerdings nur geringe Bedeutung zumessen und daher auch nicht auf eine Zession bestehen.

---

[80] Rundschreiben der EStV vom 12.1.1976, 5 f. N 23
[81] Rundschreiben der SBVg vom 28.6.1983, 4
[82] H. Scholze (1973), 25 und 77
[83] W. Von Steiger (1976), 349 und 411
[84] H. Scholze (1973), 114
[85] Vgl. oben, 115 f. zur einseitigen Abtretung von Gesellschaftsrechten.

Spricht die rechtliche Stellung des Unterbeteiligten eher gegen eine Unterbeteiligung, so gründet sich ihre Attraktivität in erster Linie auf Renditeüberlegungen.[86] In finanzieller Hinsicht sind die Unterbeteiligten den Konsortialbanken gleichgestellt. Ebenso wie die Oberbeteiligten profitieren sie von den Orginalkonditionen des Kreditgeschäftes.[87] Die Mitwirkung an der Refinanzierung des Kredites wäre für sie ertragsmässig deutlich weniger interessant.[88]

Im allgemeinen wird dem Instrument der Unterbeteiligung eine hohe Bedeutung attestiert.[89] Für kleinere und mittlere Institute bildet sie oft die einzige Möglichkeit, an einem Konsortialkredit überhaupt in irgendeiner Form zu partizipieren. Angesichts der Tatsache, dass auch diese Bankengruppe zunehmend höhere Publizitätsbedürfnisse an den Tag legt, wird die Unterbeteiligung jedoch tendenziell eher an Bedeutung verlieren.[90]

---

[86] R. Francioni (1987), 16
[87] Abschluss- und Federführungskommission sind davon selbstverständlich ausgenommen; vgl. oben, 101 ff. zur Entschädigung der federführenden Bank.
[88] H. Delorme/H.-J. Hoesserich (1971), 24
[89] H. Büschgen (1987), 25; R. Francioni (1987), 16 mit Hinweis auf J. Dohm (1986), 2 N 7 und H. Huber (1972), 282
[90] H. Büschgen (1987), 5

Kapitel 4: Der Konsortialvertrag

A. Begriff und Form

Der Konsortialvertrag ist ein Gesellschaftsvertrag nach dem
Recht der einfachen Gesellschaft gemäss OR 530 ff.[1] Er regelt
das Verhältnis zwischen den Konsortialbanken (Innenverhältnis).[2]
Anders als im Eurokreditgeschäft[3] erhält der Kreditnehmer keinen
Einblick in die Innenvereinbarung. Das Aussenverhältnis wird in
einer separaten Urkunde geregelt.[4]

Für das Zustandekommen des Konsortialvertrages genügt die form-
lose Willenseinigung.[5] Obschon der Grundsatz von Treu und Glau-
ben im Konsortialkreditgeschäft einen besonders hohen Stellenwert geniesst[6], ist im Rahmen des kaufmännischen Verkehrs eine
schriftliche Vereinbarung unerlässlich. Die Bedeutung der
Schriftlichkeit wächst mit zunehmender Abweichung der Parteiver-
einbarung von den dispositiven Regeln[7], mit der Anzahl beteilig-
ter Banken sowie mit der Höhe der Kreditsumme.[8]

B. Anforderungen

Bei der konkreten Ausgestaltung einer konsortialvertraglichen
Vereinbarung sollen sich die Konsorten an den folgenden Kriterien orientieren:

---

[1] E. Albisetti et al. (1987), 628; U. Emch/H. Renz (1984), 197
f.; vgl. oben, 29 ff. zur Rechtsform des Konsortiums.
[2] G. Obst/O. Hintner (1980), 341. Bis Anfang der 70er Jahre war
es z.T. üblich, dass zwischen der Federführerin und jedem einzelnen Konsorten separate Konsortialverträge abgeschlossen
wurden. Heute existiert hingegen nur noch der Einheitsvertrag;
L. Fischer (1977), 180; W. Vallenthin (1974), 148
[3] A. König (1984), 26; J.-B. Blaise/P. Fouchard (1981), 176 N
33
[4] Vgl. unten, 147 ff. zum Konsortialkreditvertrag.
[5] T. Guhl/H. Merz/M. Kummer (1980), 563
[6] H. Scholze (1973), 9; H. Delorme/H.-J. Hoesserich (1971), 14
[7] H. Scholze (1973), 8
[8] H. Delorme/H.-J. Hoesserich (1971), 12

- Beschränkung auf das Wesentliche
- Vollständigkeit
- Verständlichkeit
- Korrektheit
- Uebersichtlichkeit

Dabei kann es nicht darum gehen, den einzelnen Kriterien in ihrer Absolutheit gerecht zu werden, sondern zwischen den z.T. gegenläufigen Anforderungen sinnvolle Kompromisse zu finden.

Beschränkung auf das Wesentliche bedeutet beispielsweise, dass Artikel des Obligationenrechtes nicht einfach wörtlich wiederholt, sondern allenfalls Abweichungen von den dispositiven Regeln festgehalten bzw. Präzisierungen oder Konkretisierungen vorgenommen werden. Die Wiederholung einzelner Bestimmungen aus dem Kreditvertrag ist so weit als möglich zu vermeiden, ebenso Wiederholungen innerhalb des Konsortialvertrages selbst. Vollständigkeit bedeutet, dass der Konsortialvertrag alle wichtigen Vertragspunkte enthält, welche für das Innenverhältnis relevant sind und dazu beitragen, das Konfliktpotential zu minimieren. Dem Kriterium der Verständlichkeit genügt ein Konsortialvertrag dann, wenn er wenig Raum für unterschiedliche Interpretationen lässt und auch für den Nichtjuristen durchschaubar bleibt. Im Interesse der Verständlichkeit können z.T. auch - rein rechtlich betrachtet - überflüssige Bestimmungen Eingang finden. Korrektheit ist sowohl in juristischer Hinsicht wie auch bei der Wahl der zu verwendenden Begriffe anzustreben. Das Kriterium der Uebersichtlichkeit verlangt eine zweckmässige Gliederung sowie eine logische Abfolge der einzelnen Vertragspunkte.

Eine Analyse von über zwei Dutzend zwischen 1984 und 1989 abgeschlossenen Konsortialverträgen aus der schweizerischen Praxis offenbarte zum Teil erhebliche Mängel. Es wurde daher der Versuch unternommen, ein Vertragsmuster zu entwickeln, das sich zum einen an den genannten Kriterien orientiert, zum anderen auf durchaus bewährten Formulierungen aus der bisherigen Praxis aufbaut. Die theoretischen Grundlagen wurden in den Kapiteln 1 bis 3 erarbeitet. Die folgenden Ausführungen beschränken sich auf die Darstellung und Erläuterung des Vertrages sowie einzelner Fehlerquellen. Das Muster basiert auf einem <u>Geldkredit</u> (fester Vorschuss verbunden mit Kontokorrent-Limite), kann aber mit verhältnismässig geringen Anpassungen auch auf einen Verpflichtungskredit zugeschnitten werden. In Anhang I ist der Vertrag nochmals vollständig aufgeführt.

C. Vertragsgerüst

Das vollständige Inhaltsverzeichnis des Konsortialvertrages umfasst dreizehn Vertragspunkte:

1. Parteien
2. Rechtsform und Zweck
3. Beteiligungsquoten
4. Vertragsgrundlagen
5. Rechte und Pflichten aller Konsorten
6. Rechte, Pflichten und Haftung der federführenden Bank
    6.1. Im allgemeinen
    6.2. Geschäftsführung
    6.3. Vertretung
    6.4. Federführungskommission [9]
7. Beschlussfassung
8. Prozessführung
9. Laufzeit   ODER   9. Kündigung
10. Besonderes [10]
11. Inkrafttreten
12. Ausfertigung
13. Anwendbares Recht und Gerichtsstand

---

[9] Nur unter bestimmten Voraussetzungen; vgl. unten, 135 f. zur Vertragsziffer 6.4.
[10] Nur unter bestimmten Voraussetzungen; vgl. unten, 141 zur Vertragsziffer 10.

D. Vertragsinhalte

1. Parteien

An erster Stelle sind die Vertragsparteien (unter Hinweis auf
die Federführerin) festzuhalten:

" A-Bank, Zürich (Federführung)
  B-Bank, Zürich
  C-Bank, Basel "

2. Rechtsform und Zweck

Rechtsform ist die einfache Gesellschaft[11], Zweck die gemeinsame Kreditgewährung. Bsp.:

" Die unterzeichneten Banken schliessen sich zu einer einfachen Gesellschaft im Sinne von Art. 530 ff. OR zusammen, um
  der Firma X (Kreditnehmerin) einen festen Vorschuss von Fr.
  80 Mio. zu gewähren und ihr eine Kontokorrent-Limite von Fr.
  20 Mio. einzuräumen. "

Diese Formulierung genügt. Weitere Ausführungen über den <u>Verwen-
dungszweck des Kredites</u> sind Gegenstand des Kreditvertrages. Im
Konsortialvertrag stellen sie lediglich eine unnötige Wiederholung dar.

3. Beteiligungsquoten

Die Konsorten wollen sich nur bis zur Höhe ihrer Beteiligungsquoten verpflichten sowie anteilsmässig an den Risiken und den
Krediterträgen partizipieren.[12] Entsprechend muss die vertragliche Bestimmung lauten:

---

[11] Vgl. oben, 29 ff. zur Rechtsform des Konsortiums.
[12] Vgl. oben, 37 ff. zu den Motiven und Ursachen der Syndizierung.

" Die Konsortialbanken partizipieren am Kredit und an den
Kreditrisiken mit folgenden Anteilen:

Name der Bank	Beteiligung in %	Beteiligung in Fr.
A-Bank	40 %	Max. Fr. 40 Mio.
B-Bank	30 %	Max. Fr. 30 Mio.
C-Bank	30 %	Max. Fr. 30 Mio.
Total	100 %	Max. Fr. 100 Mio.

"[13]

Eine Klausel über den Ausschluss des Gesamthandsverhältnisses[14]
bzw. der Solidarhaftung für die Kredithergabe[15] wäre an dieser
Stelle des Konsortialvertrages zwar rein systematisch richtig
eingeordnet, vom juristischen Standpunkt aus betrachtet, jedoch
nicht erforderlich. Damit eine solche Regelung gegenüber dem
Kreditnehmer rechtliche Wirkung entfalten kann, ist sie vielmehr
in den Kreditvertrag aufzunehmen.[16]

Offensichtlich in Unkenntnis über eine Praxisänderung der Eidgenössischen Steuerverwaltung aus dem Jahre 1983 wird in gewissen
Konsortialvereinbarungen nach wie vor eine ausdrückliche Gesamthanderklärung abgegeben.[17] Seit dem Wegfall der steuerbefreien-
den Wirkung hat der Hinweis auf Gesamtgläubigerschaft jedoch
keine Existenzberechtigung mehr. Dies umso weniger, als die
Mitglieder einer einfachen Gesellschaft (unter Vorbehalt entge-

---

[13] Da die Höhe der Beteiligungsquoten bereits im Kreditvertrag
erscheint, könnte im Konsortialvertrag auf eine Wiederholung
verzichtet werden. Die Abmachung hätte dann z.B. folgenden
Wortlaut:
" Die Konsortialbanken partizipieren am Kredit und an den
Kreditrisiken mit den in Ziffer 2 des Kreditvertrages vom
... erwähnten Anteilen. "
Die zentrale Bedeutung der Quoten rechtfertigt jedoch aus-
nahmsweise eine wiederholte Aufzählung im Konsortialvertrag.
Die obenstehende Lösung ist daher vorzuziehen.

[14] Vgl. oben, 56 f. zum (für die Schweiz untypischen) Kreditkonsortium ohne Gesamthandsverhältnis.

[15] Vgl. oben, 55 zum Ausschluss der Solidarhaftung beim Kreditkonsortium mit Gesamthandsverhältnis.

[16] Vgl. unten, 150 f. zur Regelung im Kreditvertrag.

[17] Vgl. oben, 86 ff. zur steuerlichen Behandlung von Konsortialkrediten.

genstehender Abrede) ohnehin eine Gemeinschaft zur gesamten Hand bilden.[18]

4. Vertragsgrundlagen

Der Kreditvertrag zwischen Kreditnehmer und Konsortium bildet die Grundlage für den Abschluss des Konsortialvertrages. Die Banken halten den Zusammenhang zwischen den beiden Verträgen wie folgt fest:

" Grundlage des Konsortialvertrages ist der Kreditvertrag vom ... zwischen der Kreditnehmerin und dem Konsortium, samt dessen integrierten Bestandteilen. "

Als integrierte Bestandteile des Kreditvertrages gelten namentlich die AGB und das Depotreglement der Federführerin sowie die Sicherungsverträge.[19] Sie bedürfen daher im Konsortialvertrag keiner separaten Erwähnung mehr. Eine weitverbreitete Praxis, die einzelnen Sicherheiten nochmals aufzuzählen und im Detail zu beschreiben (im Extremfällen über eine bis mehrere Seiten hinweg), hat keine Berechtigung.

5. Rechte und Pflichten aller Konsorten

An dieser Stelle des Konsortialvertrages sollen nur allgemeine Rechte und Pflichten verankert werden, welche sich nicht den speziellen Abschnitten über die Federführung, Beschlussfassung, Prozessführung oder Beendigung zuordnen lassen. Die Vereinbarungen lauten wie folgt:

" - Jede Bank stellt auf Verlangen der Federführerin ihren in Ziffer 3 des Vertrages genannten Anteil an der Kreditbenützung zur Verfügung und nimmt Zins-, Kommissions- und Kapitalrückzahlungen anteilsmässig entgegen.

---

[18] Vgl. oben, 54 ff. zum Kreditkonsortium mit Gesamthandsverhältnis.
[19] Vgl. oben, 78 ff. zur Sicherstellung des Kreditkonsortiums; vgl. unten, 158 bzw. 152 f. zu den integrierten Bestandteilen des Kreditvertrages.

> - Die Banken informieren sich gegenseitig über Umstände,
> welche die Bonität der gemeinsamen Kreditnehmerin beein-
> trächtigen sowie über Feststellungen betreffend Verlet-
> zung des Kreditvertrages vom ... . "

Die erste Bestimmung konkretisiert die gesetzlichen Regeln über
die Beitragspflicht bzw. über die Gewinnverteilung.[20] Die zweite
Bestimmung erweitert den gesetzlichen Pflichtenkatalog der Gesellschafter. Dabei ist zu beachten, dass der Austausch vertrau-
licher Informationen, welche einzelnen Banken im Rahmen ihrer
weiteren, separaten Geschäftsbeziehungen zum Kunden zur Kenntnis gebracht wurden, eine begrenzte Entbindung vom Bankgeheimnis
voraussetzt.[21] Die Pflicht zur Meldung von Feststellungen über
den Verstoss des Kreditnehmers gegen den Kreditvertrag wird in
der Praxis oft im Zusammenhang mit den Aufgaben der Federführerin erwähnt, trifft die übrigen Konsorten jedoch gleichermassen.

Sofern der Konsortialkredit durch die Abtretung von Forderungen sichergestellt wird, lässt es sich häufig nicht vermeiden,
dass die Zahlungen bei verschiedenen Banken eingehen. Damit
die Federführerin den Kontenausgleich vornehmen kann, sind ihr
die eingegangenen Zahlungen zu melden oder weiterzuleiten. Bsp.:

> " Die Banken leiten eingegangene Zahlungen aus den abgetrete-
> nen Forderungen unverzüglich an die Federführerin weiter. "

6. Rechte, Pflichten und Haftung der federführenden Bank

Dieser Vertragsabschnitt enthält drei Unterabschnitte, worin
Stellung und Aufgaben der Federführerin zunächst im allgemeinen und anschliessend im speziellen umschrieben werden.

---

[20] Vgl. oben, 111 f. zur gesetzlichen Regelung der Beitragspflicht sowie der Gewinn- und Verlustbeteiligung.
[21] Vgl. unten, 156 zur Entbindung der Banken von der gegenseitigen Geheimhaltepflicht im Kreditvertrag; vgl. oben, 41
ff. zur Geheimhaltungs- und Schweigepflicht.

6.1. Im allgemeinen

Die folgende Formulierung erfüllt den Zweck einer Generalklausel und hat sich in der Praxis bereits weitgehend etabliert. Sie lautet:

" Die A-Bank übernimmt die Federführung im Verhältnis der Konsortialbanken untereinander und im Verhältnis zwischen dem Konsortium und der Kreditnehmerin sowie Dritten. Sie sorgt für eine ordnungsgemässe Führung der Geschäfte, jedoch ausdrücklich ohne Anerkennung irgendwelcher Haftung, Verpflichtung oder Gewährleistung für Bestand oder Einbringlichkeit des Kredites und der Sicherheiten. Jegliche Verantwortlichkeit der federführenden Bank aus der Kreditgewährung wird somit ausdrücklich wegbedungen; vorbehalten bleibt die Haftung für grobes Verschulden im Sinne von Art. 100 I OR. "

Damit sind die gesetzlichen Möglichkeiten zur Milderung der Sorgfaltspflicht voll ausgeschöpft[22] und der Rahmen für die Federführung ist vorerst einmal grob abgesteckt. Es wäre durchaus denkbar, dass die Konsorten im Vertrauen auf die bankmässige Uebung die Federführungsaufgaben nicht weiter spezifizieren. Ohne eine Liste der wichtigsten Rechte und Pflichten kann allerdings kaum je völlige Klarheit über den tatsächlichen Aufgabenbereich der federführenden Bank herrschen. Eine Konkretisierung der Generalklausel verbessert die Transparenz für alle Beteiligten und vermindert das Konfliktrisiko. Der detaillierte Aufgabenkatalog enthält Geschäftsführungs-[23] und Vertretungsfunktionen[24], welche der Uebersichtlichkeit halber getrennt aufgeführt werden.

6.2. Geschäftsführung (Innenverhältnis)

Zu den wichtigsten Aufgaben, welche die Federführerin im Innenverhältnis wahrzunehmen hat, zählen die folgenden:

---

[22] Vgl. oben, 104 ff. zur Haftung der federführenden Bank.
[23] Vgl. oben, 91 bzw. 99 zur Geschäftsführung im Innenverhältnis.
[24] Vgl. oben, 92 ff. bzw. 100 zur Vertretung im Aussenverhältnis.

" - Eröffnung je eines auf den Namen der anderen Konsortial-
    banken lautenden Kreditanteilskontos mit der Bezeichnung
    "Firma X", geführt zu den Bedingungen des Kreditvertrages
    vom ... . "

" - Valutakongruente Einforderung der Kreditanteile sowie an-
    teilsmässige, valutakongruente Weiterleitung von Zins-,
    Kommissions- und Kapitalrückzahlungen an die Konsortialban-
    ken. "

" - Vorbereitung und Leitung der mündlichen Verhandlungen und
    des Schriftverkehrs im Konsortium. "

" - Weiterleitung der von der Kreditnehmerin zu Handen des
    Konsortiums erhaltenen Informationen an die Konsortialban-
    ken. "

Bei gedeckten Krediten fällt der federführenden Bank eine weitere Aufgabe zu:

" - Treuhänderische Verwaltung der gemeinsamen Sicherheiten
    nach den Bestimmungen ihres Depotreglementes. "

Auch dieses Pflichtenheft kann nicht alle Eventualitäten abdek-
ken und lässt zwangsläufig Raum für unterschiedliche Interpretationen. Allerdings ist die Regelung jedes erdenklichen Details
kaum möglich, aus Gründen der Uebersichtlichkeit gar nicht er-
strebenswert und mit Blick auf Generalklausel, Usanz und Gesetz
auch nicht notwendig.

Bei stark schwankender Kreditbeanspruchung mag es angezeigt
sein, die Kreditanteilskonten nur unter bestimmten Voraussetzungen und auf bestimmte Stichtage hin anzupassen.[25] Eine solche
Regelung gilt üblicherweise sowohl für Mehr- wie auch für Min-
derbeanspruchungen und führt dazu, dass die Quotenauslastung
bei der Federführerin kurzfristig von jener bei den Mitkonsorten abweichen kann. Da die Ausschläge in beiden Richtungen erfolgen, werden sie sich per Saldo in etwa aufheben, so dass
keine Seite benachteiligt wird. Gelegentlich ist in der Praxis

---

[25] Die entsprechende Klausel wird an den zweiten Absatz des
    obenstehenden Pflichtenheftes ("Valutakongruente Einforderung
    ...") angehängt und lautet beispielsweise:
    " Dabei wird eine Angleichung der Kreditanteilskonten -
    sofern die Veränderung in der Kreditbenützung Fr. 100'000
    übersteigt - jeweils nur auf Ende Monat vorgenommen. "

jedoch eine Bestimmung anzutreffen, welche der federführenden
Bank zusätzliche Vorteile verschafft. Danach fordert sie bei
einer Mehrbeanspruchung die Anteile der Mitkonsorten nur peri-
odisch ein (und verbessert in der Zwischenzeit ihre eigene Quotenauslastung), während Kreditrückzahlungen unverzüglich aufgeteilt werden. Auf diese Weise erzielt sie einen höheren Zinsertrag, geht aber kein zusätzliches Risiko ein, weil für die Verlustaufteilung nicht die Auslastung, sondern die Höhe der vereinbarten Quoten zählt.

In der konsortialen Praxis wird die Federführerin nicht selten
zur Eröffnung von "Unterbeteiligungskonti" verpflichtet. Da es
sich um eine Beteiligung und nicht um eine Unterbeteiligung am
Konsortialkredit handelt, ist diese Bezeichnung falsch. Gemeint
sind vielmehr "Kreditanteilskonti".[26]

Relativ häufig enthalten Konsortialverträge eine Bestimmung,
wonach der federführenden Bank das Recht zusteht, ihr grundlegend erscheinende Fragen den übrigen Konsortialbanken zur Stellungnahme und Beschlussfassung zu unterbreiten. Eine solche
Klausel beinhaltet an sich eine Selbstverständlichkeit. Falls
man sie trotzdem verwenden will, so wäre sie als Recht aller
Konsorten oben unter Ziffer 5 des Konsortialvertrages einzu-
ordnen.

6.3. Vertretung (Aussenverhältnis)

Zu den wichtigsten im Vertrag zu regelnden Vertretungsaufgaben
der Konsortialführerin gehören folgende:

" - Eröffnung des Konsortialkreditkontos lautend auf die Kre-
    ditnehmerin sowie Erledigung aller damit zusammenhängen-
    den Formalitäten. "

" - Kontoführung und banktechnische Abwicklung des Konsorti-
    alkredites. "

---

[26] Vgl. oben, 59 f. zur Kontenübersicht.

Bei gesicherten Krediten umfasst der Aufgabenkatalog zusätzlich die Verpflichtung zur

" - Entgegennahme der vereinbarten Sicherheiten im Namen und für Rechnung der Konsorten sowie Erledigung aller damit zusammenhängenden Formalitäten. "

Hiermit sind die normalen Vertretungsaufgaben hinlänglich spezifiziert. Eine weitergehende Detaillierung kann schon deshalb unterbleiben, weil es sich im Prinzip um die gleichen Funktionen handelt, welche die Bank täglich im Individualkreditgeschäft erfüllt. Spezielle Vertretungsaufgaben ergeben sich unter Umständen im Zusammenhang mit der Prozessführung, welche unter Ziffer 8 geregelt wird.

Sofern der Kreditvertrag oder ein Sicherungsvertrag entsprechende Möglichkeiten vorsieht, kann der federführenden Bank auch das Recht eingeräumt werden, ohne Rücksprache mit den übrigen Konsortialbanken vom Kreditnehmer zusätzliche Sicherheiten oder Rückzahlungen zu verlangen. Dabei handelt es sich allerdings um Entscheidungen von so grosser Tragweite, dass man sie mit Vorteil in der Kompetenz des Gesamtkonsortiums belässt. Gleiches gilt im Falle eines Zessionskredites für die Notifikation der Zessionsschuldner.

6.4. Federführungskommission

In der Regel ist die Entschädigung für die Konsortialführerin direkt durch den Kreditnehmer aufzubringen und wird daher im Kreditvertrag vereinbart.[27] Der Konsortialvertrag enthält nur dann eine Bestimmung über die Federführungskommission, wenn eine solche im Kreditvertrag nicht vorgesehen ist, die Konsortialführerin aber trotzdem speziell entschädigt werden soll. Die Vereinbarung lautet beispielsweise wie folgt:

---

[27] Vgl. oben, 101 ff. zur Entschädigung der Federführerin; vgl. unten, 152 zur Vereinbarung der Federführungskommission im Kreditvertrag.

" Der federführenden Bank steht eine Federführungskommission
in der Höhe von 10 % der Kreditkommissionen zu. Sie wird
jeweils direkt von den eingehenden Zahlungen der Kreditnehmerin in Abzug gebracht. "

7. Beschlussfassung

In bezug auf die Form der Beschlussfassung hat sich in der Praxis eine ebenso einfache wie zweckmässige Bestimmung durchge-
setzt:[28]

" Beschlüsse werden entweder an einer zu diesem Zweck von der
federführenden Bank einberufenen Versammlung der Konsortialbanken, auf dem Zirkularweg oder in Ausnahmefällen telefonisch gefasst. "

Ihren Präferenzen entsprechend haben sich die Konsorten nun
auf ein gültiges Abstimmungsverfahren zu einigen. Zur Auswahl
stehen das Einstimmigkeits- und das Mehrheitsprinzip sowie eine Kombination dieser beiden Varianten. Aus bereits genannten
Gründen verdient die Kombination zwischen Einstimmigkeits- und
Mehrheitsprinzip den Vorzug.[29] Die vetragliche Abmachung lautet
zum Beispiel:

" Mit den nachstehend festgelegten Mehrheiten (berechnet nach
Quoten gemäss Ziffer 3) beschliessen die Banken insbesondere
in den folgenden Angelegenheiten:

	Notwendiges Quorum
- Aenderung des Konsortialvertrages	100 %
- Aenderung des Kreditvertrages	67 %
- Einleitung gerichtlicher Schritte	100 % "

Sofern dem Konsortium aufgrund kredit- oder sicherungsvertrag-
licher Uebereinkünfte weitere Rechte zustehen, wird die begon-
nene Liste beispielsweise wie folgt fortgesetzt:

" - Kündigung des Konsortialkredites	67 %
- Verwertung von Sicherheiten	67 %
- Notifikation der Zessionsschuldner	67 %
- Einforderung zusätzlicher Sicherheiten	67 %

---

[28] Vgl. oben, 69 f. zur Form der Beschlussfassung.
[29] Vgl. oben, 67 ff. zu den Abstimmungsverfahren.

- Verlangen zusätzlicher Rückzahlungen   67 % "

Mit dieser Vertragsklausel haben die Banken nicht nur das Abstimmungsverfahren eindeutig festgelegt, sondern auch den gesetzlichen Grundsatz betreffend Gegenstand der Beschlussfassung konkretisiert und die Kompetenzen des Gesamtkonsortiums gegenüber den Befugnissen der Federführerin klar abgegrenzt.[30] Die Anwendung der dispositiven Gesetzesregeln bleibt Ausnahmefällen vorbehalten.

8. Prozessführung

Gemäss den Vereinbarungen über die Beschlussfassung (Ziffer 7) liegt der Entscheid über die Einleitung gerichtlicher Schritte beim Gesamtkonsortium. Der Vertrag soll beide Fälle abdecken, nämlich den ersten, dass sich die Konsorten positiv entscheiden sowie den zweiten, dass sie ein gemeinsames Vorgehen ablehnen.

Der erste Fall (positiver Entscheid über die Prozessführung) wird mit folgender Klausel geregelt:

" Beschliessen die Konsorten gemäss Ziffer 7 die gerichtliche Geltendmachung von Ansprüchen gegenüber der Kreditnehmerin oder Dritten, so gilt die federführende Bank als ermächtigt und verpflichtet, den Prozess in Vertretung der Konsortialbanken zu führen. Die Verfahrenskosten werden von den Konsorten im Verhältnis ihrer Beteiligungsquoten übernommen. "

Unter der Voraussetzung, dass der Konsortialvertrag darüber hinaus zur Prozessführung nichts mehr vorsieht und dass das Gesamtkonsortium gemäss der ihm zustehenden Kompetenz (Ziffer 7) gerichtliche Schritte ablehnt, ist auch den prozesswilligen Banken der Prozessweg versperrt. Ohne Einwilligung aller anderen Konsorten dürfen sie ihre Teilansprüche nicht selbständig geltend machen. Um eine solche Situation zu vermeiden, wird ihnen für den Fall eines negativen Entscheides die Erlaubnis bereits im voraus vertraglich erteilt. Die dazu notwendigen Bestimmungen

---

[30] Vgl. oben, 67 zum Gegenstand der Beschlussfassung.

divergieren, je nachdem ob die Konsorten eine Gemeinschaft zur gesamten Hand bilden oder nicht.

Bei einem (für die Schweiz typischen) Kreditkonsortium <u>mit</u> Gesamthandsverhältnis lautet die richtige Lösung:[31]

" Kommt ein Beschluss über die gerichtliche Geltendmachung von Ansprüchen nicht zustande, so sind die zustimmenden Banken berechtigt, den Prozess im Namen des Konsortiums auf eigene Rechnung zu führen. Nicht zustimmende Banken haben ihre Anteile unentgeltlich abzutreten oder endgültig darauf zu verzichten. Die Prozesskosten werden unter den zustimmenden Banken entsprechend ihrer Anteile verteilt. Ein nach Abzug der Kosten verbleibender Prozessgewinn steht ihnen bis zur vollen Deckung ihrer sämtlichen Ansprüche zur ausschliesslichen Befriedigung zu; ein Ueberschuss ist den nicht zustimmenden Konsorten im Verhältnis ihrer Anteile am Konsortialkredit herauszugeben. "[32]

Bei einem (für die Schweiz untypischen) Kreditkonsortium <u>ohne</u> Gesamthandsverhältnis genügt für den gleichen Zweck eine Abmachung des folgenden Inhaltes:[33]

" Kommt ein Beschluss über die gerichtliche Geltendmachung von Ansprüchen nicht zustande, so sind die zustimmenden Banken berechtigt, den Prozess in eigenem Namen auf eigene Rechnung zu führen. "[34]

---

[31] Vgl. oben, 70 ff. zur Prozessführung beim Kreditkonsortium mit Gesamthandsverhältnis.

[32] Im wenig wahrscheinlichen, aber denkbaren Fall, dass sich die Mitglieder eines Gesamthandkonsortiums nicht zur gesamten Hand, sondern <u>separat</u> sicherstellen lassen, wäre die Wendung "im Namen des Konsortiums" (dritte Zeile) wegzulassen, weil rechtlich unabhängige Sicherheiten selbstverständlich <u>im eigenen Namen</u> geltend gemacht werden. Die separate Sicherstellung einer Gesamthandsforderung ist im übrigen nur durch abstrakte Sicherungsinstitute möglich; vgl. oben, 80 ff. zur Sicherstellung des Kreditkonsortiums mit Gesamthandsverhältnis.

[33] Vgl. oben, 72 f. zur Prozessführung beim Kreditkonsortium ohne Gesamthandsverhältnis.

[34] Diese Kurzformel genügt nicht, falls sich die Konsorten - trotz Alleinberechtigung an den Kreditforderungen - zur gesamten Hand sicherstellen lassen. (Denkbar wäre dies im Zusammenhang mit abstrakten Sicherheiten, namentlich bei Forderungsabtretungen, aber auch bei Garantien; vgl. oben, 82 ff. zur Sicherstellung des Kreditkonsortiums ohne Geamthandsverhältnis). Eine Klausel des folgenden Inhaltes trägt sowohl dem Fall, wo bloss Gesamthand-Sicherheiten wie auch dem Fall, wo Gesamthand-Sicherheiten <u>und</u> separate Sicherheiten vorhanden sind, Rechnung: (Fortsetzung der FN auf S. 139)

Damit sind sowohl im Innenverhältnis wie auch für das Aussenverhältnis die Voraussetzungen geschaffen, dass jeder einzelne
Konsorte de facto jederzeit selbständig im Namen des Konsortiums bzw. in seinem eigenen prozessieren darf und kann.[35]

9. Laufzeit oder Kündigung

Die Vereinbarungen betreffend Laufzeit oder Kündigung des Konsortialvertrages müssen auf die entsprechenden Abmachungen im
Kreditvertrag abgestimmt werden. Es sind zwei Arten von Kreditverträgen zu unterscheiden, nämlich solche mit fester Laufzeit

---

" Kommt ein Beschluss über die gerichtliche Geltendmachung
   von Ansprüchen nicht zustande, so sind die zustimmenden
   Banken berechtigt, den Prozess auf eigene Rechnung zu
   führen. Nicht zustimmende Banken haben ihre Anteile an
   Gesamthand-Sicherheiten unentgeltlich abzutreten oder
   endgültig darauf zu verzichten. Die Prozesskosten ... "
   (Fortsetzung wie oben beim Gesamthandkonsortium).
Die Unterschiede im Vergleich zur Kurzformel sind offensichtlich. Im Vergleich zur Klausel beim Kreditkonsortium mit Gesamthandsverhältnis ergeben sich nur zwei wesentliche Aenderungen. Erstens wurde die Wendung "im Namen des Konsortiums"
weggelassen, weil sie nicht in allen Fällen zutrifft (Gesamthand-Sicherheiten werden im Namen des Konsortiums, separate
Sicherheiten hingegen im eigenen Namen geltend gemacht). Zweitens wurde der Gegenstand der erzwingbaren Abtretung präzi-
siert (abzutreten sind demnach nicht etwa Kreditanteile, sondern nur Anteile an Gesamthand-Sicherheiten).
[35] Will man diese Möglichkeit zwar nicht ganz, aber doch teilweise einschränken, wäre der erste Satz der Vertragsklausel
leicht zu modifizieren und würde beispielsweise neu heissen:
" Kommt ein Beschluss über die gerichtliche Geltendmachung
   von Ansprüchen nicht zustande, so sind die zustimmenden
   Banken (sofern sie mindestens 30 Prozent am Konsortialkredit vertreten) berechtigt, den Prozess ... . "

und solche mit einem <u>ordentlichen Kündigungsrecht</u>.[36]

Bei Kreditverträgen mit <u>fester Laufzeit</u> soll der einzelne Konsorte keine Möglichkeit zur Kündigung des Konsortialvertrages erhalten.[37] Die konsortialvertragliche Formulierung lautet beispielsweise:

" Der Konsortialvertrag wird fest bis zum Ablauf des Kreditvertrages d.h. bis zum ... abgeschlossen. "

Bei Kreditverträgen mit <u>ordentlichem Kündigungsrecht</u> soll dem einzelnen Konsorten die Möglichkeit offenstehen, mittels Kündigung des Konsortialvertrages entweder eine Kündigung des Konsortialkredites oder zumindest die Rückzahlung seines eigenen Anteils herbeizuführen. Dabei ist darauf zu achten, dass die Kündigungsfrist im Konsortialvertrag mindestens so hoch angesetzt wird wie die Bindungsdauer im Aussenverhältnis.[38] Die konsortialvertragliche Regelung betreffend Kündigung und Auflösung bzw. Weiterführung lautet z.B. wie folgt:

" Die vorliegende Vereinbarung kann von jeder Konsortialbank unter Einhaltung einer 3-monatigen Kündigungsfrist auf Quartalsende schriftlich an die Adresse der Federführerin gekündigt werden, erstmals per ... .

Eine Kündigung hat grundsätzlich die Kündigung des Konsortialkredites sowie die Auflösung des Konsortiums nach Massgabe der Art. 548 ff. OR zur Folge. Vorbehalten bleibt die Weiterführung des Konsortiums durch alle oder einzelne nichtkündigende Konsortialbanken. Wird das Konsortium weitergeführt, so ist aufgrund der Kreditbenützung, des Realisationswertes allfälliger Sicherheiten und der Bonität der Kreditnehmerin und allfällig weiterer Verpflichteter der Wert des

---

[36] Ob die Kreditverträge mit fester Laufzeit oder ordentlichem Kündigungsrecht zusätzlich noch die Möglichkeit einer <u>ausserordentlichen</u> (vorzeitigen, fristlosen) Kündigung vorsehen, hat auf den Inhalt dieses Vertragsabschnittes nur dann einen Einfluss, wenn das Recht zur ausserordentlichen Kündigung bis auf die Stufe des einzelnen Institutes delegiert wird. Aus bereits genannten Gründen soll aber die vorzeitige, fristlose Kündigung des Konsortialkredites nicht von einer einzelnen Bank herbeigeführt werden können, sondern einem (Mehrheits-) Beschluss des Gesamtkonsortiums unterliegen; vgl. oben, 76 ff. zu den Krediten mit ausserordentlichem Kündigungsrecht.

[37] Vgl. oben, 74 f. zu den Krediten mit fester Laufzeit.

[38] Vgl. oben, 75 f. zu den Krediten mit ordentlichem Kündigungsrecht.

Kreditanteils der kündigenden Bank auf den Zeitpunkt ihres
Ausscheidens hin zu berechnen und der entsprechende Abfindungsbetrag zu Gunsten oder zu Lasten dieser Bank durch Beschluss festzustellen. Dieser Beschluss bedarf der Einstimmigkeit aller ursprünglichen Konsortialbanken. "

10. Besonderes

Der Konsortialvertrag enthält nur dann einen Abschnitt über
"Besonderes", wenn sich eine Regelung des Verhältnisses zwischen Konsortialkredit und separaten Individualkrediten auf-
drängt. So kommt es gelegentlich vor, dass die Gewährung des
Konsortialkredites von der Bewilligung neuer Individualkredite
oder von der Aufrechterhaltung bisheriger Kreditlinien abhängig
gemacht wird. Es wäre denkbar, solche Vereinbarungen in speziellen Parallelkredit- oder Stillhalteabkommen zu regeln und diese
dann zum integrierten Bestandteil des Konsortialvertrages zu
erklären. Um unnötige Doppelspurigkeiten und sich widerspre-
chende Regelungen zu vermeiden, können diesbezügliche Abmachungen auch direkt in den Konsortialvertrag aufgenommen werden.
Die Verpflichtung zur Gewährung eines zusätzlichen Parallelkredites wäre beispielsweise wie folgt zu umschreiben:

" Die Konsortialbanken gewähren der Firma X per ... neben dem
Konsortialkredit die folgenden Individualkredite zu gleichen
Konditionen:
A-Bank   ....
B-Bank   ....
C-Bank   ....
Sie verpflichten sich, diese Kredite während der Dauer des
Konsortialvertrages weder zu kündigen noch die Kreditkondi-
tionen abzuändern. "

Steht die Bildung des Kreditkonsortiums im Zusammenhang mit
einer Sanierung, so bietet sich unter Umständen eine Formulierung des folgenden Inhaltes an:

" Dieser Konsortialkredit wird erst und nur solange benützt,
als die Engagements der Stillhalter bei der Firma X den per
... festgestellten Stand erreicht haben. "

11. Inkrafttreten

Die Konsorten wollen erst dann verpflichtet sein, wenn der
Vertrag von sämtlichen Banken unterzeichnet wurde. Sie halten
dies wie folgt fest:

" Dieser Vertrag tritt mit Unterzeichnung durch sämtliche
  Konsortialbanken in Kraft. "

12. Ausfertigung

In der überwiegenden Mehrzahl aller schweizerischen Konsortialverträge findet man eine Klausel betreffend Vertragsausfer-
tigung. Z.B.:

" Dieser Vertrag wird 3-fach ausgefertigt und unterzeichnet.
  Jede Bank erhält ein Exemplar. "

Obwohl juristisch überflüssig, mag der Vertragsabschnitt über
die Ausfertigung den Banken zumindest als administrativer Hinweis dienen. Er kann mit Rücksicht auf die Usanz ohne Schaden
beibehalten werden.

13. Anwendbares Recht und Gerichtsstand

Der Vertragstext wird in allen Konsortialverträgen der schweizerischen Praxis mit einem Hinweis auf das anwendbare Recht
und der Gerichtsstandklausel abgeschlossen. Die Bestimmungen
lauten in der Regel:

" Dieser Vertrag unterliegt schweizerischem Recht. Als Gerichtsstand für sämtliche mit dem Konsortialvertrag zusammenhängenden Auseinandersetzungen wird Zürich gewählt. "

E. Fallbeispiele

1. Ausgangslage

Die folgenden Fallbeispiele mögen die Wirkungen des in Anhang I
vollständig wiedergegebenen Konsortialvertrages verdeutlichen.
Allen Beispielen wird die folgende Ausgangslage zugrunde gelegt:

- Die drei Konsortialbanken A-Bank (Anteil 40 %), B-Bank (30 %)
  und C-Bank (30 %) gewähren der Firma X einen Geldkredit.
- Die drei Banken bilden eine Gemeinschaft zur gesamten Hand.
  Ueber die Kreditforderung können sie also nur gemeinsam verfügen.

2. Fälle

(1) Die A-Bank besitzt Kenntnis von einer Kreditvertragsver-
    letzung, welche das Konsortium zu einer vorzeitigen Kündi-
    gung des Konsortialkredites berechtigen würde. Sie unter-
    lässt es jedoch, ihre Mitkonsorten zu informieren.

    Annahme:
    Kurze Zeit später meldet die Kreditnehmerin Konkurs an.

    Vertragsgrundlage:
    Ziffer 5 II

    Folge:
    Die A-Bank haftet für den Schaden, der dem Konsortium durch
    den Verzicht auf eine vorzeitige Kündigung erwachsen ist.

(2) Die Kreditnehmerin bittet das Konsortium um die Freigabe
    nicht mehr benötigter Sicherheiten, die sie anderweitig
    nutzen will.

    Annahme:
    A- und B-Bank sind einverstanden, C-Bank widersetzt sich.

    Vertragsgrundlage:
    Ziffer 7 II (Aenderung des Kreditvertrages)

Folge:

Die zu einer Aenderung des Kreditvertrages erforderliche Mehrheit von 67 % kommt zustande. Wenn die Forderung der Banken trotz Freigabe einzelner Sicherheiten weiterhin ohne jeden Zweifel gedeckt ist, hätte eine Anfechtung des Beschlusses durch die B-Bank nur geringe Erfolgschancen.

(3) Die Kreditnehmerin bittet das Konsortium um die Herabsetzung eines für die gesamte Laufzeit fest vereinbarten Zinssatzes.

Annahme:

A- und B-Bank sind einverstanden, C-Bank widersetzt sich.

Vertragsgrundlage:

Ziffer 7 II (Aenderung des Kreditvertrages)

Folge:

Die zu einer Aenderung des Kreditvertrages erforderliche Mehrheit von 67 % kommt zustande. Da es sich bei der Herabsetzung des Zinssatzes um eine wesentliche Konzession an den Schuldner handelt, welche die Grundlagen des Gesellschaftsvertrages berührt, hätte eine Klage der C-Bank Aussicht auf Erfolg.

(4) Die Kreditnehmerin verletzt eine kreditvertragliche Nebenbedingung. Dem Konsortium steht eine vorzeitige Kündigung zu.

Annahme:

C-Bank will den Konsortialkredit sofort kündigen, A- und B-Bank sehen dafür keine Veranlassung.

Vertragsgrundlage:

Ziffer 7 III (Kündigung des Konsortialkredites)

Folge:

Das erforderliche Quorum von 67 % wird nicht erreicht. Trotz Vorliegen eines ausserordentlichen Kündigungsgrundes wird der Konsortialkredit gegen den Willen der C-Bank weitergeführt.

(5) Die C-Bank kündigt den Konsortialvertrag auf den nächsten Kündigungstermin.

Annahme:
A- und B-Bank zeigen kein Interesse daran, die Quote der C-Bank zu übernehmen.

Vertragsgrundlage:
Ziffer 9

Folge:
Im Namen des Konsortiums kündigt die A-Bank den Konsortialkredit auf den nächsten Kündigungstermin. Mit der Beendigung des Kreditverhältnisses endet auch das Konsortium.

(6) Die C-Bank kündigt den Konsortialvertrag auf den nächsten Kündigungstermin.

Annahme:
A- und B-Bank wollen den Kredit auch ohne C-Bank weiterführen. Der aktuelle Wert des 30-Prozent-Anteils wird auf 28 Prozent eingeschätzt. Die C-Bank ist mit dieser Bewertung einverstanden.

Vertragsgrundlage:
Ziffer 9

Folge:
Der Kreditnehmer wird orientiert und um seine Zustimmung zu den notwendigen Aenderungen im Kreditvertrag und den Sicherungsverträgen gebeten. C-Bank wird ausbezahlt. A- und B-Bank teilen sich die Quote der C-Bank im Verhältnis 4:3.

(7) Ein Sicherungsgeber verletzt seine gegenüber dem Konsortium eingegangenen Verpflichtungen.

Annahme:
C-Bank will gerichtliche Schritte einleiten. Die anderen Banken widersetzen sich.

Vertragsgrundlage:
Ziffern 7 II (Einleitung gerichtlicher Schritte), 8 II

Folge:

Das notwendige Quorum für die Einleitung gerichtlicher Schritte (100 % Zustimmung) wird nicht erreicht. Damit die C-Bank trotzdem im Namen des Konsortiums prozessieren kann, werden ihr die Ansprüche der anderen beiden Banken abgetreten.

Kapitel 5: Der Konsortialkreditvertrag

A. Begriff und Form

Als Kreditvertrag wird jede rechtsgeschäftliche Vereinbarung
bezeichnet, welche die Gewährung eines Kredites zum Gegenstand
hat.[1] In bezug auf die Form existieren keine besonderen gesetzlichen Vorschriften.[2] Der Vertragsabschluss kann schriftlich,
mündlich oder auch nur stillschweigend erfolgen.[3] Aus Gründen
der Beweissicherung bevorzugen die Banken Schriftlichkeit.[4] Ein
Kreditvertrag beinhaltet regelmässig Einzelheiten bezüglich
Kreditform, Betrag, Dauer, Zinssatz und Kommissionen sowie
Sicherheiten.[5] Die Allgemeinen Geschäftsbedingungen des Kreditgebers sind üblicherweise ein fester Vertragsbestandteil.[6]

Der Konsortialkreditvertrag regelt das Verhältnis zwischen
Konsortium und Kreditnehmer (Aussenverhältnis). Er bildet die
geschäftliche Grundlage für den Abschluss des Konsortialvertrages.[7] Gelegentlich tritt die federführende Bank an die Stelle
des Konsortiums, indem sie den Kreditvertrag auftrags und im
Namen aller Konsorten unterzeichnet.[8]

B. Anforderungen

Die wichtigsten Anforderungen an einen Kreditvertrag lauten
wie folgt:

---

[1] U. Emch/H. Renz (1984), 194
[2] U. Emch/H. Renz (1984), 195
[3] E. Albisetti et al. (1987), 108
[4] U. Emch/H. Renz (1984), 195
[5] W. Schaer (1983), 9
[6] E. Albisetti et al. (1987), 446
[7] L. Fischer (1977), 179. Anders im Eurokreditgeschäft: Dort
werden Aussen- und Innenverhältnis in einer einzigen Vertragsurkunde geregelt; vgl. oben, 52 ff. zu den Vertragsverhältnissen.
[8] R. Francioni (1987), 4

(1) Eindeutigkeit

(2) Ueberschaubarkeit

(3) Vollständigkeit

Die Konsortialbanken haben darauf zu achten, dass sie mit dem Kreditnehmer eindeutige Abmachungen treffen.[9] Dazu trägt eine übersichtliche Gliederung ebenso bei wie die präzise und korrekte Begriffsverwendung. Im Unterschied zu den Eurokreditverträgen, welche nicht selten einen Umfang von 100 und mehr Seiten erreichen, werden schweizerische Kreditverträge den Anforderungen nach Beschränkung auf das Wesentliche, Kürze und damit Ueberschaubarkeit eher gerecht. Das Kriterium der Vollständigkeit setzt schliesslich voraus, dass der bei Individualkrediten übliche Vertragsrahmen um die folgenden Vertragspunkte erweitert wird:

- Angabe der Beteiligungsquoten[10]
- Ausschluss des Gesamthandsverhältnisses oder der Solidarhaftung, falls erwünscht[11]
- Bezeichnung der Federführerin[12]
- Vereinbarung einer Abschluss- und/oder Federführungskommission[13]
- Erlaubnis zum gegenseitigen Informationsaustausch über die Geschäftsbeziehungen zur gemeinsamen Kreditnehmerin.[14]

C. Vertragsgerüst

Unabhängig von der Kreditform sind in der Vereinbarung zwischen Konsortium und Kreditnehmer die folgenden Punkte zu regeln:

---

[9] A. Salathé (1982), 5
[10] Vgl. unten, 150 f. zur Vertragsziffer "2. Anteile der Konsortialbanken".
[11] Vgl. unten, 150 f. zur Vertragsziffer "2. Anteile der Konsortialbanken".
[12] Vgl. unten, 151 zur Vertragsziffer "3. Federführung".
[13] Vgl. unten, 152 zur Vertragsziffer "4. Konditionen".
[14] Vgl. unten, 156 ff. zur Vertragsziffer "8. Besonderes".

1. Art und Höhe des Kredites
2. Anteile der Konsortialbanken
3. Federführung
4. Konditionen
5. Sicherstellung
6. Ausserordentliche Kündigung
7. Weitere Auflagen
8. Besonderes
9. Vorbedingungen
10. Anwendbares Recht und Gerichtsstand

In den Eurokonsortialkreditverträgen umfasst das Vertragsgerüst in der Regel rund doppelt so viele Vertragsabschnitte und
mindestens 40-50 Unterabschnitte.[15] Dieser Umstand ist nicht
darauf zurückzuführen, dass in der Europraxis Aussen- und Innenverhältnis in derselben Urkunde geregelt werden, denn gemessen
am Gesamtumfang des Vertrages benötigt die Regelung des Innenverhältnisses einen verschwindend kleinen Platz. Die Ursachen
für die äusserst detaillierte Vertragsgestaltung liegen vielmehr
im mangelnden Vertrauen zwischen den Vertragsparteien sowie in
der Dominanz der anglo-amerikanischen Praxis, welche dazu neigt,
jede nur erdenkliche Vertragslücke zu schliessen.[16]

D. Vertragsinhalte

Jedes Kreditgeschäft verlangt eine individuelle, massgeschnei-
derte Vertragslösung. Daher ist es - anders als beim Konsortialvertrag - nicht möglich, ein allgemeingültiges Vertragsmuster zu entwerfen. Trotzdem trifft man in den Konsortialkreditverträgen der Praxis immer wieder auf ähnliche oder gleich-

---

[15] Vertragsbeispiele bei C. Hinsch/N. Horn (1985), 271 ff.; R.
Mc Donald (1982), 214 ff.; S. Bird (1979), 97 ff.; K. Preisig
(1976), 206 ff.
[16] K. Preisig (1976), 114 f.

lautende Formulierungen.[17] Im folgenden geht es darum, basie-
rend auf dem dargestellten Vertragsgerüst, Möglichkeiten für
die konkrete Ausgestaltung der einzelnen Vertragsabschnitte
aufzuzeigen. Dabei sollen insbesondere die wichtigsten Klauseln und ihre Funktion beschrieben sowie die Unterschiede zwischen Individual- und Konsortialkreditverträgen erläutert werden.

1. Art und Höhe des Kredites

Genau gleich wie bei Individualkrediten enthält dieser Vertragsabschnitt Angaben über die Art bzw. die Form des Kredites sowie
über dessen Höhe, ausgedrückt als fester Betrag, Einzellimite,
Sammellimite oder in Abhängigkeit vom Wert bestimmter Sicherheiten.

2. Anteile der Konsortialbanken

Die Konsortialbanken sind daran interessiert, die Höhe ihres
Engagements gegenüber dem Kreditnehmer offenzulegen. Zum einen
aus Publicity-Gründen, zum anderen, weil die Quoten sehr oft
den Massstab für die Zuteilung weiterer Bankgeschäfte bilden.[18]
Die Vertragsbestimmung lautet z.B.:

" Die Konsortialbanken beteiligen sich am Konsortialkredit
  mit den folgenden Quoten:

A-Bank	40 %	Max. Fr. 40 Mio.
B-Bank	30 %	Max. Fr. 30 Mio.
C-Bank	30 %	Max. Fr. 30 Mio. "

Wollen die Konsorten das Gesamthandsverhältnis oder wenigstens
die Solidarhaftung wirksam ausschliessen, so muss der Kreditvertrag - über die Angabe der Beteiligungsquoten hinaus - eine

---

[17] Im Eurogeschäft ist seit Jahren ein starker Trend zur Stan-
dardisierung der Konsortialkreditvereinbarungen erkennbar;
C. Hinsch/N. Horn (1985), 191 ff.
[18] H. Scholze (1973), 75

weitere Bestimmung enthalten. Der Ausschluss der Solidarhaftung ist üblich und zweckmässig. Die Klausel hat folgenden
Wortlaut:

" In bezug auf die Kredithergabe besteht zwischen den Konsorten keine Solidarität. "

Mit einem allfälligen Ausschluss des Gesamthandsverhältnisses
gehen die Konsorten noch einen Schritt weiter. Er beinhaltet
nicht nur den Wegfall der Solidarhaftung, sondern führt dazu,
dass jeder Konsorte im Aussenverhältnis die Alleinberechtigung
an seinem Kreditanteil erwirbt. Ein Ausschluss des Gesamthandsverhältnisses ist für schweizerische Konsortien ebenso unty-
pisch wie unnötig.[19]

3. Federführung

Der Vertragsabschnitt über die Federführung[20] bezeichnet gegenüber dem Kreditnehmer die vertretungsberechtigte Bank und damit
seine Anlaufstelle in sämtlichen Belangen des Kreditgeschäftes.
Beispiel:

" Der Konsortialkredit steht unter Federführung der A-Bank,
Zürich. Sie vertritt das Konsortium gegenüber der Kreditnehmerin in allen Belangen, die im Zusammenhang mit dem vorliegenden Kreditvertrag stehen. Sämtliche Zahlungen und
Korrespondenzen zwischen der Kreditnehmerin und dem Konsortium sowie die Sicherstellung sind über die Federführerin
abzuwickeln. "

---

[19] Vgl. oben, 56 f. zum Kreditkonsortium ohne Gesamthandsverhältnis. Will man das Gesamthandsverhältnis dennoch ausschliessen, so wäre folgende Klausel in den Vertrag aufzunehmen:
" Der Kredit wird unter Ausschluss des Gesamthandsverhältnisses gewährt. Jede Bank verpflichtet sich nur im Umfang
ihrer Quote und erwirbt dadurch eine direkte Forderung
gegen die Kreditnehmerin. "
[20] Vgl. oben, 89 ff. zur Federführung.

4. Konditionen

Die Konditionen beinhalten Abmachungen bezüglich Laufzeit, Verzinsung, Zinsterminen, Kommissionen, ordentlichen Kündigungsmöglichkeiten, ordentlichen und ausserordentlichen Teilrückzahlungen, Limitenkürzungen und Verfügbarkeit des Kredites. Ihre Ausgestaltung hängt von den konkreten Umständen (Marktverhältnisse, Schuldnerqualität etc.) ab und weniger davon, ob der Kredit einzeln oder konsortial gewährt wird. Eine Ausnahme bilden die Spesen und Kommissionen. Im Zusammenhang mit Konsortialkrediten fallen - zumindest im internationalen Geschäft - nebst allfälligen Kredit- und Bereitstellungskommissionen für den Schuldner weitere Kosten an, namentlich eine Spesenentschädigung und eine Abschlusskommission für die Bemühungen des Lead Managers bis zur Vertragsunterzeichnung sowie eine Federführungskommission für die Ausübung der Agenten-Funktion.[21] Soweit es die Marktverhältnisse in der Schweiz zulassen, kann der Vertrag beispielsweise die folgenden Bestimmungen vorsehen:

" Die Kreditnehmerin hat sämtliche Spesen, welche der Federführerin für die Zusammenstellung des Konsortiums und den Vertragsabschluss erwachsen, innert 30 Tagen nach Vertragsunterzeichnung bis zu einem Maximalbetrag von Fr. 30'000 zu ersetzen. "

" Abschlusskommission:
0,5 Promille auf dem Kreditbetrag gemäss Ziffer 1, zahlbar innert 30 Tagen nach Vertragsunterzeichnung. "

" Federführungskommission:
Fr. 20'000 p.a., zahlbar erstmals am ... . "

5. Sicherstellung

Die eigentliche Sicherstellung erfolgt nicht im Kreditvertrag selbst, sondern durch den Abschluss spezieller Sicherungsverträge, welche die rechtlichen Detailfragen regeln.[22] Der Kreditvertrag soll lediglich eine Aufzählung der vereinbarten Sicher-

---

[21] Vgl. oben, 101 ff. zur Entschädigung der Federführerin.
[22] Vgl. oben, 78 ff. zur Sicherstellung von Konsortialkrediten.

heiten enthalten und die entsprechenden Sicherungsverträge zu integrierten Bestandteilen erklären. Sofern die Banken auf eine persönliche oder dingliche Kreditdeckung verzichten, werden sie sich nach Möglichkeit zumindest gewisse faktische Sicherheiten verschaffen.[23] Für solche Zwecke stehen insbesondere drei Instrumente im Vordergrund:

(1) Pari passu-Klausel: Sie regelt das Verhältnis zwischen dem Konsortialkredit und den anderen ungesicherten Verbindlichkeiten des Schuldners und soll verhindern, dass die Konsorten im Falle eines Konkurses gegenüber anderen Gläubigern rangmässig schlechter gestellt sind.[24] Sie lautet:

> " Die Schuld der Kreditnehmerin unter diesem Vertrag steht mindestens im gleichen Rang mit allen anderen bestehenden und zukünftigen ungesicherten und nicht nachrangigen Verbindlichkeiten der Kreditnehmerin. "

Eine Pari passu-Klausel ist nur insoweit von praktischem Wert, wie die Rechtsordnung im Domizilland des Schuldners dem Kreditnehmer erlaubt, Einfluss auf die Rangordnung seiner unbesicherten Gläubiger zu nehmen. In der Schweiz (wo die Rangordnung in SchKG 219 f. verbindlich geregelt wird) ist dies nicht der Fall. Im schweizerischen Inlandgeschäft kann daher ohne jeden Nachteil auf eine Pari passu-Klausel verzichtet werden.

(2) Negative Besicherungsklauseln[25]: Darunter fallen die negativen Hypotheken-, Zessions- und Pfandklauseln sowie die allgemeine Negativklausel (negative pledge).[26] Alle schränken sie die Möglichkeiten des Schuldners ein, durch zukünftige Entscheidungen das Haftungssubstrat der unbesicherten Gläubiger zu verkleinern. Den besten Schutz bietet die allgemeine Negativklausel (zusammen mit einer Positiverklärung).[27] Sie hat folgenden Wortlaut:

---

[23] U. Emch/H. Renz (1984), 299 f.
[24] C. Hinsch/N. Horn (1985), 106; H.-W. Goltz (1980), 127 f.
[25] U. Emch/H. Renz (1984), 300
[26] A. Pergam (1983), 14 f.
[27] K. Hagenmüller/G. Dieppen (1984), 372 f.

" Die Kreditnehmerin verpflichtet sich, während der Dauer
des Kreditverhältnisses keine anderen Verbindlichkeiten
mit einer besonderen Sicherheit auszustatten, ohne den
Konsortialkredit mit gleichen oder vom Konsortium als
gleichwertig befundenen Sicherheiten zu versehen. Dabei
ist es dem Konsortium freigestellt, diese Rechte abzulehnen und den Kredit zur sofortigen Rückzahlung fällig
zu stellen. "

(3) Nachgangserklärung oder Rangrücktritt: Der Unternehmung
nahestehende Personen geben gegenüber den Banken eine Nachgangserklärung ab (wonach sie ihre Forderungen erst nach
Befriedigung der Banken geltend machen) oder treten gegenüber allen Gläubigern im Rang zurück.[28]

Als Sicherungsersatz - häufig ohne grossen praktischen Wert -
dienen die Schuldanerkennung[29] sowie die Patronatserklärung.
Sie werden in separaten Urkunden verbrieft und ebenso wie die
Sicherungsverträge zu integrierten Bestandteilen des Kreditvertrages erklärt.

6. Ausserordentliche Kündigung

In Anlehnung an die bei Eurokrediten übliche Aufzählung von
"Events of Default", sollen auch in der schweizerischen Praxis
bei Konsortial- oder grösseren Individualkrediten "Ausserordentliche Kündigungsgründe" formuliert werden. Sie berechtigen das
Konsortium, den Kredit unter gewissen Voraussetzungen, unabhängig von der vereinbarten Laufzeit oder Kündigungsfrist, sofort
fällig zu stellen. So z.B. falls

- der Kreditnehmer seine vertraglichen Verpflichtungen verletzt
- der Revisionsbericht des Kreditnehmers eine Beanstandung
  enthält

---

[28] U. Emch/H. Renz (1984), 301 f.
[29] Sie erleichtert die Durchführung eines allfälligen Betrei-
bungsverfahrens; W. Schaer (1983), 26. Bloss symbolischen
Charakter hat die Ausstellung von Schuldscheinen (Promisso-
ry Notes), wie sie im Eurogeschäft gebräuchlich ist; C.
Hinsch/N. Horn (1985), 107 f.

- bei Limitenüberschreitungen trotz Aufforderung innert 10 Tagen
  keine genügenden Rückzahlungen eingehen
- sich die Beherrschungsverhältnisse oder die Zusammensetzung
  der Geschäftsleitung beim Kreditnehmer in einem dem Konsortium wesentlich erscheinenden Ausmass ändern oder
- der Kreditnehmer anderweitigen Zahlungsverpflichtungen nicht
  nachkommt (Drittverzugs- oder Cross Default-Klausel).[30]

Sofern das vertragswidrige Verhalten des Schuldners die Banken
zu einer vorzeitigen Kündigung veranlasst, soll er für den entstehenden Schaden aufkommen müssen. Diesem Zweck dient eine
Klausel des folgenden Inhaltes:

" Wird der Kredit durch das Konsortium aufgrund eines in diesem
  Vertrag enthaltenen Artikels zur sofortigen Rückzahlung fällig erklärt, haftet die Kreditnehmerin dem Konsortium für
  alle dadurch entstehenden Nachteile und Kosten, insbesondere
  für die Differenz zwischen dem vertraglich vereinbarten Zins
  (einschliesslich der Marge) und dem Zins, den die Konsortialbanken für eine anderweitige Anlage während der Restlaufzeit
  erhalten können. "

7. Weitere Auflagen

"Weitere Auflagen" bedeuten für den Kreditnehmer zusätzliche
Verpflichtungen zu bestimmten Handlungen oder Unterlassungen.[31]
Entsprechende Vereinbarungen können sowohl Gegenstand eines Kon-
sortialkredit- wie auch eines Individualkreditvertrages sein.

---

[30] Weitere Beispiele für Events of Default bei C. Hinsch/N.
Horn (1985), 92 ff.; S. Pergam (1983), 15 ff.; R. McDonald
(1982), 228; H.-W. Goltz (1980), 128 f.; S. Bird (1979),
114 f. Ein besonders weitgehendes Kündigungsrecht verschaffen sich die Banken mit der sogenannten Material adverse
change-Klausel, wonach ihnen die Möglichkeit zur Kündigung
offensteht, wenn die Bankenmehrheit aufgrund von Veränderun-
gen in der wirtschaftlichen Lage des Schuldners die terminge-
rechte Rückzahlung für gefährdet hält. Ein bonitätsmässig
einwandfreier Kreditnehmer wird eine solche Bestimmung allerdings mit gutem Grund zurückweisen; T. Donaldson (1979), 118
[31] Der Vertragsabschnitt deckt sich zum Teil mit den bei Euro-
konsortialkrediten stets statuierten vertraglichen Neben-
pflichten (Covenants); C. Hinsch/N. Horn (1985), 87 f.; R.
McDonald (1982), 227 f.; S. Bird (1979), 113

Dazu gehören u.a.

- die Abwicklung des gesamten Zahlungsverkehrs über den Kreditgeber bzw. anteilsmässig über die beteiligten Konsortialbanken (Ausschliesslichkeitsklausel)
- Auskunftspflichten, insbesondere die Einreichung von Jahres- und Revisionsberichten
- Auflagen bezüglich der Kreditverwendung
- die Beschränkung von Dividendenzahlungen
- das Verbot zur Aufnahme weiteren Fremdkapitals (negative Verschuldungsklausel), zur Gewährung von Darlehen an Dritte oder für das Eingehen von Eventualverpflichtungen
- die Meldung von Vertragsverletzungen
- die Einhaltung gewisser finanzieller Ratios sowie
- die Aufrechterhaltung bestimmter Vereinbarungen mit Dritten.

8. Besonderes

Dieser Abschnitt enthält eine Reihe von Ergänzungen, welche keiner der übrigen Vertragsziffern zugeordnet werden können, so namentlich spezielle Rechte des Konsortiums. Dazu zählen u.a. die folgenden Bestimmungen:

(1) Entbindung vom Bankgeheimnis: Einem offenen Informationsaustausch über den gemeinsamen Schuldner steht u.U. die Geheimhaltungs- und Schweigepflicht entgegen.[32] Die Banken verlangen daher eine ausdrückliche Erlaubnis zum Informationsaustausch. Bsp.:

> " Die Konsortialbanken sind ermächtigt, gegenseitig Informationen über ihre Geschäftsbeziehungen zur Kreditnehmerin auszutauschen. "

(2) Kostensteigerungsklausel: Kostensteigerungen, welche sich aus allfälligen Gesetzesänderungen oder weiteren behördli-

---

[32] Vgl. oben, 42 f. zur Geheimhaltungs- und Schweigepflicht nach Vertragsabschluss.

chen Massnahmen ergeben, sollen auf den Schuldner abgewälzt werden können.[33] In Eurokreditverträgen gehört die Increased Cost Clause zum Standard.[34] Bsp.:

> " Falls sich die Kreditkosten des Konsortiums durch die Einführung von Mindestreserven, durch die Aenderung der gesetzlichen Eigenmittelunterlegungssätze oder weitere behördliche Massnahmen erhöhen, sind die Banken ermächtigt, die Konditionen auf den nächsten Zinstermin entsprechend anzupassen. "

(3) Rechtswidrigkeitsklausel: In grenzüberschreitenden Geschäften schützen sich die Banken vor rechtswidrigen Kreditbeziehungen durch die sogenannte Illegality Clause.[35] Dabei geht es namentlich um die Respektierung von nachträglich eingeführten oder verschärften Kapitalexportbeschränkungen. In rein inländischen Geschäften ist die Klausel dagegen bedeutungslos. Sie bestimmt folgendes:[36]

> " Eine Konsortialbank, welche durch veränderte Rechtsnormen oder behördliche Massnahmen daran gehindert wird, ihren Kreditanteil auszuzahlen oder den Kredit fortzuführen, wird von ihrer Verbindlichkeit befreit und kann auf Ende der laufenden Zinsperiode Rückzahlung ihres Anteils verlangen. "

(4) Ausweichklausel: Sie soll den Banken im Hinblick auf zukünftige gesetzliche oder behördliche (insbesondere steuerliche) Massnahmen ein Maximum an Flexibilität verschaffen. Besonders bedeutungsvoll wird sie dann, wenn allfällige Kostensteigerungen von den Banken selbst zu tragen sind. Die Klausel hat folgenden Wortlaut:

> " Die Federführerin ist berechtigt, den vorliegenden Kredit und die unter diesem Vertrag bestehenden Rechte jederzeit auf irgendeine andere Geschäftsstelle oder Tochtergesellschaft zu übertragen bzw. den Kredit durch eine andere Geschäftsstelle oder Tochtergesellschaft zu gewähren. "

---

[33] P. Wood (1980), 255
[34] H.-W. Goltz (1980), 118
[35] C. Hinsch/N. Horn (1985), 109 ff.
[36] S. Bird (1979), 108

(5) Desasterklausel: Die Desaster Clause regelt das Verhalten
der Kreditgeber bei einer Störung des Refinanzierungsmark-
tes. Der Vertrag kann für diesen Fall die Rückzahlung, die
Aufnahme von Verhandlungen oder die anderweitige Refinanzierung (verbunden mit einer Kostenübernahme durch den Schuldner) vorsehen.[37] Die Klausel ist vor allem dann unverzicht-
bar, wenn sich die Banken über den Eurogeldmarkt refinanzie-
ren. In Eurokreditverträgen gehört sie zu den Standard-Be-
stimmungen.[38]

(6) Integration der Allgemeinen Geschäftsbedingungen: Die Allgemeinen Geschäftsbedingungen (AGB) und das Depotreglement
der Federführerin werden regelmässig zu integrierten Bestandteilen des Kreditvertrages erklärt.

Abgesehen von den Bestimmungen über den Informationsaustausch
können die erörterten Klauseln auch im Zusammenhang mit Individualkrediten statuiert werden.

9. Vorbedingungen

Die Vorbedingungen schliessen alle Handlungen und Formalitäten
ein, die der Kreditnehmer vor der erstmaligen Benützung des Kredites erfüllen muss. In der Regel handelt es sich um Versiche-
rungs- und Finanzierungsnachweise, Einzahlungen eigener Mittel
oder um eigentliche Formalitäten wie etwa die Unterzeichnung
von Sicherungsverträgen oder die Beibringung von Unterschrifts-
mustern.[39]

---

[37] H.-W. Goltz (1980), 109 ff.
[38] Vertragsbeispiele bei C. Hinsch/N. Horn (1985), 128 ff.; R.
McDonald (1982), 223 f.
[39] Der Vertragsabschnitt entspricht z.T. den "Representations
and Warranties" der Eurokreditverträge; P. Wood (1980), 240
ff.

10. Anwendbares Recht und Gerichtsstand

Die Gerichtsstandklausel ist bereits in den AGB enthalten und
daher an dieser Stelle fakultativ. Aufgrund ihrer Bedeutung
und der gegenüber anderen AGB-Klauseln verschärften Gültigkeits-
voraussetzungen[40] scheint eine Aufnahme in den Kreditvertrag
gerechtfertigt.

---

[40] D. Guggenheim (1986), 51 f. mit weiteren Hinweisen

TEIL IV:

DAS SICHERUNGSKONSORTIUM

Kapitel 1: Gegenstand

A. Begriff und Zweck

Zur Einordnung des Sicherungskonsortiums muss zunächst der
Begriff des Sicherheitenpools erläutert werden.[1] Als Sicherheitenpool definiert man die Zusammenfassung (Poolung) von Sicherheiten, welche mehreren Banken zur Deckung ihrer Ansprüche
gegenüber einem bestimmten Kreditnehmer dienen. Bei Konsortialkrediten ist die Poolung von Sicherheiten eine Selbstverständlichkeit, die zum Wesen dieses Einheitskredites gehört.[2] In zunehmendem Masse interessieren sich die Banken aber auch für die
gemeinschaftliche Sicherstellung rechtlich unabhängiger Kredite.[3]

Hauptzweck ist die Risikominderung[4] durch Vermeidung zufälliger Verluste[5], durch Vermeidung von Abgrenzungsschwierigkeiten
und Ueberschneidungen bei der Sicherstellung[6] sowie durch optimale Nutzung der vorhandenen Sicherheiten.[7] Nebenzweck ist die
Kostenersparnis durch Vereinfachung von Verwaltung und Ueberwa-

---

[1] Zum Sicherheitenpool von Waren- und Geldkreditgebern vor und
  nach Insolvenz des Schuldners ohne spezielle Berücksichtigung
  des Bankenpools E. Bohlen (1984). Im Rahmen der folgenden Ausführungen wird unter Sicherheitenpool immer der Bankenpool vor
  Insolvenz des Schuldners verstanden.
[2] Vgl. oben, 78 ff. zur Sicherstellung von Konsortialkrediten.
[3] A. Jährig/H. Schuck (1982), 288
[4] T. Marx (1978), 248; H. Ehlers (1977), 912
[5] Ohne Sicherheitenpoolung können sich im Konkurs des Kreditnehmers bei einzelnen Banken überproportionale Verluste ein-
  stellen, weil der Kreditnehmer die Limiten dieser Banken besonders stark beansprucht oder weil ihre Sicherheiten einem
  aussergewöhnlichen Wertzerfall unterliegen; vgl. unten, 165
  ff. zum Verlustausgleich im Innenverhältnis.
[6] A. Jährig/H. Schuck (1982), 289
[7] Die Verwertungserlöse sollen so lange von der Konkursmasse
  ferngehalten werden, bis die Ansprüch aller Poolbanken befriedigt sind; vgl. unten, 170 ff. zur Erlöspooling im Aussenverhältnis.

chung der Sicherheiten.

Zur Verwirklichung ihrer Absichten stehen den Banken drei unterschiedliche Formen der Kooperation offen, wovon nur (2) und (3)
zu einem echten Sicherheitenpool führen:

(1) Rechtlich getrennte Sicherstellung mit zentraler Verwal-
    tung[8]
(2) Rechtlich getrennte Sicherstellung mit zentraler Verwal-
    tung und Abrede über Verlustausgleich
(3) Rechtlich gemeinsame Sicherstellung zur gesamten Hand mit
    zentraler Verwaltung und Abrede über Verlustausgleich

Rein vertragstechnisch betrachtet kommt der Sicherheitenpool
auf zwei Arten zustande:

(a) Abschluss eines einheitlichen Poolvertrages, der das Ver-
    hältnis zwischen den Banken (Innenverhältnis) sowie zwischen
    den Banken und dem Kreditnehmer (Aussenverhältnis) in einem
    einzigen Dokument regelt, ergänzt durch einen oder mehrere
    Sicherungsverträge.[9]
(b) Abschluss eines Konsortialvertrages zwischen den Banken,
    welcher das Innenverhältnis regelt und ein Konsortium be-
    gründet, ergänzt durch einen oder mehrere Verträge im Aus-
    senverhältnis.

Die Schweizer Banken bevorzugen eine klare Trennung zwischen
Innen- und Aussenvereinbarung (Variante b). Dies nicht zuletzt

---

[8] Die Banken begründen keinen Sicherheitenpool, sondern ein
    Auftragsverhältnis zwischen der Depotbank und den übrigen
    Banken. Eine spezielle Abmachung mit dem Kreditnehmer ist
    nicht notwendig. Diese begrenzte Form der Zusammenarbeit ist
    in der Praxis nur wenig verbreitet und wird hier nicht weiter
    untersucht.
[9] Der einheitliche Poolvertrag wird in der Literatur mehrfach
    (z.T. mit ausführlichen Vertragsbeispielen) beschrieben und
    ist nicht Gegenstand der Untersuchung. Dazu A. Jährig/H.
    Schuck (1982), 288 ff.; H. Ehlers (1977), 913 ff.; W. Ober-
    müller (1970), 456 ff. Zum Sicherheitenpool im allgemeinen
    E. Bohlen (1984); M. Obermüller (1982), 244 f.; T. Marx
    (1978), 246 ff.

aus der Ueberlegung heraus, dass der Kreditnehmer vom Inhalt
der Innenvereinbarung keine Kenntnis zu nehmen braucht.

Zeitlich erfolgt die Bildung des Sicherheitenpools entweder
gleichzeitig mit der Kreditgewährung (bei Konsortial- und Parallelkrediten) oder erst nachträglich im Zusammenhang mit erhöhten
Kreditrisiken (in Stillhalte- und Sanierungsfällen).[10] Abb. 4.1.
vermittelt eine Uebersicht und zeigt die Einordnung des Sicherungskonsortiums.

Abb. 4.1.: Zeitpunkt der Poolbildung und Einordnung des Sicherungskonsortiums

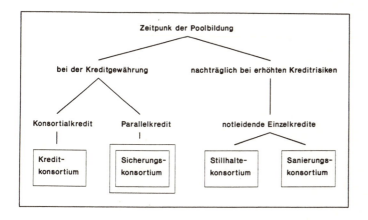

Das Sicherungskonsortium ist zu definieren als

- zeitlich begrenzte Vereinigung von zwei oder mehreren, im
  übrigen selbständig bleibenden Banken
- zur gemeinsamen Sicherstellung eines Parallelkredites
  (rechtlich unabhängige Kredite an einen gemeinsamen Kreditnehmer)
- unter Verteilung des Risikos auf die einzelnen Konsorten.

---

[10] A. Jährig/H. Schuck (1982), 288 f.

Abb. 4.2.: Vertragsverhältnisse beim Sicherungskonsortium

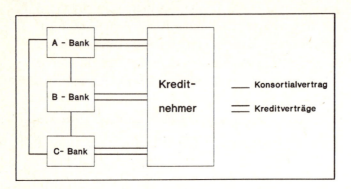

Die Ziele der Konsortialbanken lassen sich wie folgt konkretisieren:

(1) Vereinfachung von Verwaltung und Ueberwachung der Sicherheiten
(2) Vermeidung zufälliger Verluste
(3) Optimale Ausnützung des Sicherheitenerlöses

Die Zielsetzungen (1) und (2) verlangen entsprechende Regelungen im Innenverhältnis, die Zielsetzung (3) betrifft dagegen das Aussenverhältnis.[11]

B. Innenverhältnis

Mit der Bildung eines Sicherungskonsortiums sind im Innenverhältnis insbesondere zwei Massnahmen verbunden, welche im folgenden näher erläutert werden sollen:

(1) Zentralisation der Sicherheitenverwaltung
(2) Vereinbarung eines Verlustausgleichs

---

[11] Vgl. unten, 170 ff. zu den Massnahmen im Aussenverhältnis.

1. Zentrale Sicherheitenverwaltung

Die zentrale Sicherheitenverwaltung gehört zu den Merkmalen
jedes Sicherheitenpools. Sie dient der Zusammenfassung paralleler Verwaltungs- und Ueberwachungsfunktionen. In der Regel
wird die Federführerin mit den entsprechenden Aufgaben betraut.
Sie bekleidet dabei die Stellung einer Treuhänderin. Eine Zen-
tralisierung der Verwaltung erleichtert die Kontrolle der Sicherheiten und erspart den nicht federführenden Konsorten unnötige Zusatzkosten.

2. Verlustausgleich

2.1. Notwendigkeit des Verlustausgleiches

Ohne Verabredung eines Verlustausgleiches riskiert jede an einem Parallelkredit beteiligte Bank, im Konkurs des Kreditnehmers
überproportionale Verluste zu erleiden. Zufällige Einflüsse wie
die Limitenbenützung durch den Kreditnehmer oder der aktuelle
Wert der Sicherheiten würden über das Ausmass des individuellen
Schadens entscheiden. Zwei Zahlenbeispiele mögen dies belegen:

Bsp. (1): Folgen einer unterschiedlichen Limitenbenützung

	A-Bank	B-Bank
Ausgesetzte Limite	10 Mio	10 Mio
Aktuelle Benützung (Soll-Saldo)	3 Mio	10 Mio
Sicherheitenerlös	2 Mio	2 Mio
Verlust	1 Mio	8 Mio

Trotz gleicher Limite und gleichem Sicherheitenerlös wie die
A-Bank erleidet die B-Bank einen acht Mal höheren Verlust. Der
überproportionale Schaden ist auf den (zufälligen) Entscheid
des Kreditnehmers, die Limite der B-Bank stärker zu beanspru-
chen, zurückzuführen.

Bsp. (2): Folgen eines Wertzerfalls von Sicherheiten

	A-Bank	B-Bank
Ausgesetzte Limite	10 Mio	10 Mio
Ursprünglicher Sicherheitenwert	12 Mio	12 Mio
Aktuelle Benützung (Soll-Saldo)	3 Mio	10 Mio
Sicherheitenerlös	1 Mio	10 Mio
Verlust	2 Mio	0

Bedingt durch den (zufälligen) Wertzerfall ihrer Sicherheiten stellen sich nur bei der A-Bank Verluste ein. Trotz höherer Benützung ihres Kredites wäre die B-Bank im Konkurs des Kreditnehmers die glücklichere.

Diese Beispiele machen deutlich, dass das Bankenziel einer Ausschaltung zufälliger Verluste nur durch eine Abrede über Verlustausgleich zu erreichen ist.

2.2. Möglichkeiten des Verlustausgleiches

Ein Verlustausgleich kann grundsätzlich auf drei Arten herbeigeführt werden:

(1) Verlustausgleich durch Aufteilung des Gesamtverlustes im Verhältnis der ausgesetzten Limiten.
(2) Verlustausgleich durch Aufteilung des Sicherheitenerlöses im Verhältnis der benützten Limiten.
(3) Verlustausgleich durch Aufteilung des Sicherheitenerlöses im Verhältnis der ausgesetzten Limiten.

Die Ergebnisse dieser drei Varianten können bei gleicher Ausgangslage massiv voneinander abweichen. Die Unterschiede sollen anhand eines Zahlenbeispiels veranschaulicht werden: Die Poolbanken (A-Bank und B-Bank) haben der Kreditnehmerin Limiten in der Höhe von insgesamt 12 Mio ausgesetzt. Nach dem Konkurs des Schuldners und Verwertung der Sicherheiten präsentiert sich die Ausgangslage wie folgt:

	Limite	Benützung	Sicherheitenerlös	Gesamtverlust
A-Bank	9 Mio	3 Mio	-	-
B-Bank	3 Mio	3 Mio	-	-
Total	12 Mio	6 Mio	2 Mio	4 Mio

Variante (1):
Der Sicherheitenerlös (von Total 2 Mio) wird so aufgeteilt,
dass die Banken im Verhältnis ihrer ausgesetzten Limiten (3:1)
am Gesamtverlust (von Total 4 Mio) partizipieren. Ergebnis:
Verlustanteil A-Bank   3 Mio = 3 Mio - 0
Verlustanteil B-Bank   1 Mio = 3 Mio - 2 Mio

Variante (2):
Der Sicherheitenerlös wird im Verhältnis der benützten Limiten
(1:1) aufgeteilt. Ergebnis:
Verlustanteil A-Bank   3 Mio - 1 Mio = 2 Mio
Verlustanteil B-Bank   3 Mio - 1 Mio = 2 Mio

Variante (3):
Der Sicherheitenerlös wird im Verhältnis der ausgesetzten Limi-
ten (3:1) aufgeteilt. Ergebnis:
Verlustanteil A-Bank   3 Mio - 1,5 Mio = 1,5 Mio
Verlustanteil B-Bank   3 Mio - 0,5 Mio = 2,5 Mio

Die Ergebnisse der drei Varianten werden in Abb. 4.3. zusammengefasst (Fall A) und Resultaten gegenübergestellt, welche
sich bei anderen Benützungsverhältnissen ergeben (Fall B bzw.
Fall C):

Abb. 4.3.: Verlustaufteilung in Abhängigkeit vom Verhältnis
der Kontostände bei den einzelnen Banken

Ausgangslage:

```
Ausgesetzte Limite A-Bank    :    9
Ausgesetzte Limite B-Bank    :    3
Benuetzung (Total)           :    6
Sicherheitenerloes (Total)   :    2
Gesamtverlust                :    4
```

		Konto-staende	Verlustaufteilung		
			Var. 1	Var. 2	Var. 3
A	A-Bank B-Bank	3 3	3 1	2 2	1.5 2.5
	Total	--- 6	--- 4	--- 4	--- 4
B	A-Bank B-Bank	4.5 1.5	3 1	3 1	3 1
	Total	--- 6	--- 4	--- 4	--- 4
C	A-Bank B-Bank	5.5 0.5	3 1	3.7 0.3	4 0
	Total	--- 6	--- 4	--- 4	--- 4

Var. 1 : Aufteilung des Gesamtverlustes im Verhaeltnis der
         ausgesetzten Limiten

Var. 2 : Aufteilung des Sicherheitenerloeses im Verhaeltnis
         der benuetzten Limiten

Var. 3 : Aufteilung des Sicherheitenerloeses im Verhaeltnis
         der ausgesetzten Limiten

Die Ergebnisse aus Abb. 4.3. können wie folgt zusammengefasst
werden:

- Nur bei Variante (1) hat das Verhältnis der Kontostände keinen Einfluss auf die Verlustaufteilung.
- Bei den Varianten (2) und (3) wird die Verlustaufteilung in
  erster Linie durch die Höhe der Kontostände bei den einzelnen Banken und damit durch die Handlungen des Schuldners
  bestimmt.
- Wenn der Kreditnehmer die einzelnen Bankkredite im Verhältnis der ausgesetzten Limiten benützt (Fall B), führen alle
  drei Varianten zum selben Resultat.
- Wenn der Kreditnehmer die Limiten extrem einseitig benützt
  (Fall C), werden bei Variante (1) unter Umständen Ausgleichs-
  zahlungen (0,5 der B-Bank an die A-Bank) notwendig.

2.3. Beurteilung

Aus den beschriebenen Resultaten lassen sich in bezug auf die
Möglichkeiten eines Verlustausgleiches einige generelle Bemer-
kungen ableiten:

1. Nur die Variante (1) trägt dem Wunsch der Banken nach Vermeidung zufälliger Verluste vollumfänglich Rechnung. Analog zu
   den Mitgliedern eines Kreditkonsortiums partizipieren die
   Poolbanken am Risiko des Gesamtverlustes im Rahmen einer zum
   voraus bestimmten Quote. Diese Quote wird durch die ausgesetzte Kreditlimite verkörpert. Sie stellt das Mass für die
   individuelle Risikobereitschaft der Banken dar. Es scheint
   deshalb nur folgerichtig, wenn sich auch die Aufteilung des
   Gesamtverlustes an dieser Grösse orientiert.

2. Bei den Varianten (2) und (3) wählen die Banken einen anderen
   Ausgangspunkt. Der Verlustausgleich wird nicht über die quo-
   tenmässige Aufteilung des Gesamtverlustes, sondern durch die
   Verteilung des Sicherheitenerlöses angestrebt.

3. Die Verteilung des Sicherheitenerlöses im Verhältnis der benützten Limiten (Variante 2) führt - trotz Einfluss des Kreditnehmers auf das Resultat - in der Regel zu befriedigenden Ergebnissen. Problematisch wird es nur dann, wenn der Schuldner die Limiten extrem einseitig benützt. In solchen Fällen sind Banken mit besonders niedrigen Kontoständen (B-Bank im Fall C) bevorteilt.

4. Die Ergebnisse der Variante (3) korrelieren am stärksten mit den willkürlichen Entscheidungen des Kreditnehmers. Eine Verteilung des Sicherheitenerlöses im Verhältnis der ausgesetzten Limiten ist daher kaum wünschenswert.

5. Sofern es den Banken gelingt, den Kreditnehmer auf eine anteilsmässige Benützung ihrer Kredite zu verpflichten und diesen Anspruch auch jederzeit durchzusetzen, können alle drei Varianten im Erwägung gezogen werden. Einen solchen Zustand werden die Banken nicht nur aus risikotechnischen, sondern auch aus finanziellen Ueberlegungen anstreben.[12]

C. Aussenverhältnis

1. Poolung von Verwertungserlösen

1.1. Notwendigkeit der Erlöspoolung

Im Aussenverhältnis geht es um die Poolung (Zusammenfassung) allfälliger Verwertungserlöse. Diese Massnahme soll eine optimale Ausnutzung der Bankensicherheiten gewährleisten. Die Konsorten wollen das Total der Verwertungserlöse so lange von der Konkursmasse fernhalten, bis ihre sämtlichen Ansprüche befriedigt sind. Das folgende Beispiel verdeutlicht den Nutzen einer Erlöspoolung für die Banken:

---

[12] Vgl. unten, 182 und 190 f. zur Vertragsgestaltung.

	A-Bank	B-Bank
Ausgesetzte Limite	10 Mio	10 Mio
Aktuelle Benützung (Soll-Saldo)	5 Mio	5 Mio
Sicherheitenerlös	0	10 Mio
Verlust ohne Poolung	5 Mio	0
Verlust mit Poolung	0	0

Ohne gegenteilige Vereinbarung mit dem Sicherungsgeber ist die A-Bank nicht berechtigt, auf den Verwertungsüberschuss der B-Bank zuzugreifen. Der Mehrerlös fällt in die Konkursmasse und wird der exklusiven Nutzung durch die Konsorten entzogen. Die Banken erleiden einen Gesamtverlust von 5 Mio., welchen sie - unter der Voraussetzung entsprechender Abreden - im Innenverhältnis auszugleichen haben. Da der ausstehende Betrag den Verwertungserlös nicht übersteigt, hätten sie sich mit einer Poolung schadlos halten können.

1.2. Varianten der Erlöspoolung

Das Ziel der Banken besteht also in der optimalen Nutzung des Verwertungserlöses. Die Gestaltung der Sicherungsverträge ist auf dieses Ziel hin auszurichten. Im folgenden geht es nicht um die Regelung der technischen Details (sie können den Standard-Sicherungsformularen entnommen werden), sondern vielmehr um die Frage, wie und zu wessen Gunsten die Sicherheiten bestellt werden sollen. Dabei sind zwei Restriktionen zu beachten:

(a) Die Konsorten wollen nach aussen an den Sicherheiten gleichrangig berechtigt sein und im Verhältnis ihrer Forderungen daran partizipieren.
(b) Das Prinzip der Akzessorietät (für Pfand- und Bürgschaftsrechte) verlangt die Uebereinstimmung zwischen Forderungsgläubiger und Sicherungsnehmer.[13] Beim Parallelkredit sind die einzelnen Banken Forderungsgläubiger.

---

[13] G. Obst/O. Hintner (1980), 342

Für die Sicherstellung rechtlich unabhängiger Kredite bieten sich theoretisch sechs Varianten an, deren Auswirkungen (im Aussenverhältnis) wie folgt skizziert werden können:

Variante (1): Sicherstellung aller Kredite über die Federführerin:[14]
- Gegen aussen kann nur die federführende Bank das Recht auf den Sicherheitenerlös geltend machen.[15]
- Erlöse aus der Verwertung nicht-akzessorischer Sicherheiten können bis zur vollständigen Befriedigung aller Ansprüche der Konsorten verwendet werden.
- Mit der Bestellung akzessorischer Sicherheiten auf den Namen der Federführerin allein ist die gleichzeitige Besicherung der Mitkonsorten nicht möglich. Erlöse, welche die Forderungen der federführenden Bank übersteigen, fallen in die Konkursmasse.[16]

Variante (2): Vorrangige Sicherstellung der Federführerin mit nachrangiger Sicherstellung der übrigen Banken:
- Im Aussenverhältnis sind die Mitkonsorten rangmässig benachteiligt.
- Der Verwertungserlös kann bis zur vollständigen Befriedigung aller Ansprüche der Konsorten verwendet werden.

Variante (3): Rechtlich getrennte Sicherstellung der einzelnen Banken:
- Aufgrund von Wertänderungen bei den Sicherheiten oder einseitiger Limitenbeanspruchung durch den Kunden sind möglicherweise nicht alle Banken voll gedeckt.
- Unterdeckte Banken haben keinen Anspruch auf die Verwertungs-

---

[14] Die Sicherheiten werden zwar ausdrücklich zugunsten aller Kredite, aber auf den Namen der Federführerin bestellt. Bsp.: "Die Firma X tritt der A-Bank (Federführerin) sämtliche sich aus ihrem Geschäftsbetrieb ergebenden gegenwärtigen und zukünftigen Forderungen sicherheitshalber ab. Die Abtretung dient zur Sicherstellung aller Ansprüche der A-Bank, B-Bank und C-Bank aus ihren Krediten an die Zedentin."
[15] Die Ansprüche der Mitkonsorten beruhen auf den Abmachungen im Innenverhältnis und richten sich nicht gegen den Sicherungsgeber, sondern gegen die Federführerin.
[16] Forderungsgläubiger (einzelne Banken) und Sicherungsnehmer (Federführerin) stimmen nicht überein.

überschüsse ihrer voll gedeckten Mitkonsorten.

Variante (4): Rechtlich getrennte Sicherstellung der einzelnen Banken mit gegenseitiger nachrangiger Sicherstellung:
- Aufgrund von Wertänderungen bei den Sicherheiten oder einseitiger Limitenbeanspruchung durch den Kunden sind möglicherweise nicht alle Banken voll gedeckt.
- Unterdeckte Banken können bis zur vollständigen Befriedigung ihrer Ansprüche von den Verwertungsüberschüssen ihrer Mitkonsorten profitieren.

Variante (5): Rechtlich getrennte Sicherstellung der einzelnen Banken mit gleichrangigem Anspruch auf die Sicherheiten:
- Die Banken partizipieren am Verwertungserlös im Verhältnis ihrer ausstehenden Forderungen.
- Der Verwertungserlös kann bis zur vollständigen Befriedigung aller Ansprüche der Konsorten verwendet werden.

Variante (6): Sicherstellung der Banken zur gesamten Hand:
- Die Banken partizipieren am Verwertungserlös im Verhältnis ihrer ausstehenden Forderungen.
- Der Verwertungserlös kann bis zur vollständigen Befriedigung aller Ansprüche der Konsorten verwendet werden.

1.3. Beurteilung und Folgerungen

Eine Beurteilung dieser Resultate ergibt, dass die Varianten (5) und (6) den Vorstellungen der Konsorten bezüglich optimaler Nutzung der Sicherheiten und Gleichstellung im Aussenverhältnis am weitesten entgegenkommen. Im folgenden wird daher zu prüfen sein, ob die gängigen Sicherungsformen (Verpfändung, Bürgschaft, Zession und Garantie) eine gleichrangige Besicherung (Variante 5) oder eine Sicherstellung zur gesamten Hand (Variante 6) zulassen:

(1) Sicherstellung durch Verpfändung:
Das Pfandrecht ist ein akzessorisches Recht.[17] Dies bedeutet

---

[17] W. Wiegand (1982), 39

u.a., dass rechtlich getrennte Forderungen (wie sie beim Parallelkredit vorliegen) auch rechtlich getrennt sicherzustellen
sind. Ungeachtet dieser Tatsache werden in der Praxis die verfügbaren Sicherheiten häufig nicht an die einzelnen Banken, sondern an die Konsorten zur gesamten Hand verpfändet. Eine solche
Lösung widerspricht dem Grundsatz der Akzessorietät.[18] Hingegen
ist es zulässig und richtig, den Gläubigern für ihre separaten
Forderungen je einzeln ein <u>gleichrangiges Pfandrecht</u> an einem
bestimmten Pfandgegenstand einzuräumen.[19]

(2) Sicherstellung durch Bürgschaftsvertrag:
Ebenso wie das Pfandrecht gehört auch die Bürgschaft zu den akzessorischen Rechten.[20] Da die verschiedenen Poolbanken an ihren
Forderungen separat berechtigt sind, fällt eine Sicherstellung
der Konsorten zur gesamten Hand ausser Betracht.[21] Die Errichtung gleichrangiger Rechte auf eine bestimmte Bürgschaftssumme
(analog zum gleichrangigen Pfandrecht) ist im Gesetz nicht vorgesehen. Der Bürge muss sich also jeder Bank gegenüber <u>separat</u>
für ihren Anteil verpflichten. Diese Tatsache stellt keine besonderen Probleme, wenn der Bürge willens und in der Lage ist,
allen Konsorten gegenüber für ihre <u>gesamten</u> Kreditlimiten ein-
zustehen. Sofern sich die Haftung des Bürgen allerdings auf eine Summe beschränkt, welche das Total der ausgesetzten Limiten
nicht erreicht, kann die Bürgschaft unter Umständen nicht optimal ausgenützt werden. Ein Beispiel mag dies verdeutlichen:

	A-Bank	B-Bank	Total
Ausgesetzte Limite	5 Mio	10 Mio	15 Mio
Bürgschaft	4 Mio	8 Mio	12 Mio
Aktuelle Benützung	2 Mio	10 Mio	12 Mio
Haftung des Bürgen	2 Mio	8 Mio	10 Mio
Verlust	0	2 Mio	2 Mio

Die Banken wurden anteilsmässig (d.h. im Verhältnis der ausgesetzten Limiten) je mit einer Bürgschaft sichergestellt. Auf-

---

[18] G. Obst/O. Hintner (1980), 342
[19] D. Zobl (1982), Art. 886 N 15
[20] D. Mühl/W. Petereit (1983), 36 N 61
[21] D. Bieri (1987), 204

grund der einseitigen Limitenbeanspruchung durch den Kreditnehmer, sind sie im Konkurs nicht voll gedeckt, obwohl bei einer
aktuellen Benützung von 12 Mio. die Bürgschaftssumme (12 Mio.)
an sich ausgereicht hätte. Die B-Bank kann vom "Verwertungsüberschuss" der A-Bank nicht profitieren.

Aus diesen Ergebnissen lässt sich das folgende Postulat ableiten: Falls die Bürgschaftssumme das Kreditlimitentotal aller
Banken nicht erreicht, ist der Kreditnehmer wenn möglich zu
verpflichten, die einzelnen Kredite im Verhältnis der ausgesetzten Limiten zu benützen.

(3) Sicherstellung durch Zession:
Forderungsabtretungen unterliegen den Beschränkungen der Akzessorietät nicht.[22] Forderungsgläubiger und Sicherungsnehmer brauchen nicht übereinzustimmen. Einer Sicherungszession an die Banken zur gesamten Hand steht daher nichts im Wege.[23]

(4) Sicherstellung durch Garantievertrag:
Als selbständige (abstrakte) Verpflichtung des Garantiegebers[24]
entspricht die Garantie ihrer Rechtsnatur nach der Sicherungszession.[25] Eine Uebereinstimmung zwischen Forderungsgläubiger
und Sicherungsnehmer ist daher wiederum nicht erforderlich. Die
Banken können sich ihre rechtlich unabhängigen Forderungen aus
dem Parallelkredit durch ein Garantieversprechen zur gesamten
Hand gültig sicherstellen lassen.[26]

---

[22] D. Zobl (1984), 188
[23] D. Bieri (1987), 224
[24] U. Emch/H. Renz (1984), 219
[25] D. Zobl (1984), 188
[26] D. Bieri (1987), 225. Hier wäre allerdings anzufügen, dass
auch eine rechtlich getrennte Sicherstellung unter Umständen
keine Nachteile aufweist, nämlich dann nicht, wenn sich der
Garantiegeber jeder Bank gegenüber separat für ihre gesamte
Kreditlimite verpflichtet. In diesem Fall ist sowohl die anteilsmässige Gleichstellung der Banken im Aussenverhältnis
wie auch eine optimale Nutzung der Sicherheiten gewährleistet.

2. Zusammenfassung und Uebersicht

Die Problematik der gemeinsamen Sicherstellung beim Sicherungskonsortium ist eine ähnliche wie beim Kreditkonsortium ohne Gesamthandsverhältnis.[27] Auch dort sind die Konsorten Alleingläubiger ihrer Kreditforderungen. Der Hauptunterschied besteht
jedoch darin, dass die Forderungen der einzelnen Banken beim
Konsortialkredit stets in einem konstanten Verhältnis zuein-
ander stehen, was bei rechtlich getrennten parallelen Kreditbeziehungen keineswegs der Fall sein muss. Diese Tatsache wirft
- wie gezeigt wurde - vor allem bei Bürgschaftsverpflichtungen
gewisse Probleme auf.

Einen zusammenfassenden Ueberblick über die Möglichkeiten der
Sicherstellung und ihre Folgen im Aussenverhältnis vermittelt
Abb. 4.4.:

---

[27] Vgl. oben, 82 ff. zur Sicherstellung beim Kreditkonsortium
ohne Gesamthandsverhältnis.

Abb. 4.4.: Sicherstellung von Parallelkrediten (Aussenverhältnis)

Forderungsglaeubiger	Sicherungsform	Sicherungsnehmer	Folgen im Aussenverhaeltnis
E I N Z E L N E B A N K E N	Mehrfachverpfaendung im gleichen Rang	Einzelne Banken	- Optimale Nutzung des Verwertungserloeses - Anteilsmaessige Gleichstellung der Banken
	Separate Buerg-schaften	Einzelne Banken	- Optimale Nutzung des Verwertungserloeses nur, falls Total der Limiten verbuergt oder Kredite anteilsmaessig benuetzt - Bei einseitiger Limitenbeanspruchung sind Banken mit tiefem Saldo u.U. bevorteilt
	Zession	Konsorten zur ge-samten Hand	- Optimale Nutzung des Verwertungserloeses - Anteilsmaessige Gleichstellung der Banken
	Garantie	Konsorten zur ge-samten Hand	- Optimale Nutzung des Verwertungserloeses - Anteilsmaessige Gleichstellung der Banken

Kapitel 2: Die Vertragsgestaltung

A. Ausgangslage

Für das Sicherungskonsortium zur gemeinsamen Sicherstellung
eines Parallelkredites soll die Frage der zweckmässigen Vertragsgestaltung anhand der folgenden Ausgangslage untersucht
werden:

- Ein Kreditnehmer plant die Aufnahme eines grösseren Kredites
  und will mehrere Banken daran partizipieren lassen.
- Die Banken streben eine Vereinheitlichung der Konditionen
  an.
- Trotz Vereinheitlichung der Konditionen will jede Bank direkt
  mit dem Kreditnehmer verkehren und separat über ihre Forderung
  verfügen können. Die Banken entscheiden sich daher nicht für
  einen Konsortial-, sondern für einen Parallelkredit.[1]
- Insbesondere zum Zwecke der Risikominderung beschliessen die
  Banken eine Poolung der Kreditsicherheiten.

B. Konsortialvereinbarung

Die Konsortialvereinbarung regelt das Innenverhältnis zwischen
den Mitgliedern des Sicherungskonsortiums. Grundlage sind die
einzelnen Kreditverträge zwischen den Banken und der Kreditnehmerin. Die folgende Aufstellung vermittelt einen Ueberblick
über den Aufbau und die Bestandteile der Konsortialvereinbarung:

1. Vertragsgrundlage
2. Rechtsform und Zweck
3. Integrierte Verträge
4. Rechte und Pflichten aller Konsorten

---

[1] Ein Parallelkredit setzt sich aus mehreren rechtlich unabhängigen Krediten (zu gleichen Konditionen) zusammen, welche
durch verschiedene Banken in eigenem Namen und für eigene
Rechnung gewährt werden.

5. Federführung
6. Verlustausgleich und Verteilung der Deckung
7. Beschlussfassung
8. Prozessführung
9. Beendigung
10. Aufteilung des Verwertungsüberschusses[2]
11. Inkrafttreten
12. Ausfertigung
13. Anwendbares Recht und Gerichtsstand

In den folgenden Abschnitten wird der Inhalt der einzelnen Vertragspunkte kurz erläutert. Eine vollständige Zusammenstellung des Vertrages findet sich in Anhang II.

1. Vertragsgrundlage

Vertragsgrundlage ist die Gewährung der rechtlich unabhängigen Kredite an den gemeinsamen Kreditnehmer. Die entsprechende Vertragsbestimmung lautet beispielsweise:

" Die unterzeichneten Banken gewähren der Kreditnehmerin je
einzeln und unabhängig voneinander, aber zu gleichen Konditionen, die folgenden Kredite:

	Limiten:	Quoten:
A-Bank	Fr. 40 Mio	(40 %)
B-Bank	Fr. 30 Mio	(30 %)
C-Bank	Fr. 30 Mio	(30 %) "

Um sicherzustellen, dass in den verschiedenen Kreditverträgen tatsächlich einheitliche Konditionen festgelegt werden, gibt es grundsätzlich zwei Möglichkeiten. Indem sich die Konsorten auf ein bestimmtes Kreditvertragsmuster einigen, gewährleisten sie eine absolute Gleichstellung aller Banken gegenüber dem Kreditnehmer. In der Praxis beschränkt man sich dagegen meistens auf die Festlegung gemeinsamer Zinskonditionen. Dies kann jedoch in den übrigen Vertragspunkten (z.B. bezüglich Kündi-

---

[2] Nur unter bestimmten Voraussetzungen; vgl. unten, 188 f. zur
Vertragsziffer 10.

gungsmöglichkeiten) zu ganz erheblichen Unterschieden führen
und gewissen Banken eine unverhältnismässig starke Stellung
einräumen. Der Abschnitt über die Vertragsgrundlage ist daher
wie folgt zu ergänzen:

> " Die Kredite werden bei den einzelnen Banken geführt und von
> diesen separat bestätigt. Der beiliegende Vertragstext dient
> als Vorlage für die Kreditverträge und ist für alle Banken
> verbindlich. "

Grundlage des Sicherungskonsortiums sind also (fast oder vollkommen) gleichlautende, rechtlich unabhängige, separate Kreditverträge mehrerer Banken mit einem bestimmten Kreditnehmer.

2. Rechtsform und Zweck

Rechtsform und Zweck des Sicherungskonsortiums können folgen-
dermassen umschrieben werden:

> " Die beteiligten Banken schliessen sich zu einem Konsortium
> (einfache Gesellschaft im Sinne von Art. 530 ff. OR) zusam-
> men, um die von der Kreditnehmerin zu bestellenden Sicher-
> heiten entgegenzunehmen, zentral zu verwalten, gegebenen-
> falls zu verwerten und das Verlustrisiko unter sich aufzu-
> teilen. "

Aus dieser Vertragsbestimmung geht hervor, dass der Zweck des
Sicherungskonsortiums nicht etwa in der Bereitstellung eines
Parallelkredites, sondern vielmehr in der gemeinsamen Sicherstellung liegt. Die Gewährung paralleler Kredite bildet dazu
jedoch die Voraussetzung.

3. Integrierte Verträge

Zu den integrierten Vertragsbestandteilen gehören die AGB und
das Depotreglement der Federführerin sowie die Sicherungsverträge, nicht jedoch die separaten Kreditverträge. Die integrierten Sicherungsverträge lauten auf den Namen der Federführerin,
auf die einzelnen Banken oder auf die Konsorten zur gesamten

Hand[3] und sind an dieser Stelle der Konsortialvereinbarung zu bezeichnen. Bsp:

" - Globalzession vom ... zugunsten der Konsorten zur gesamten Hand. "

4. Rechte und Pflichten aller Konsorten

Da die einzelnen Kreditverträge die Grundlage der Konsortialvereinbarung bilden, müssen sie während der gesamten Vertragsdauer aufrechterhalten bleiben. Dies bedingt eine Vertragsklausel des folgenden Inhaltes:

" Jede Bank verpflichtet sich, den von ihr gemäss Ziffer 1 gewährten Kredit während der Dauer dieser Vereinbarung weder zu kündigen noch die Kreditkonditionen abzuändern. "[4]

Die Banken müssen also zunächst das Konsortium auflösen oder entsprechende Beschlüsse fassen, bevor sie ihre separaten Kreditverträge kündigen oder abändern dürfen. Wie weit eine solche Klausel de facto den Handlungsspielraum der einzelnen Bank einschränkt, hängt davon ab, innert welcher Frist der Konsortialvertrag gekündigt werden kann. Hierbei wird man sich regelmässig an den Möglichkeiten im Aussenverhältnis orientieren, so dass die Banken im Aussenverhältnis ohnehin nichts tun _können_, bevor sie es auch aufgrund der (aufgehobenen) Innenvereinbarung tun _dürfen_.[5]

Unter der Voraussetzung, dass der Kreditnehmer auf das Bankgeheimnis teilweise verzichtet und den Banken einen gegenseitigen Informationsaustausch erlaubt, ist eine weitere Bestimmung vorzusehen. Ihr Wortlaut richtet sich nach dem Umfang der

---

[3] Vgl. oben, 170 ff. zur Sicherstellung von Parallelkrediten im Aussenverhältnis.
[4] Die periodische Anpassung variabler Zinssätze gilt selbstverständlich nicht als Konditionenänderung, denn der ursprüngliche Vertragstext (Bsp.: "Massgebend sind die jeweiligen Sätze des Zürcher Zinskonveniums für ...") bleibt ja bestehen.
[5] Vgl. unten, 186 ff. zur Vertragsziffer "9. Beendigung".

im Kreditvertrag erteilten Ermächtigung.[6] Bsp:

" Die Banken informieren sich gegenseitig über die aktuelle
Höhe ihrer Forderungen aus dem Parallelkredit, über Vertragsverletzungen der Kreditnehmerin sowie über Umstände, welche
deren Bonität beeinträchtigen. "

Der Kreditnehmer kann den Banken darüber hinaus ausdrücklich

das Recht zum selbständigen Saldenausgleich einräumen.[7] Im

Konsortialvertrag schlägt sich dies wie folgt nieder:

" Jede Bank hat das Recht, jederzeit einen Saldenausgleich im
Verhältnis der Quoten gemäss Ziffer 1 zu verlangen. Beträge,
welche die vereinbarten Limiten überschreiten, sind davon
ausgenommen. "

5. Federführung

Anders als beim Kreditkonsortium beschränkt sich die Tätigkeit
der federführenden Bank im Sicherungskonsortium vorwiegend auf
die Verwaltung der Sicherheiten.[8] Die Bestimmungen über die Federführung können daher wesentlich kürzer gefasst werden. Die
Einschränkung der Sorgfaltspflicht bis auf das gesetzlich zuläs-
sige Minimum ist üblich. Der Vertragstext lautet:

" Die A-Bank übernimmt die Federführung im Verhältnis der
Konsortialbanken untereinander und im Verhältnis zwischen
dem Konsortium und der Kreditnehmerin sowie Dritten. Sie
verwaltet die gemeinsamen Sicherheiten nach den Bestimmungen ihres Depotreglementes im Namen und für Rechnung der
Konsorten. Jede Haftung, Verpflichtung oder Gewährleistung
der Federführerin für Geschäftsführung und Vertretung, insbesondere auch für Bestand und Einbringlichkeit der Sicherheiten wird ausdrücklich wegbedungen; vorbehalten bleibt die
Haftung für grobes Verschulden im Sinne von Art. 100 I OR. "

Bei sehr komplexen Besicherungen mit entsprechend hohem Aufwand können die Konsorten zusätzlich eine spezielle Kommission

---

[6] Vgl. unten, 190 zur Entbindung vom Bankgeheimnis in den Kreditverträgen.
[7] Vgl. unten, 190 f. zum Recht auf Saldenausgleich in den Kreditverträgen.
[8] Vgl. oben, 131 ff. zur Regelung der Federführung im Kreditkonsortium.

vereinbaren. Z.B.:

" Für die Verwaltung der Sicherheiten steht der Federführerin
eine Treuhandprovision in der Höhe von Fr. 5'000 p.a. zu,
welche von den übrigen Konsorten im Verhältnis der Kreditlimiten gemäss Ziffer 1 aufzubringen ist. "

6. Verlustausgleich und Verteilung der Deckung

Die Abmachungen über den Verlustausgleich und die Verteilung
der Deckung zählen eindeutig zu den zentralen Vertragsbestandteilen jedes Sicherheitenpools.[9] Es sind zwei Fragen zu beantworten:

1. Mit welchen Anteilen partizipieren die Banken an einem
   allfälligen Gesamtverlust?
2. Wie sollen die Erlöse aus einer vorzeitigen Verwertung
   einzelner Sicherheiten aufgeteilt werden?

In der Praxis werden verschiedene Lösungsansätze verfolgt. Aus
bereits genannten Gründen soll sich der Verteilschlüssel in
beiden Fällen an der ausgesetzten Limite orientieren:[10]

" Einen allfälligen Verlust aus der Kreditgewährung tragen
die Banken im Verhältnis ihrer Kreditlimiten gemäss Ziffer
1. Verluste, welche einzelnen Banken aus der Zulassung von
Limitenüberschreitungen entstehen, werden nicht ausgeglichen.

Im Falle der Verwertung einzelner Sicherheiten werden die Erlöse in erster Linie für einen Saldenausgleich im Verhältnis
der Kreditlimiten gemäss Ziffer 1, dann für eine anteilsmässige Rückführung der Kredite verwendet. Beträge, welche die
vereinbarten Limiten überschreiten, sind davon ausgenommen."

7. Beschlussfassung

Die Beschlussfassung im Sicherungskonsortium wird nach den glei-

---

[9] Vgl. oben, 165 f. zur Notwendigkeit des Verlustausgleichs.
[10] Vgl. oben, 166 ff. zu den Möglichkeiten des Verlustausgleichs.

chen Grundsätzen geregelt wie im Kreditkonsortium.[11] Dies gilt
sowohl für die Modalitäten wie auch weitgehend für den Gegenstand:

" Beschlüsse werden an einer Versammlung der Konsortialbanken, auf dem Zirkularweg oder in Ausnahmefällen telefonisch
gefasst.

Mit den nachstehend festgelegten Mehrheiten (berechnet nach
Quoten gemäss Ziffer 1) beschliessen die Banken insbesondere in den folgenden Angelegenheiten:

	Notwendiges Qorum
- Aenderung der Konsortialvereinbarung	100 %
- Aenderung der Sicherungsverträge	67 %
- Einleitung gerichtlicher Schritte	100 % "

Unter Vorbehalt entsprechender Abreden im Aussenverhältnis
beschliessen die Banken auch über die Verwertung von Sicherheiten, die Notifikation sowie über die Einforderung zusätzlicher Sicherheiten oder Rückzahlungen. Sie werden dabei das
qualifizierte Mehrheitsprinzip dem reinen Einstimmigkeitsprinzip vorziehen.[12]

Anders als beim Kreditkonsortium, wo die Gesellschafter auch
über die Aenderung oder Kündigung des Konsortialkreditvertrages entscheiden, hat das Sicherungskonsortium keinen direkten
Einfluss auf die einzelnen Kreditverträge. Durch einen einstim-
migen Beschluss über die vorzeitige Auflösung des Konsortiums
oder über die Aufhebung der Vertragsziffer 4 I (wonach sich die
Konsorten zur unveränderten Aufrechterhaltung ihrer Kreditverträge verpflichten), kann das Konsortium den einzelnen Banken
zwar eine Aenderung bzw. eine Kündigung ihrer separaten Kreditbeziehungen ermöglichen, eine solche aber nicht erzwingen.

---

[11] Vgl. oben, 136 f. zur Regelung der Beschlussfassung im Kreditkonsortium.
[12] Vgl. oben, 67 ff. zu den Abstimmungsverfahren beim Kreditkonsortium. Die entsprechenden Ausführungen gelten sinngemäss
auch für das Sicherungskonsortium.

8. Prozessführung

Im Vertragsabschnitt über die Prozessführung geht es um die
Durchsetzung von Ansprüchen aus den bestellten Sicherheiten.
Sie richten sich namentlich gegen säumige Zessionsschuldner
sowie gegen zahlungsunwillige Bürgschafts- oder Garantiegeber.
Ebenso wie beim Kreditkonsortium ist der Vertrag auch beim
Sicherungskonsortium auf zwei mögliche Konstellationen auszu-
richten:[13]

(1) Sämtliche Banken befürworten ein gerichtliches Vorgehen.
(2) Ein Teil der Banken lehnt ein gerichtliches Vorgehen ab.

Im Hinblick auf den Eintritt des ersten Falles regelt die Konsortialvereinbarung die Vertretung im Prozess sowie die Aufteilung der Verfahrenskosten:

> " Beschliessen die Konsorten die gerichtliche Geltendmachung
> von Ansprüchen, so gilt die Federführerin als ermächtigt und
> verpflichtet, den Prozess in Vertretung der Konsortialbanken
> zu führen. Die Verfahrenskosten werden von den Banken im Ver-
> hältnis ihrer Kreditlimiten gemäss Ziffer 1 übernommen. "

Im zweiten Fall soll den prozesswilligen Banken - trotz negati-
vem Entscheid des Konsortiums - die Erlaubnis zur Einzelprozess-
führung erteilt werden. Sofern sich die Konsorten für ihre separaten Forderungen rechtlich getrennt sicherstellen lassen (bei
Bürgschaften und Verpfändungen unumgänglich), genügt eine einfache Ermächtigung:

> " Kommt ein Beschluss über die gerichtliche Geltendmachung von
> Ansprüchen nicht zustande, so sind die zustimmenden Banken
> berechtigt, den Prozess in eigenem Namen auf eigene Rechnung
> zu führen. Die resultierenden Erlöse sind bei der Berechnung
> des Verlustausgleiches nicht zu berücksichtigen. "

Nicht selten lassen sich die Banken jedoch ihre separaten Forderungen zur gesamten Hand sicherstellen (bei Forderungsabtretun-

---

[13] Vgl. oben, 137 ff. zur Regelung der Prozessführung beim Kreditkonsortium.

gen und Garantien möglich).[14] Weil die Sachlegitimation im Prozess eine Uebereinstimmung zwischen eingeklagtem Recht (Ansprüche aus den Sicherheiten, welche allen Konsorten gemeinsam zustehen) und Berechtigung des Klägers (prozesswillige Banken) erfordert[15], müssen sämtliche Ansprüche aus den Gesamthand-Sicherheiten an die prozesswilligen Banken abgetreten werden:

> " Kommt ein Beschluss über die gerichtliche Geltendmachung von Ansprüchen nicht zustande, so sind die zustimmenden Banken berechtigt, den Prozess auf eigene Rechnung zu führen. Nicht zustimmende Banken haben ihre Anteile an Gesamthand-Sicherheiten unentgeltlich abzutreten oder endgültig darauf zu verzichten. Die aus der Prozessführung resultierenden Erlöse sind bei der Berechnung des Verlustausgleichs nicht zu berücksichtigen. Nach vollständiger Befriedigung aller Ansprüche der prozessierenden Banken ist ein Ueberschuss den nicht prozessierenden Banken im Verhältnis ihrer Kreditlimiten gemäss Ziffer 1 herauszugeben. "

Zeckmässig und richtig ist diese Klausel auch dann, wenn bloss ein Teil der Sicherheiten (z.B. eine Globalzession) den Konsorten zur gesamten Hand zusteht und der Rest (z.B. verschiedene Schuldbriefe auf das gleiche Objekt im gleichen Rang) auf die einzelnen Banken aufgeteilt wurde.

9. Beendigung

Die Mitglieder eines Sicherungskonsortiums wollen sich im Innenverhältnis in der Regel auf keinen Fall länger binden als im Aussenverhältnis. Die Fristen in der Konsortialvereinbarung müssen demnach auf jene der parallelen Kreditverträge abgestimmt werden. Es sind zwei Arten von Kreditverträgen zu unterscheiden, nämlich solche mit <u>fester Laufzeit</u> und solche mit einem <u>ordentlichen Kündigungsrecht</u>. Beide Kreditvertragsarten können darüber hinaus, bei Eintritt gewisser Umstände, das Recht zu einer ausserordentlichen (d.h. vorzeitigen und fristlosen) Kündigung vor-

---

[14] Vgl. oben, 170 ff. zur Sicherstellung von Parallelkrediten im Aussenverhältnis.
[15] M. Guldener (1979), 297 f.

sehen.[16]

Kreditverträge mit fester Laufzeit und ausserordentlichem Kündigungsrecht verlangen eine konsortialvertragliche Uebereinkunft des folgenden Inhaltes:

" Die vorliegende Vereinbarung endet grundsätzlich mit dem Ablauf der Kreditverträge am ... . Vorbehalten bleibt eine vorzeitige, fristlose Kündigung bei Eintritt eines ausserordentlichen Kündigungsgrundes gemäss Ziffer ... der Kreditverträge. "

Analog dazu ziehen Kreditverträge mit ordentlichem und ausserordentlichem Kündigungsrecht die folgenden konsortialvertraglichen Bestimmungen nach sich:

" Die vorliegende Vereinbarung kann von jeder Bank unter Einhaltung einer ...-monatigen Kündigungsfrist auf Monatsende (Quartalsende) schriftlich an die Adresse der Federführerin gekündigt werden, erstmals per ... . Vorbehalten bleibt eine fristlose Kündigung bei Eintritt eines ausserordentlichen Kündigungsgrundes gemäss Ziffer ... der Kreditverträge. "

Die Folgen einer ordentlichen bzw. einer ausserordentlichen Kündigung sind dieselben. In beiden Fällen führt die Kündigung zur Auflösung des Konsortiums, nicht zwangsläufig aber zur Kündigung der rechtlich autonomen, parallelen Kreditforderungen. Wenngleich unwahrscheinlich, so wäre doch denkbar, dass die Banken ihre Kredite auch nach Auflösung des Sicherungskonsortiums weiterführen. Naheliegender scheint, dass eine Kündigung deshalb erfolgt, weil die betreffende Bank ihren Kredit im Aussenverhältnis zurückfordern will. Wenn die übrigen Banken weiterhin von der Bonität des Schuldners oder von der Werthaltigkeit der Kreditdeckung überzeugt sind, werden sie die verbleibenden Sicherheiten neu poolen und ihre Kredite aufrechterhalten. Schliesslich bleibt der Fall, wo die Auflösung des Konsortiums mit der Kündigung mehrerer oder aller Parallelkredite und möglicherweise auch mit der Insolvenz des Kreditnehmers einhergeht.

---

[16] Hierbei ist es von zentraler Bedeutung, dass auch der Drittverzug (Cross Default) zu einer ausserordentlichen Kündigung berechtigt; vgl. unten, 191 f. zur Drittverzugs-Klausel in den Parallel-Kreditverträgen.

Da der Sicherheitenpool gerade im Hinblick auf den Eintritt eines solchen Falles konstruiert wurde, muss die Beendigung des Konsortiums gegebenenfalls zeitlich hinausgeschoben werden können:

" Eine Kündigung dieser Vereinbarung zieht grundsätzlich die Auflösung des Konsortiums gemäss Art. 548 ff. OR nach sich. Werden innert ... Tagen nach Ablauf der Kündigungsfrist einzelne oder alle der in Ziffer 1 aufgeführten parallelen Kredite ganz oder teilweise gekündigt, so bleiben mit Ausnahme der Vertragsziffer 4 I alle übrigen Bestimmungen bis zur vollständigen Rückzahlung der gekündigten Kredite bzw. bis zur Erfüllung aller gegenseitigen Ansprüche und Verpflichtungen aus diesem Vertrag anwendbar. "

Diese Vertragsbestimmung regelt nichts anderes als die Voraussetzungen, unter denen kündigende Banken aus ihren konsortialen Verpflichtungen (namentlich bezüglich Verlustausgleich) endgültig entlassen werden können. Massgebend sind dabei das Verhalten der Banken im Aussenverhältnis und allenfalls die Solvenz des Schuldners. Bleibt es nach Kündigung der Innenvereinbarung bei einer Weiterführung der parallelen Kredite, so werden alle Banken von ihren gegenseitigen Verpflichtungen befreit. Kündigt auch nur eine Bank im Aussenverhältnis, so wird auf die Zahlungsfähigkeit des Kreditnehmers abgestellt. Die gegenseitigen Rechte und Pflichten der Konsorten erlöschen nur insoweit als der Schuldner in der Lage ist, seinen Verpflichtungen gegenüber den kündigenden Banken vollumfänglich nachzukommen, die Rückforderung der Kredite also nicht zu einem Konkurs oder einer Nachlassstundung führt.

10. Aufteilung des Verwertungsüberschusses

Die Verwendung der Sicherheitenerlöse muss sich keineswegs auf die Deckung der Ansprüche aus dem Parallelkredit beschränken. Unter Vorbehalt einer entsprechenden Vereinbarung in den Sicherungsverträgen, können die Konsorten allfällige Verwertungsüberschüsse nach einem intern vereinbarten Verteilschlüssel mit ihren weiteren Forderungen gegen die Kreditnehmerin verrechnen. Bsp.:

" Nach Deckung aller Bankenforderungen (ohne Limitenüberschreitungen) aus diesem Parallelkredit, steht ein allfälliger Verwertungsüberschuss den Banken im Verhältnis der
Kreditlimiten gemäss Ziffer 1 für die Befriedigung ihrer
weiteren Ansprüche gegen die Kreditnehmerin zu. "

In der Praxis wird ein Verwertungsüberschuss nicht immer im
Verhältnis der Kreditlimiten, sondern etwa auch im Verhältnis
der weiteren Ansprüche gegen die Kreditnehmerin aufgeschlüs-
selt. Beide Varianten scheinen vertretbar.

11. Inkrafttreten, Ausfertigung und Gerichtsstand

In den Vertragsabschnitten "11. Inkrafttreten", "12. Ausfertigung" sowie "13. Anwendbares Recht und Gerichtsstand" werden
die gleichen Klauseln verwendet wie beim Kreditkonsortium.[17]

C. Parallel-Kreditverträge

1. Vertragsgerüst

Die am Sicherungskonsortium beteiligten Banken schliessen mit
dem Kreditnehmer separate Kreditverträge ab. Die angestrebte
Gleichheit der Konditionen ist nur dann gewährleistet, wenn
sich die Konsorten an einem einheitlichen Kreditvertragsmuster
orientieren, dessen Inhaltsverzeichnis wie folgt aussehen könnte:

  1. Art und Höhe des Kredites
  2. Konditionen
  3. Sicherstellung
  4. Ausserordentliche Kündigung
  5. Weitere Auflagen
  6. Besonderes

---

[17] Vgl. oben, 142 zur Regelung dieser Vertragsabschnitte beim
Kreditkonsortium.

7. Vorbedingungen

8. Anwendbares Recht und Gerichtsstand

2. Spezielle Klauseln

Die detaillierte Ausgestaltung der Kreditverträge richtet sich nach den spezifischen Bedürfnissen des Kreditnehmers. Ausgehend vom obenstehenden Vertragsgerüst muss das Vertragsmuster daher immer auf den konkreten Fall zugeschnitten werden.[18] Eine generell gültige Lösung existiert nicht. Immerhin kann man feststellen, dass insbesondere drei Bestimmungen eine zentrale Bedeutung für die Funktionsfähigkeit des Sicherungskonsortiums aufweisen:

(1) Entbindung vom Bankgeheimnis:
Die Möglichkeit zu einem begrenzten Informationsaustausch zwischen den Banken gehört zu den grundlegenden Voraussetzungen jeder Art der konsortialen Verbindung. Diesem Anliegen steht allerdings die Geheimhaltungs- und Schweigepflicht entgegen.[19] Die Banken verlangen daher eine begrenzte Entbindung vom Bankgeheimnis. Das Recht zum Informationsaustausch kann sich bloss auf den Parallelkredit (aktuelle Kontostände, Vertragsverletzungen) beschränken oder weitere Bereiche des Geschäftsverkehrs mit dem gemeinsamen Schuldner einbeziehen. Bsp.:

> " Die Banken sind ermächtigt, gegenseitig Informationen über ihre parallelen Kreditbeziehungen (über ihre gesamten Geschäftsbeziehungen) zur Kreditnehmerin auszutauschen. "

(2) Benützung der Kredite im Verhältnis der ausgesetzten Limiten:
Anders als bei Konsortialkrediten, wo die Limiten der Konsorten stets anteilsmässig benützt sind, hängt die Auslastung der verschiedenen Limiten bei einem Parallelkredit in erster Linie von den willkürlichen Entscheidungen des Kreditnehmers ab. Weil

---

[18] Mögliche Vertragsinhalte wurden bereits im Teil III über das Kreditkonsortium diskutiert; vgl. oben, 147 ff. zum Inhalt des Konsortialkreditvertrages.

[19] Vgl. oben, 41 ff. zur Geheimhaltungs- und Schweigepflicht.

die Banken aber nicht nur an einem allfälligen Verlust, sondern auch an den Zins- und Kommissionszahlungen anteilsmässig partizipieren wollen, werden sie den Schuldner nach Möglichkeit verpflichten, die Kredite ungefähr im Verhältnis der ausgesetzten Limiten zu benützen. Um dem Kreditnehmer unnötigen Aufwand und den Banken unnötige Schwierigkeiten bei der Durchsetzung dieses Gleichbehandlungsanspruches zu ersparen, wäre es wünschenswert, sogar noch einen Schritt weiterzugehen und sich das Recht zum selbständigen Saldenausgleich auszubedingen.[20] Dazu bedarf es einer Klausel des folgenden Inhaltes:

> " Die am Parallelkredit beteiligten Banken sind berechtigt, ihre Forderungen gegen die Kreditnehmerin jederzeit im Verhältnis der ausgesetzten Limiten auszugleichen. "

(3) Drittverzugs-Klausel:
Immer häufiger enthalten Kreditverträge eine Liste von ausserordentlichen Kündigungsgründen (Events of Default), welche den Kreditgeber unter gewissen Voraussetzungen (namentlich bei Zahlungsverzug) zu einer sofortigen Kündigung des Kreditverhältnisses berechtigen.[21] Aus Sicht des Kreditgebers ist eine solche Klausel grundsätzlich zu begrüssen. Bei einem Parallelkredit mit Sicherungskonsortium setzen sich die Banken allerdings der Gefahr aus, dass aufgrund willkürlicher Handlungen des Schuldners für einzelne unter ihnen zusätzliche Kündigungsmöglichkeiten entstehen, während nicht unmittelbar betroffene Banken weiterhin an ihre Kreditverträge gebunden bleiben. Zur Vermeidung dieser unbefriedigenden Situation bieten sich zwei Auswege an. Erstens könnte die Konsortialvereinbarung - trotz ausserordentlichem Kündigungsrecht im Aussenverhältnis - eine vorzeitige Kündigung des Innenverhältnisses generell untersagen bzw. nicht explizit vorsehen. Damit bliebe bis zum Ablauf der Vertragsdauer bzw. der ordentlichen Kündigungsfrist die Ziffer 4 I der Konsortialvereinbarung in Kraft, welche die Kündigung der Kredite untersagt. Anders als die Mitglieder eines Kreditkonsortiums (welche den Kredit gemeinsam gewähren und mithin auch gemeinsam über

---

[20] W. Obermüller (1970), 458
[21] Vgl. oben, 154 f. zur ausserordentlichen Kündigung im Konsortialkreditvertrag.

eine vorzeitige Kündigung entscheiden wollen[22]) werden die Parallelkredit-Banken einer derart einschneidenden Beschränkung der Verfügungsberechtigung über ihre rechtlich getrennten Kredite kaum zustimmen. Weit vorteilhafter lässt sich das Problem durch Aufnahme einer Drittverzugs- (Cross Default) Klausel in die Parallel-Kreditverträge lösen. Im Kreditvertrag der A-Bank hätte die Klausel beispielsweise den folgenden Wortlaut:

" Die A-Bank ist berechtigt, den vorliegenden Kredit vorzeitig und fristlos fällig zu stellen, wenn eine der am Parallelkredit beteiligten Banken einen ausserordentlichen Kündigungsgrund geltend macht und ihren Kredit vorzeitig kündigt."

Die Inanspruchnahme des ausserordentlichen Kündigungsrechtes durch die betroffene Bank bewirkt also automatisch die Entstehung weiterer ausserordentlicher Kündigungsrechte. Aus Sicht der Kreditgeber sind damit mindestens drei positive Effekte verbunden: Die Banken erhalten zusätzliche Rechte, die angestrebte Gleichstellung ist gewährleistet und für den Kreditnehmer wird jede Vertragsverletzung gegenüber einer Parallelkredit-Bank zu einem unkalkulierbaren Risiko.

D. Fallbeispiele

1. Ausgangslage

Die Fallbeispiele basieren auf der in Anhang II vollständig aufgeführten Konsortialvereinbarung. Allen Beispielen gemeinsam ist die folgende Ausgangslage:

- Die drei Banken A-, B- und C-Bank gewähren der Firma X je einen separaten Kredit im Umfang von 40 Mio. (A-Bank) bzw. je 30 Mio. (B- und C-Bank).
- Die Banken einigen sich darauf, ihre rechtlich unabhängigen Kreditverträge an einem einheitlichen Muster zu orientieren, welches u.a. ausserordentliche Kündigungsmöglichkeiten sowie

---

[22] Vgl. oben, 76 ff. zur ausserordentlichen Kündigung beim Kreditkonsortium.

eine Drittverzugs-Klausel vorsieht.
- Insbesondere zum Zwecke der Risikominderung kommen sie überein, die vorhandenen Sicherheiten zu poolen und ein Sicherungskonsortium zu begründen.

2. Fälle

(1) Die Kreditnehmerin gerät gegenüber der A-Bank in Verzug.
Aufgrund der Drittverzugs-Klausel steht allen Banken das
Recht zur vorzeitigen und fristlosen Kündigung zu.

Annahme:
Die Banken sind sich in ihrer Lagebeurteilung einig und
wollen kündigen.

Vertragsgrundlage:
Ziffern 1,6,7 II (Aenderung der Konsortialvereinbarung), 9

Folge:
Der zur Aufhebung der Vertragsziffer 4 I erforderliche einstimmige Beschluss kommt zustande. Die Banken sind damit berechtigt, ihre Kredite im Aussenverhältnis zu kündigen. Die
übrigen Bestimmungen der Konsortialvereinbarung bleiben vorläufig in Kraft. Erst mit der vollständigen Rückzahlung
aller gekündigten Kredite wird dem Konsortium die Vertragsgrundlage entzogen. Die Vereinbarung fällt dahin. Anstatt
die Vertragsziffer 4 I durch Beschluss aufzuheben, hätten
die Banken auch auf dem Wege einer Kündigung der Konsortialvereinbarung die gleichen Wirkungen erzielen können. Sofern der Kreditnehmer in Konkurs fällt, teilen die Banken
den Gesamtverlust im Verhältnis 4:3:3:.

(2) Die Kreditnehmerin gerät gegenüber der A-Bank in Verzug.
Aufgrund der Drittverzugs-Klausel steht allen Banken das
Recht zur vorzeitigen und fristlosen Kündigung zu.

Annahme:
A-Bank will ihren Kredit kündigen, B- und C-Bank sehen dazu
keine Veranlassung.

Vertragsgrundlage:

Ziffer 7 II (Aenderung der Konsortialvereinbarung), 9

Folge:

Die zur Kündigung im Aussenverhältnis erforderliche Aufhebung der Vertragsziffer 4 I kann (gegen den Willen von B- und C-Bank) nicht auf dem Beschlussweg, sondern nur durch Kündigung der Konsortialvereinbarung erreicht werden. A-Bank kündigt also zunächst die Innenvereinbarung und anschliessend ihren Kreditvertrag. Das bisherige Konsortium endet mit der vollständigen Rückzahlung des gekündigten Kredites. B- und C-Bank schliessen mit dem Kreditnehmer neue Sicherungsverträge ab und begründen ein neues Sicherungskonsortium.

(3) A-Bank will aus dem Sicherungskonsortium austreten, ihren Kredit aber trotzdem weiterführen.

Annahme:

B- und C-Bank missbilligen das Vorgehen der A-Bank.

Vertragsgrundlage:

Ziffern 4 V, 9

Folge:

A-Bank kündigt den Kredit auf den nächsten ordentlichen Kündigungstermin. Die Banken nehmen einen Saldenausgleich vor, orientieren den Kreditnehmer und unterbreiten ihm gleichzeitig einen Vorschlag für die Aufteilung jener Sicherheiten, an denen sie bisher gesamthänderisch berechtigt waren. Damit die Banken auch nach Auflösung des Konsortiums gültig gedeckt sind, muss der Kreditnehmer die Sicherungsverträge auf diesen Zeitpunkt hin auf die neuen Begünstigten umschreiben. Nach Ablauf der vertraglich festgelegten Frist werden die Konsorten aus ihren gegenseitigen Verpflichtungen entlassen.

(4) A-Bank will gegen einen zahlungsunwilligen Zessionsschuldner gerichtliche Schritte einleiten.

Annahme:
B- und C-Bank widersetzen sich.

Vertragsgrundlage:
Ziffern 7 II (Einleitung gerichtlicher Schritte), 8

Folge:
Das notwendige Quorum für die Einleitung gerichtlicher
Schritte (100 % Zustimmung) wird nicht erreicht. Da die
Banken an den abgetretenen Forderungen gesamthänderisch
berechtigt sind, treten B- und C-Bank ihre Anteile an die
A-Bank ab. Auf diese Weise ermöglichen sie der A-Bank ihren
Anspruch im Namen des Konsortiums auf dem Prozessweg geltend
zu machen.

TEIL V:

DIE KONSORTIEN IM ZUSAMMENHANG MIT DEM NOTLEIDENDEN KREDIT

Kapitel 1: Der notleidende Kredit und das Verhalten der Banken

A. Ausgangslage

Verschiedene Banken unterhalten unabhängig voneinander Kreditbeziehungen zu einem bestimmten Kreditnehmer. Aufgrund eines
drohenden Konkurses durch Zahlungsunfähigkeit oder Ueberschul-
dung des Kreditnehmers ist die ordnungsgemässe Rückzahlung der
Kredite nicht mehr gewährleistet. Die Banken treten miteinander
in Kontakt.

B. Verhalten der Banken

Nachdem die kreditgebenden Banken den rechtzeitigen Ausstieg
bereits verpasst haben, verbleiben ihnen lediglich zwei Möglichkeiten. In Abwägung aller Vor- und Nachteile werden sie
sich entscheiden, ob sie den Konkurs ihres Kreditnehmers in
Kauf nehmen oder verhindern wollen.

1. Konkurs des Kreditnehmers

Die Banken kündigen ihre Kredite und verweigern dem Kreditnehmer jedes Entgegenkommen. Der Schuldner besitzt zwar gewisse
Rechtsmittel, um einen Konkurs zu verhindern[1] oder zeitlich
aufzuschieben[2], ohne Unterstützung der Banken sind seine Aussichten auf einen Fortbestand der Unternehmung allerdings gering. Regelmässig wird der Konkurs daher unausweichlich. Aus
Sicht der Banken weist diese Lösung insbesondere zwei Vorteile
auf:

---

[1] Gerichtlicher Nachlassvertrag gemäss SchKG 293 ff.
[2] Konkursaufschub gemäss OR 725 IV

- Das Verlustrisiko beschränkt sich auf die Summe der ausstehenden Forderungen. Darüber hinausgehende Verluste sind ausgeschlossen, die Abhängigkeit vom Kreditnehmer wird nicht noch zusätzlich verstärkt, dem schlechten kein gutes Geld nachgeworfen.
- Die vorhandenen Ressourcen an Mitarbeitern, Zeit und Know-how können für den Aufbau und die Betreuung zukunftsträchtiger Kundenverbindungen freigesetzt werden, anstatt sie in zeitraubende und unsichere Restrukturierungsprojekte zu investieren.

Diesen Vorteilen steht eine Reihe von Nachteilen gegenüber:

- Die Chance, sich durch eine Gesundung der Unternehmung oder durch eine zeitlich verzögerte Liquidation doch noch schadlos zu halten, wird vergeben.[3]
- Mit dem rechtlichen und wirtschaftlichen Untergang des Kreditnehmers geht auch sein zukünftiges Ertragspotential als Bankkunde verloren.
- Der Zusammenbruch einer Unternehmung kann volkswirtschaftliche, soziale und politische Schäden verursachen, welche das Image der involvierten Banken beeinträchtigen.[4]
- Immer häufiger geben Konkurse Anlass zu rechtlichen Auseinandersetzungen, indem Forderungen der Banken bestritten oder Haftungsansprüche gegen sie geltend gemacht werden.[5]
- Spektakuläre Verluste, welche nicht auf mehrere Jahre verteilt werden können, führen unter Umständen zu Bonitätseinbussen der geschädigten Banken.
- Sofern die vorhandenen Sicherheiten nicht rechtzeitig gepoolt

---

[3] M. Lüthy (1988), 246 f.
[4] H. Raess (1983), 19 f.
[5] Zur Haftung der Bank aus der tatsächlichen oder faktischen Mitwirkung im Verwaltungsrat des Kreditnehmers M. Lüthy (1988), 250 f., 332 f., 337 ff. mit zahlreichen weiteren Literaturhinweisen. Zur Haftung aus Sanierungsfehlschlägen M. Lüthy (1988), 287 ff.; D. Guggenheim (1986), 104 ff.; H. Schönle (1979), 208 ff. Zur Diskussion um die Haftung aus Kreditverweigerung C.-W. Canaris (1979), 114 ff.

werden, fallen bei einzelnen Gläubigern überproportionale und
zufällige Verluste an.[6]

2. Verhinderung des Konkurses

Unter der Voraussetzung, dass das Vertrauensverhältnis intakt
ist, eine reelle Chance auf Sanierungserfolg besteht und sich
die geforderten Leistungen in einem vertretbaren Rahmen bewe-
gen, werden die Banken in der Regel alles daran setzen, um den
Fortbestand des Unternehmens zu sichern.[7]

Es ist zu unterscheiden zwischen finanzieller und nicht-finan-
zieller Hilfeleistung. Nicht-finanzielle Massnahmen umfassen
etwa die Bereitstellung von Beratungs-Know-how oder die Vermittlung von Kontakten.[8] Naturgemäss liegt das Schwergewicht
jedoch im finanziellen Bereich. Je nach Situation des Kreditnehmers stehen der Aufschub von Fälligkeiten, Forderungsverzichte oder die Aufbringung zusätzlicher Finanzmittel im Vordergrund. Zur Bewältigung dieser Aufgaben schliessen sich die
Banken entweder zu einem Stillhaltekonsortium oder zu einem
Sanierungskonsortium[9] zusammen.

---

6 Vgl. oben, 161 ff. zum Sicherungskonsortium.
7 H. Raess (1983), 19; W. Baur (1979), 118; A. Herrhausen
  (1979), 362 f.
8 M. Lüthy (1988), 300 f.
9 Vgl. unten, 221 ff. zum Sanierungskonsortium.

Kapitel 2: Das Stillhaltekonsortium

A. Gegenstand

1. Begriff und Zweck

Das Stillhaltekonsortium ist einen Vereinigung von Banken, welche sich bereitfinden, ihre rechtlich unabhängigen Kredite an einen insolventen Kreditnehmer unter Weiterführung des Zinsendienstes bis zu einem bestimmten Zeitpunkt offenzuhalten.[1]

Anlass zum Zusammenschluss der Banken bieten offensichtliche Zahlungsschwierigkeiten oder ein Hilfegesuch des Kreditnehmers. Durch die Verschiebung des Rückzahlungstermins soll der drohende Konkurs abgewendet oder aufgeschoben werden. Unter Umständen reicht dieses Entgegenkommen bereits aus, um dem Schuldner die Ueberwindung seiner temporären Probleme zu ermöglichen und ihn vor dem Zusammenbruch zu bewahren. Sollten hingegen weitere Massnahmen seitens der Banken notwendig werden, so wandelt sich das Stillhalte- zum Sanierungskonsortium.[2]

Mit ihrem Beitritt zu einem Stillhaltekonsortium verbinden die Banken mehrere Erwartungen. Sie wollen

- unnötige Verluste verhindern
- negative Publizität vermeiden
- sich den Kreditnehmer als Kunden erhalten sowie
- übergeordneten volkswirtschaftlichen, sozialen und politischen Interessen Rechnung tragen.

Voraussetzung für die Mitwirkung der einzelnen Banken an einem Stillhaltekonsortium ist in der Regel, dass

- die Teilnehmer einen offenen Informationsaustausch über ihre Geschäftsbeziehungen zum gemeinsamen Kreditnehmer pflegen und

---

[1] H. Scholze (1973), 119
[2] Vgl. unten, 221 ff. zum Sanierungskonsortium.

Bereitschaft zur Opfersymmetrie zeigen[3] sowie dass
- der Kreditnehmer grundsätzlich überlebensfähig ist und die
Auflagen der Gläubiger akzeptiert.[4]

2. Arten

Es ist zu unterscheiden zwischen einem (1) Stillhaltekonsortium
ohne Sicherheitenpool und einem (2) Stillhaltekonsortium mit Sicherheitenpool.

2.1. Stillhaltekonsortium ohne Sicherheitenpool

Das Stillhaltekonsortium ohne Sicherheitenpool unterscheidet
sich von den bisher untersuchten Konsortien (Kredit- und Sicherungskonsortium) sowie vom Stillhaltekonsortium mit Sicherheitenpool dadurch, dass die Banken keine Konsortialvereinbarung
(Innenvereinbarung) abschliessen. Das Stillhaltekonsortium ohne
Sicherheitenpool basiert somit lediglich auf Aussenvereinbarungen, nämlich auf den bestehenden, separaten Kreditverträgen einerseits sowie auf einem Stillhalteabkommen zwischen den Banken
und der Kreditnehmerin anderseits.[5] Da die Banken weder gemeinsam Kredit gewähren noch gemeinsam Sicherheiten entgegennehmen
oder Abreden über Verlustausgleich treffen, besteht keine zwingende Notwendigkeit zur Regelung des Innenverhältnisses. Die
Banken begründen daher auch keine einfache Gesellschaft.[6]

---

[3] H. Scholze (1973), 119
[4] E. Albisetti et al. (1987), 619
[5] Beispiele für diese Art von Stillhalteabkommen bei M. Lüthy
 (1988), 241; E. Bohlen (1984), 144 ff.; H. Raess (1983), 185;
 vgl. unten, 204 ff. zum Stillhalteabkommen im Aussenverhältnis.
[6] Soweit die Erörterung des Normalfalles. Theoretisch könnte ein
 Stillhaltekonsortium ohne Sicherheitenpool allerdings auch dadurch begründet werden, dass die Banken anstelle einer Aussenvereinbarung (Stillhalteabkommen) lediglich eine Innenvereinbarung abschliessen. Dieser Spezialfall wird im folgenden
 nicht näher untersucht.

2.2. Stillhaltekonsortium mit Sicherheitenpool

Das Stillhaltekonsortium mit Sicherheitenpool basiert auf einer Aussen- und einer Innenvereinbarung. Erste Priorität hat in der Regel die Aussenvereinbarung. Mit dem Abschluss eines Stillhalteabkommens zwischen den Banken und dem notleidenden Kreditnehmer wird zunächst der Status quo festgeschrieben. Die Banken verschaffen sich dadurch den notwendigen Zeitgewinn, um zusätzliche Informationen einzuholen und in detaillierte Verhandlungen miteinander, mit dem Schuldner und weiteren Gläubigern einzutreten. Resultiert daraus die Poolung von Kreditsicherheiten, so muss die Aussenvereinbarung durch eine entsprechende Konsortialvereinbarung (Innenvereinbarung) ergänzt werden.

Je nach der konkreten Situation kann der Umfang des Sicherheitenpools recht unterschiedliche Ausmasse annehmen. In der Praxis sind folgende Lösungen anzutreffen:

(1) Die Banken bringen alle bisherigen Kreditsicherheiten in den Pool ein.
(2) Die Banken bringen Teile der bisherigen Kreditsicherheiten in den Pool ein.
(3) Die Banken bringen alle oder Teile der bisherigen sowie alle neu beschafften Sicherheiten in den Pool ein.
(4) Die Banken wahren ihren Besitzstand bei den bisherigen Kreditsicherheiten und poolen alle neu beschafften Sicherheiten.

Wenn die vorhandenen Sicherheiten nicht extrem einseitig verteilt sind, so wäre es zur Verhinderung von Abgrenzungsproblemen und Ueberschneidungen, zur Vermeidung zufälliger überproportionaler Verluste einzelner Banken sowie zur optimalen Nutzung der Verwertungserlöse wünschenswert, alle Sicherheiten zu poolen und einen allfälligen Gesamtverlust im Verhältnis der ausgesetzten Limiten aufzuteilen.[7] In den meisten Fällen dürfte es allerdings Schwierigkeiten bereiten, gut besicherte Banken von der Notwen-

---

[7] Vgl. oben, 161 ff. zum Sicherungskonsortium.

digkeit zu überzeugen, ihre Sicherheiten an den Pool abzutreten. Möglicherweise finden sie sich bereit, wenigstens Teile davon einzubringen. Neu beschaffte Sicherheiten, welche der verbesserten Besicherung aller in das Stillhalteabkommen einbezogenen Kredite dienen, werden die Banken hingegen in jedem Falle poolen.[8]

Mit dem Abschluss der Innenvereinbarung werden die Vertragsverhältnisse um ein zusätzliches Element erweitert. Bei einem Stillhaltekonsortium mit Sicherheitenpool sind also insgesamt drei verschiedene Vertragstypen involviert, nämlich einerseits die bereits bestehenden Kreditverträge sowie neu das Stillhalteabkommen und die Konsortialvereinbarung. Abb. 5.1. veranschaulicht die Zusammenhänge:

Abb. 5.1.: Vertragsverhältnisse beim Stillhaltekonsortium mit Sicherheitenpool

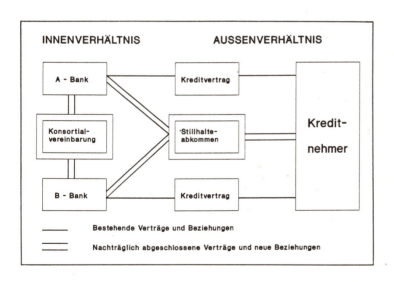

---

[8] M. Lüthy (1988), 240. Dabei haben sie die rechtlichen Schranken der Gläubigerbegünstigung gemäss SchKG 286 ff. zu beachten.

Im folgenden wird zunächst das <u>Stillhalteabkommen</u> (Aussenverhältnis) und anschliessend die entsprechende <u>Konsortialverein-
barung</u> (Innenverhältnis) untersucht.

B. Stillhalteabkommen

Das Stillhalteabkommen regelt die Beziehungen zwischen einem
notleidenden Kreditnehmer und einer Reihe von Banken, welche
ihm unabhängig voneinander Kredite oder Kreditlimiten eingeräumt haben. Es kommt in der Regel auf Initiative des Schuldners oder seiner Hausbank zustande und soll ihn vor dem kurzfristigen Rückzug dringend benötigter finanzieller Mittel schützen. Im Vordergrund stehen also zunächst die Aufrechterhaltung
des Status quo sowie die Formulierung erster Auflagen.[9] Für
die Banken bildet das Stillhalteabkommen unter Umständen die
Grundlage für den Abschluss einer separaten Innenvereinbarung.[10]

Falls die Zeit dazu ausreicht, werden die Banken eine Unterzeichnung des Stillhalteabkommens - soweit möglich - von der
Erbringung gewisser Vorleistungen durch den Schuldner sowie
durch seine Aktionäre oder Lieferanten abhängig machen. Zu
diesen Vorleistungen zählen beispielsweise

- der Abschluss eines Stillhalteabkommens mit den Lieferanten
- die Erhöhung des Aktienkapitals
- à-fonds-perdu Zahlungen oder die Gewährung nachrangiger Darlehen durch die Aktionäre
- die Unterbreitung eines Sanierungskonzeptes sowie
- die Bestellung zusätzlicher Sicherheiten zugunsten der Banken.

Das Stillhalteabkommen lässt sich in fünf Abschnitte untertei-
len:

---

[9] M. Lüthy (1988), 240
[10] Vgl. unten, 208 ff. zur Konsortialvereinbarung im Innenver-
     hältnis.

1. Art und Höhe der Kredite
2. Pflichten der Banken
3. Pflichten der Kreditnehmerin
4. Geltungsdauer
5. Anwendbares Recht und Gerichtsstand

Im folgenden wird der Inhalt der einzelnen Vertragspunkte kurz erläutert. Anhang III enthält die vollständige Zusammenstellung des Vertrages.

1. Art und Höhe der Kredite

Es sind die dem Abkommen unterstellten Kredite auf einen bestimmten Stichtag hin nach Art und Höhe festzuhalten. In jenen Fällen, wo die aktuelle Benützung nicht mit der ausgesetzten Limite übereinstimmt, gilt der höhere Betrag. Der Einbezug aller Bankkredite an den gemeinsamen Kreditnehmer ist zwar in der Regel wünschenswert, aber durchaus nicht zwingend. Bsp.:

" Das Abkommen bezieht sich auf die folgenden Kredite:

Art der Kredite	A-Bank	B-Bank	C-Bank	Total
	Fr.	Fr.	Fr.	Fr.
Kontokorrent-Limiten	20 Mio	15 Mio	10 Mio	45 Mio
Kautionskredite	20 Mio	15 Mio	20 Mio	55 Mio
Total	40 Mio	30 Mio	30 Mio	100 Mio
Quoten	40 %	30 %	30 %	100 %	"

2. Pflichten der Banken

Die Vertragsleistung der Banken besteht im zeitlich begrenzten Stillhalten. Im einzelnen verpflichten sie sich regelmässig

- die Kreditlimiten einstweilen aufrechtzuerhalten
- die geltenden Kreditkonditionen nicht abzuändern sowie
- ev. vereinbarte Amortisationen aufzuschieben.[11]

Damit schaffen sie die Voraussetzungen, dass auch andere involvierte Gruppen (z.B. Aktionäre und Lieferanten) zu Konzessionen Hand bieten werden. Allerdings wird die Verpflichtung der Banken regelmässig durch äusserst grosszügige Kündigungsmöglichkeiten (vgl. Vertragsziffer 4. Geltungsdauer) relativiert.

3. Pflichten der Kreditnehmerin

Grundlegend für die Funktionsfähigkeit eines Stillhaltekonsortiums sind die Pflichten des Schuldners zur Auskunftserteilung sowie zur Entbindung der Banken vom Bankgeheimnis.[12] Die Praxis kennt eine ganze Reihe von weiteren Auflagen, welche je nach den konkreten Umständen Eingang in den Vertrag finden können. In der folgenden Checkliste wurden nur die wichtigsten davon zusammengetragen:

" Die Kreditnehmerin
- ergreift alle nach betriebswirtschaftlichen Kriterien notwendigen Massnahmen zur Kostensenkung, Ertragssteigerung und Liquiditätsverbesserung und berichtet den Banken ... über den Stand der Anstrengungen
- erteilt den Banken jederzeit alle gewünschten Auskünfte und entbindet sie untereinander vom Bankgeheimnis
- ermächtigt die Kontrollstelle zur Auskunftserteilung an die Banken
- gewährt den Banken ein uneingeschränktes Recht zur Einsichtnahme in alle Geschäftsbücher und sämtliche diese ergänzenden Akten und Unterlagen
- reicht ... Zwischenabschlüsse, Liquiditätspläne, Planbilanzen und Planerfolgsrechnungen ein
- reicht ... den Debitorenbestand mit detaillierter Auflistung der Schuldner, Forderungsbeträge, Faktura- und Fälligkeitsdaten ein
- gewährt ohne Einverständnis der Banken keine Kredite, zahlt keine solchen zurück, geht keine Eventualverpflichtungen ein und wird keine anderen Kredite mit zusätzlichen Sicherheiten ausstatten
- zahlt ohne Zustimmung der Banken keine Dividenden aus

---

[11] H. Raess (1983), 185
[12] M. Lüthy (1988), 236

- benützt die Kredite jeweils im Verhältnis der ausgesetzten Limiten und räumt den Banken überdies das Recht zum
  selbständigen Saldenausgleich ein
- bemüht sich um den Verkauf der defizitären Unternehmensbereiche ...
- nimmt die Suche nach einem geeigneten Partner auf
- verwendet die eingehenden Mittel aus dem Verkauf nicht
  betriebsnotwendiger Aktiven zur anteilsmässigen Reduktion
  der Kreditlimiten
- holt für jede Veräusserung von Aktiven über die normale
  Geschäftätigkeit hinaus die Zustimmung der Banken ein
- wickelt ihren gesamten Zahlungsverkehr anteilsmässig über
  die beteiligten Banken ab
- schlägt an der nächsten GV vor, Herrn ... als Bankenvertreter in den Verwaltungsrat aufzunehmen
- hält folgende Ratios ein: ... "

4. Geltungsdauer

Der praktische Wert eines Stillhalteabkommens hängt von der
Vertragsziffer über die Geltungsdauer ab. Die Vereinbarung wird
für einen bestimmten Zeitraum grundsätzlich fest abgeschlossen,
soll aber unter gewissen Voraussetzungen auch vorzeitig gekündigt werden können. Entscheidend ist dabei, dass das Hindernis
zur Auflösung des Stillhalteabkommens für die einzelne Bank möglichst hoch, für die Gesamtheit der Banken dagegen möglichst
niedrig ist. Das Recht zur ausserordentlichen Kündigung soll
also nicht bis auf die Stufe der einzelnen Bank delegiert werden, sondern nur einer Mehrheit von Banken vorbehalten bleiben.
Eine Ausnahme bildet der Fall, wo sich eine Vertragsverletzung
ausschliesslich gegen eine bestimmte Bank richtet. Die Vertragsziffer hat folgenden Wortlaut:

" Diese Vereinbarung tritt mit Unterzeichnung durch alle Beteiligten in Kraft und gilt grundsätzlich bis zum ... . Vorbehalten bleibt eine vorzeitige, fristlose Kündigung

  - durch die betroffene Bank, sofern die Kreditnehmerin einen
    der unter Ziffer 1 erwähnten Kreditverträge verletzt

  - durch die Kreditnehmerin, sofern eine oder mehrere Banken
    das Stillhalteabkommen verletzen

  - durch die Banken mit einfacher Mehrheit (berechnet nach
    Quoten gemäss Ziffer 1), sofern die Kreditnehmerin das
    Stillhalteabkommen verletzt

- durch die Banken, wenn sie sich mit zwei Dritteln Mehrheit (berechnet nach Quoten gemäss Ziffer 1) gegen eine
  Weiterführung des Stillhalteabkommens aussprechen. "

Mit der Möglichkeit, durch einen qualifizierten Mehrheitsbeschluss jederzeit von den Stillhalteverpflichtungen zurückzu-
treten, wenn es die Situation erfordert, bewahren sich die
Banken ein Maximum an Flexibilität. Aus Sicht des Schuldners
ist eine solche Klausel zwar kaum wünschenswert, doch oft bleibt
ihm gar keine andere Wahl als sie zu akzeptieren. Ablehnen wird
er sie nur, wenn das Stillhalten der Banken mit einer Reihe von
einschneidenden Vorbedingungen und Auflagen für ihn bzw. ihm nahestehende Personen verbunden ist. Restriktivere Lösungen erlauben es den Banken beispielsweise nur einstimmig oder nur unter
genau definierten Bedingungen zu kündigen. So könnte etwa der
letzte Abschnitt der vorgeschlagenen Vertragsklausel wie folgt
zugunsten des Kreditnehmers modifiziert werden:

" ...
- durch die Banken mit zwei Dritteln Mehrheit (berechnet nach
  Quoten gemäss Ziffer 1), sofern über eine Gesellschaft der
  Kreditnehmerin der Konkurs bzw. ein Nachlassverfahren oder
  ein vergleichbares Stundungs- oder Liquidationsverfahren
  unter ausländischem Recht eröffnet wird oder eine Gesellschaft der Kreditnehmerin offensichtlich zahlungsunfähig
  ist. "

5. Anwendbares Recht und Gerichtsstand

Es ist die übliche Klausel zu verwenden.[13]

C. Konsortialvereinbarung

In der Konsortialvereinbarung regeln die Banken ihre gegenseitigen Ansprüche und Verpflichtungen. Diese Innenvereinbarung
ist dem Abschluss des Stillhalteabkommens zeitlich nachgela-
gert und nur dann zwingend notwendig, wenn das Stillhalten mit

---

[13] Vgl. oben, 142 zur Gerichtsstandklausel.

einer Poolung von Kreditsicherheiten einhergeht. Die folgenden
Ausführungen gelten also für ein Stillhaltekonsortium mit Sicherheitenpool. Bei der Vertragsgestaltung ist es entscheidend,
dass der Inhalt der Konsortialvereinbarung auf das zugrunde liegende Stillhalteabkommen abgestimmt wird.[14] Der Vertrag lässt
sich in dreizehn Abschnitte untergliedern:

1. Art und Höhe der Kredite
2. Rechtsform und Zweck
3. Integrierte Verträge
4. Rechte und Pflichten aller Konsorten
5. Federführung
6. Verlustausgleich und Verteilung der Deckung
7. Beschlussfassung
8. Prozessführung
9. Beendigung
10. Besonderes[15]
11. Inkrafttreten
12. Ausfertigung
13. Anwendbares Recht und Gerichtsstand

Aufbau und Inhalt der Vereinbarung lehnen sich sehr stark an
die Vertragsgestaltung beim Sicherungskonsortium zur Sicherstellung eines Parallelkredites[16] an. Die Abgrenzung des Stillhaltekonsortiums mit Sicherheitenpool gegenüber dem Sicherungskonsortium kann wie folgt vorgenommen werden: Beim Stillhaltekonsortium

---

[14] Vgl. oben, 204 ff. bzw. unten, 245 ff. Anhang III zum Stillhalteabkommen. Nicht eingegangen wird im folgenden auf den
(in der Praxis seltenen) Spezialfall, dass die Banken überhaupt keine Aussenvereinbarung abschliessen und das Stillhalten sowie eine allfällige Sicherheitenpoolung lediglich im
Innenverhältnis regeln. Der entsprechende Vertrag würde zwar
auf demselben Vertragsgerüst basieren wie die hier vorge-
stellte Konsortialvereinbarung, müsste darüber hinaus aber
durch gewisse Elemente des Stillhalteabkommens ergänzt werden.
[15] Nur unter bestimmten Voraussetzungen; vgl. unten, 215 zur
Vertragsziffer 10.
[16] Vgl. oben, 178 ff. zur Vertragsgestaltung beim Sicherungskonsortium.

- erfolgt die Poolung der Kreditsicherheiten nicht im Zusammenhang mit der Kreditsprechung, sondern erst zu einem späteren Zeitpunkt
- weichen die Inhalte der einzelnen Kreditverträge zum Teil erheblich voneinander ab
- sind die Kredite jederzeit oder in Kürze fällig
- befindet sich der Schuldner in einer signifikant schwächeren Position als beim Sicherungskonsortium.

Im folgenden wird in erster Linie auf allfällige Abweichungen von den bereits bekannten Vertragsbestimmungen zum Sicherungskonsortium eingetreten. Der Vertrag ist in Anhang IV nochmals vollständig zusammengestellt.

1. Art und Höhe der Kredite

Der Abschnitt über Art und Höhe der Kredite ist eine Wiederholung der entsprechenden Vertragsziffer im Stillhalteabkommen.[17] Massgebend für die Berechnung der Quoten sind wiederum die effektiven Engagements der Banken, ausgedrückt durch die ausgesetzten Limiten zuzüglich allfälliger Ueberschreitungen.

2. Rechtsform und Zweck

Das Stillhaltekonsortium mit Sicherheitenpool verfolgt zwei Hauptzwecke, nämlich zum einen die Aufrechterhaltung bisheriger Kreditlimiten (Stillhalten), zum anderen die Poolung von Kreditsicherheiten. Zum Zwecke des Stillhaltens begründen die Banken noch keine einfache Gesellschaft, denn am Stillhalteabkommen im Aussenverhältnis partizipieren sie rein juristisch betrachtet nicht gemeinsam, sondern je einzeln. Erst die Poolung der Kreditsicherheiten im Innenverhältnis macht die Bildung einer einfachen Gesellschaft und damit die Begründung eines Konsortiums im engeren, rechtlichen Sinne notwendig. Die

---

[17] Vgl. oben, 205 zur Vertragsziffer 1 im Stillhalteabkommen.

Zweckbestimmungsklausel lautet:

" Die beteiligten Banken schliessen sich zu einem Konsortium
(einfache Gesellschaft im Sinne von Art. 530 ff. OR) zusammen, um die in Ziffer 3 dieses Vertrages genannten Sicherheiten zu poolen. "

Daraus wird deutlich, dass die Begriffe Konsortium, einfache Gesellschaft und Sicherheitenpool in der Terminologie der Innenvereinbarung gleichgesetzt werden.

3. Integrierte Verträge

Zu den integrierten Vertragsbestandteilen zählen die AGB und
das Depotreglement der Federführerin sowie die Sicherungsverträge für alljene Kreditsicherheiten, welche von den einzelnen
Banken in den Pool eingebracht werden.[18] Wie aus Ziffer 9 über
die Beendigung hervorgeht, sind das Stillhalteabkommen sowie
die einzelnen Kreditverträge zwar grundlegend für die Konsortialvereinbarung; weil das Konsortium aber weder über ihre Aenderung noch über ihre Kündigung entscheidet, wäre es falsch, sie
als integrierte Vertragsbestandteile zu bezeichnen.

4. Rechte und Pflichten aller Konsorten

Aehnlich wie beim Sicherungskonsortium bildet die Aufrechterhaltung des Status quo bei den Kreditbeziehungen die Voraussetzung zum Abschluss der Konsortialvereinbarung. Im Unterschied
dazu wird diese Verpflichtung jedoch bereits im Stillhalteabkommen geregelt und gehört daher nicht in die Konsortialvereinbarung.

Unter der Voraussetzung, dass das Stillhalteabkommen entsprechende Möglichkeiten vorsieht, werden die Banken im Innenverhältnis insbesondere die gegenseitigen Informationspflichten

---

[18] Vgl. oben, 161 ff. zu Begriff, Zweck, Nutzen und rechtlichen
Aspekten der Poolung von Kreditsicherheiten.

und den Saldenausgleich regeln:

" Die Banken informieren sich gegenseitig über die aktuelle
  Höhe ihrer Forderungen gegen die Kreditnehmerin sowie über
  Umstände, welche die Aussichten auf eine finanzielle Gesun-
  dung beeinträchtigen."

" Jede Bank hat das Recht, jederzeit einen Saldenausgleich im
  Verhältnis der Quoten gemäss Ziffer 1 zu verlangen. Beträge,
  welche die vereinbarten Limiten überschreiten, sind davon
  ausgenommen. "

Diese Vertragsbestimmungen sind nichts anderes als die Umset-
zung und Konkretisierung der zusätzlichen Rechte, welche der
Schuldner - aufgrund seiner schwachen Position - den Banken im
Stillhalteabkommen zugestehen musste.[19]

5. Federführung

Weil jede Bank nach wie vor separate und direkte Beziehungen
zur Kreditnehmerin unterhalten will, beschränkt sich die Tätigkeit der Federführerin im wesentlichen auf die Verwaltung der
gemeinsamen Sicherheiten. Wie an anderer Stelle ausgeführt
wurde, gilt dies auch für das Sicherungskonsortium. Die entsprechende Federführungsklausel kann daher wörtlich übernommen
werden.[20]

6. Verlustausgleich und Verteilung der Deckung

Bezüglich Verlustausgleich und Verteilung der Erlöse aus einer
vorzeitigen Verwertung einzelner Sicherheiten gelten die gleichen Ueberlegungen wie beim Sicherungskonsortium.[21]

---

[19] Vgl. oben, 206 f. zu den Pflichten des Kreditnehmers im
     Stillhalteabkommen.
[20] Vgl. oben, 182 f. zur Federführung beim Sicherungskonsortium.
[21] Vgl. oben, 183 zum Verlustausgleich beim Sicherungskonsor-
     tium.

7. Beschlussfassung

Für die Regelung der Beschlussfassung können die Ausführungen zum Sicherungskonsortium analog übernommen werden.[22] Dies gilt insbesondere für die Festlegung der Modalitäten. Hingegen ist der Beschlussfassungs-Katalog den besonderen Umständen anzupassen und allenfalls zu erweitern. Sofern die Sicherstellung der Konsorten hauptsächlich über die Verpfändung nicht betriebsnotwendiger Liegenschaften erfolgt, befinden die Banken beispielsweise zusätzlich über

- die Zulässigkeit der Schuldübernahme bei einer allfälligen Liegenschaftsveräusserung
- den gemeinsamen Erwerb von Grundeigentum bei der Verwertung von Liegenschaften sowie über
- gemeinsame Massnahmen zur Erhaltung des Wertes von verpfändeten Liegenschaften.

Keine Entscheidungsbefugnisse haben die Konsorten in bezug auf die Aussenvereinbarungen. Das Konsortium kann also weder über die Aenderung noch über die Kündigung des Stillhalteabkommens bzw. der einzelnen Kreditverträge beschliessen.

8. Prozessführung

Hinsichtlich der Prozessführung besitzen die Ausführungen zum Sicherungskonsortium auch für das Stillhaltekonsortium volle Gültigkeit.[23]

---

[22] Vgl. oben, 183 f. zur Beschlussfassung beim Sicherungskonsortium.
[23] Vgl. oben, 185 f. zur Prozessführung beim Sicherungskonsortium.

9. Beendigung

Bei den bisher untersuchten Konsortien (Kredit- und Sicherungskonsortium) musste eine einzelne Bank immer zuerst den Verfall
der Innenvereinbarung abwarten bzw. durch Kündigung herbeifüh-
ren, bevor sie sich auch im Aussenverhältnis lösen durfte. Hier
wird nun der umgekehrte Weg eingeschlagen, indem der Bestand
der Konsortialvereinbarung vom Schicksal der Aussenvereinbarungen abhängig gemacht wird:

> " Die vorliegende Vereinbarung endet grundsätzlich mit der Auf-
> hebung des Stillhalteabkommens vom ... . Werden innert ...
> Tagen nach Aufhebung des Stillhalteabkommens einzelne oder
> alle der in Ziffer 1 aufgeführten Kredite ganz oder teilweise
> gekündigt, so bleiben die Bestimmungen dieser Konsortialver-
> einbarung bis zur vollständigen Rückzahlung der gekündigten
> Kredite bzw. bis zur Erfüllung aller gegenseitigen Ansprüche
> und Verpflichtungen zwischen den Konsorten anwendbar. "

Mit dieser Bestimmung tragen die Banken allen denkbaren Entwicklungen Rechnung:

(1) Wenn das Stillhalteabkommen aufgelöst wird und die Banken
    ihre Kredite kündigen, bleiben die Vertragsbestimmungen
    bis zur vollständigen Befriedigung aller Banken bzw. bis
    zur Feststellung und Verteilung des Gesamtverlustes in
    Kraft.
(2) Wenn Unstimmigkeiten zwischen den Banken zur Auflösung des
    Stillhalteabkommens führen, die Kreditbeziehungen aber
    trotzdem aufrechterhalten bleiben, werden die Konsorten -
    nach Ablauf der vertraglich festgesetzten Frist - von ihren
    gegenseitigen Verpflichtungen befreit.
(3) Wenn der Kreditnehmer seine temporäre Krise überwunden, das
    Stillhalteabkommen mithin seinen Zweck erfüllt hat, so fällt
    auch die Konsortialvereinbarung dahin. Sollten einzelne oder
    alle Banken trotzdem eine Weiterführung des Sicherheiten-
    pools wünschen, können sie die Konsortialvereinbarung jeder-
    zeit mit einem entsprechenden Beschluss (gemäss Ziffer 7) an
    die neuen Gegebenheiten anpassen.

10. Besonderes

Da die Banken, wie bereits festgestellt, durchaus nicht alle
ihre Sicherheiten in den Pool einbringen müssen, kann es unter
Umständen zu einer Ueberschneidung der Ansprüche an bestimmten
Sicherungsgegenständen kommen. Diese Situation bietet keine
besonderen Probleme, solange niemand einen Verwertungsanspruch
stellt:

" Banken, welche nebst ihrem Anteil an diesem Sicherheitenpool
  weitere Rechte auf Gegenstände oder Grundeigentum besitzen,
  die gemäss Ziffer 3 auch dem Konsortium als Sicherheit dienen, verzichten während der Dauer dieser Vereinbarung auf deren Verwertung. "

Bezüglich einer allfälligen Verwendung von Verwertungsüberschüssen zur Deckung weiterer Bankenforderungen und ihrer Aufteilung
zwischen den Konsorten sei auf die Ausführungen zum Sicherungskonsortium verwiesen.[24]

11. Inkrafttreten, Ausfertigung und Gerichtsstand

In den Vertragsabschnitten "11. Inkrafttreten", "12. Ausfertigung" sowie "13. Anwendbares Recht und Gerichtsstand" werden
die gleichen Klauseln verwendet wie beim Kreditkonsortium.[25]

D. Fallbeispiele

1. Ausgangslage

Die Fallbeispiele basieren auf dem Stillhalteabkommen (Anhang
III) sowie auf der Konsortialvereinbarung für ein Stillhaltekonsortium mit Sicherheitenpool (Anhang IV). Allen Beispielen
ist die folgende Ausgangslage zugrunde gelegt:

---

[24] Vgl. oben, 188 f. zur Aufteilung des Verwertungsüberschusses
     beim Sicherungskonsortium.
[25] Vgl. oben, 142 zur Regelung dieser Vertragsabschnitte im
     Kreditkonsortium.

- A-, B- und C-Bank haben der Firma X je separate Kreditlimi-
  ten im Umfange von 40 Mio. (A-Bank) bzw. je 30 Mio. (B- und
  C-Bank) eingeräumt.
- Um der Firma X die Ueberwindung ihrer temporären Zahlungs-
  schwierigkeiten zu ermöglichen, haben sich die Banken zum
  Stillhalten verpflichtet und gleichzeitig in einer separaten
  Konsortialvereinbarung Abreden über den Ausgleich allfälli-
  ger Verluste getroffen.

2. Fälle

(1) Die Kreditnehmerin verletzt die Bestimmungen des Stillhalteabkommens.

Annahme:
A- und B-Bank votieren für eine Kündigung.

Vertragsgrundlage:
Stillhalteabkommen Ziffer 4 IV, VII
Konsortialvereinbarung Ziffern 6 I, 9

Folge:
Die zur Kündigung erforderliche einfache Mehrheit kommt
zustande. Das Stillhalteabkommen wird aufgehoben. Alle
Banken kündigen ihre Kredite. Den entstehenden Gesamtverlust teilen sie im Verhältnis 4:3:3. Nach Abschluss des
Verlustausgleiches fällt auch die Konsortialvereinbarung
dahin.

(2) Die Kreditnehmerin verletzt eine verhältnismässig unbedeu-
tende Nebenbedingung des Stillhalteabkommens.

Annahme:
A-Bank will diese Gelegenheit für den Ausstieg aus dem
Stillhaltekonsortium benützen. B- und C-Bank widersetzen
sich.

Vertragsgrundlage:
Stillhalteabkommen Ziffer 4 IV

Folge:

Die zur Kündigung erforderliche einfache Mehrheit kommt nicht zustande. Alle Banken bleiben weiterhin an das Stillhalteabkommen gebunden.

(3) Die Kreditnehmerin verletzt das Stillhalteabkommen und bestreitet dies.

Annahme:

A- und B-Bank votieren für eine Kündigung.

Vertragsgrundlage:

Stillhalteabkommen Ziffer 4 V, VII

Folge:

Da den Banken das Recht zusteht, das Abkommen - unabhängig vom Beweggrund - jederzeit mit 2/3-Mehrheit zu kündigen, brauchen sie sich nicht auf eine Diskussion über die Frage, ob tatsächlich eine Vertragsverletzung vorliegt, einzulassen. Die zur Kündigung erforderliche Mehrheit kommt zustande. Das Stillhalteabkommen wird aufgehoben.

(4) Die Kreditnehmerin benachteiligt die A-Bank bei den Zinszahlungen (und begeht damit eine Kreditvertragsverletzung).

Annahme:

A-Bank will kündigen. B- und C-Bank widersetzen sich.

Vertragsgrundlage:

Stillhalteabkommen Ziffer 4 II, VII

Folge:

A-Bank ist zur Kündigung berechtigt. Das Stillhalteabkommen wird aufgehoben.

(5) Ein Lieferant verletzt eine separat erteilte Stillhalte- und Lieferverpflichtung.

Annahme:

Nach Ansicht von B- und C-Bank sind die Voraussetzungen für eine Weiterführung des Stillhalteabkommens nicht mehr gegeben. A-Bank wiedersetzt sich einer Kündigung.

Vertragsgrundlage:
Stillhalteabkommen Ziffer 4 V

Folge:
Da es sich nicht um eine Vertragsverletzung seitens der
Kreditnehmerin handelt, ist für die vorzeitige Kündigung
eine 2/3-Mehrheit notwendig. Ohne die Zustimmung der A-Bank
bleiben alle Banken an das Stillhalteabkommen gebunden.

(6) Die Kreditnehmerin überwindet ihre temporären Schwierigkeiten.

Annahme:
In gegenseitigem Einvernehmen wird das Stillhalteabkommen
aufgehoben. Den Sicherheitenpool wollen die Banken weiterführen.

Vertragsgrundlage:
Konsortialvereinbarung Ziffern 7 II (Aenderung der Konsortialvereinbarung), 9

Folge:
Mit der Aufhebung des Stillhalteabkommens endet auch die
Konsortialvereinbarung. Die Banken haben zwei Möglichkeiten: Entweder sie beschliessen eine Verlängerung der bisherigen Konsortialvereinbarung oder sie handeln eine neue
Vereinbarung aus und orientieren sich dabei am Muster für
die gemeinsame Sicherstellung eines Parallelkredites (Anhang II).

(7) A-Bank will gegen einen zahlungsunwilligen Zessionsschuldner gerichtliche Schritte einleiten.

Annahme:
B- und C-Bank widersetzen sich.

Vertragsgrundlage:
Konsortialvereinbarung Ziffern 7 II (Einleitung gerichtlicher Schritte), 8

Folge:
Das notwendige Quorum für die Einleitung gerichtlicher

Schritte (100 % Zustimmung) wird nicht erreicht. Da die
Banken an den abgetretenen Forderungen gesamthänderisch
berechtigt sind, treten B- und C-Bank ihre Anteile an die
A-Bank ab. Auf diese Weise ermöglichen sie der A-Bank ihren
Anspruch im Namen des Konsortiums auf dem Prozessweg geltend
zu machen.

E. Zusammenfassung

Aus der Sicht der Gläubigerbanken weist der Zusammenschluss zu
einem Stillhaltekonsortium mehrheitlich Vorteile auf. Zunächst
bedeutet er eine Stärkung der ohnehin schon starken Verhandlungsposition gegenüber dem Kreditnehmer sowie gegenüber anderen
Interessengruppen. Diese Konstellation birgt allerdings die la-
tente Gefahr eines Machtmissbrauches durch den Bankenpool in
sich und führt im Rahmen der Auseinandersetzungen gelegentlich
zu Vorwürfen an die Adresse der Banken. Stichworte sind die Zurückhaltung wichtiger Informationen oder die Verbreitung von
Falschinformationen.[26]

Mit der Poolung von Kreditsicherheiten können die Banken ihre
Gesamtposition verbessern[27] und eine willkürliche Aufteilung
des Gesamtverlustes verhindern.[28] Es wäre daher wünschenswert,
dass die verfügbaren Sicherheiten möglichst vollständig in den
Pool eingebracht würden. In der Praxis steht einer solchen Lösung allerdings oft die Dominanz kurzfristiger Interessen entgegen.

Während der Dauer einer Stillhaltevereinbarung brauchen die
Banken ihr Kreditengagement formell nicht als notleidend einzustufen. Erforderliche Risikorückstellungen können kontinuierlich

---

[26] M. Lüthy (1988), 240
[27] Ueberschüsse aus der Sicherheitenverwertung fliessen erst
    nach vollständiger Befriedigung aller Poolbanken in die Kon-
    kursmasse; vgl. oben, 170 ff. zur Poolung von Verwertungser-
    lösen.
[28] Vgl. oben, 165 ff. zum Verlustausgleich.

aufgebaut werden.[29] Die involvierten Banken erleiden keine
Imageeinbussen. Bei einer Gesundung des Kreditnehmers können sie
sich schadlos halten und die Kundenbindung verstärken. Oft bilden Stillhalteabkommen auch Grundlage für die Gewährung neuer
Kredite.[30]

Den genannten Vorteilen stehen geringfügige Nachteile gegenüber. Durch die Mitgliedschaft im Stillhaltekonsortium unter-
ziehen sich die Banken den Gesellschaftsbeschlüssen und schränken dadurch ihren Handlungsspielraum ein. Sofern die Entscheidungsfindung ausschliesslich nach dem Einstimmigkeitsprinzip
erfolgt, haftet dem Konsortium eine gewisse Schwerfälligkeit
an. Schliesslich führt ein Stillhalteabkommen nur dann zum Ziel,
wenn es von der parallelen Einleitung betriebswirtschaftlicher
Massnahmen beim betroffenen Unternehmen begleitet wird. Es ist
Aufgabe der Banken, entsprechende Auflagen zu formulieren.

---

[29] E. Albisetti et al. (1987), 619
[30] H. Scholze (1973), 119 f.

Kapitel 3: Das Sanierungskonsortium

A. Begriff und Zweck

Das Sanierungskonsortium ist eine Vereinigung von Banken, welche sich bereitfinden, zur Unterstützung eines insolventen Kreditnehmers einen Beitrag zu leisten, der über den blossen Fälligkeitsaufschub hinausgeht.[1]

Grundlage für die Bildung eines Sanierungskonsortiums ist ein Stillhalteabkommen zwischen den beteiligten Banken. Nur wenn das Stillhalten allein keinen Erfolg verspricht, werden sich die Banken unter Umständen zu weitergehenden Sanierungsleistungen bereitfinden. Das Stillhalte- wird zum Sanierungskonsortium. Die Gesellschafter lassen sich dabei von ähnlichen Ueberlegungen leiten wie beim Stillhaltekonsortium. Sie wollen

- unnötige Verluste verhindern[2]
- negative Publizität vermeiden[3]
- sich den Kreditnehmer als Kunden erhalten sowie
- übergeordneten volkswirtschaftlichen, sozialen und politischen Interessen Rechnung tragen.[4]

Die Mitwirkung der Banken an einer Sanierung setzt in der Regel voraus, dass

- die Unternehmung grundsätzlich überlebensfähig ist[5] und ihre Zukunftsaussichten intakt sind[6]
- eine rückhaltlose Information der Banken über den Zustand des Unternehmens sowie die eingeleiteten Schritte erfolgt[7]

---

[1] Nicht unter diese Definition fällt das sogenannte Stützungskonsortium, welches dazu dient, kleine Einleger und Sparer eines zahlungsunfähigen Kreditinstitutes vor Verlusten zu bewahren; H. Scholze (1973), 120
[2] D. Sigg (1984), 40
[3] A. Woeste (1986), 813
[4] H. Raess (1983), 24; R. Holzach (1982), 7
[5] A. Herrhausen (1979), 359
[6] W. Frehner (1986), 24
[7] W. Baur (1979), 118

- alle Kreditgeber und allenfalls weitere Beteiligte (Aktionäre, Lieferanten, Mitarbeiter) Bereitschaft zur Opfersymmetrie zeigen sowie dass
- die Auflagen der Gläubigerschaft durch den Kreditnehmer vorbehaltos akzeptiert werden.

B. Sanierungsleistungen

Eine Sanierung bezweckt die Wiederherstellung der erforderlichen Ertragskraft und der finanziellen Stabilität in der notleidenden Unternehmung, so dass sie ohne äussere Hilfe fortbestehen kann.[8]

Die Banken beteiligen sich an der Sanierung mit finanziellen und nicht-finanziellen Unterstützungsleistungen. Zu den nicht-finanziellen Beiträgen zählen

- Beratungsleistungen in allen Fragen der Krisenbewältigung
- Einsitznahme im Verwaltungsrat
- Formulierung von Auflagen
- Vermittlung wirtschaftlicher Kontakte (zu Unternehmensberatern, Krisenmanagern, Investoren, Kooperationspartnern).[9]

In den Bereich der finanziellen Beiträge gehören die folgenden Sanierungsleistungen:[10]

- Umwandlung von kurzfristigen in langfristige Kredite
- Erleichterung der Zinsenlast durch
  -- Zinsstundung
  -- Herabsetzung des Zinssatzes
  -- teilweise oder vollkommen erfolgsabhängige Verzinsung
- Gewährung zusätzlicher Kredite
  -- an den Kreditnehmer

---

[8] G. Kayser (1983), 18
[9] M. Lüthy (1988), 300 ff.
[10] In Anlehnung an M. Lüthy (1988), 311 ff.; M. Boemle (1986), 430 ff.; H. Raess (1983), 127 ff.

-- an Dritte zum Vorteil des Kreditnehmers
- Beteiligung am Aktienkapital durch
  -- Umwandlung von Fremd- in Eigenkapital
  -- Aktienerwerb im Rahmen einer Kapitalerhöhung
- Rangrücktritte
- Forderungsnachlässe und -verzichte auf
  -- Zinsen
  -- Kapital.

Nachdem die Banken einem vorläufigen Fälligkeitsaufschub bereits
im Rahmen des Stillhalteabkommens zugestimmt haben, werden sie
für eine formelle Umwandlung von kurz- in langfristige Kredite
relativ rasch Hand bieten. Wenig Probleme dürfte ihnen auch die
Finanzierung Dritter zum Vorteil des Schuldners bereiten. Mit
einem Rangrücktritt können sie gleichzeitig ihr Vertrauen in
den Schuldner dokumentieren[11], ohne weitere Geldmittel aufzuwen-
den.

Auf verbreitete Zurückhaltung der Banken stossen dagegen Beteiligungen am Eigenkapital von Unternehmen aus dem Nichtbanken-
sektor. Der Widerstand ist darauf zurückzuführen, dass die
Umwandlung von Fremd- in Eigenkapital einen scharfen Eingriff
in die Gläubigerrechte darstellt.[12] In der Hoffnung auf einen
gewinnbringenden Verkauf nach erfolgreicher Sanierung wird der
Erwerb von Aktien jedoch von den meisten Banken nicht prinzipi-
ell ausgeschlossen.[13] Noch weniger Interesse zeigen die Banken
an der Gewährung neuer Kredite, weil sie damit gleichzeitig
ihre Abhängigkeit weiter ausbauen. Forderungsnachlässe und -
verzichte werden schliesslich erst dann erwogen, wenn alle
anderen Möglichkeiten ausgeschöpft sind.[14]

---

[11] A. Woeste (1986), 812
[12] M. Boemle (1986), 434
[13] D. Sigg (1984), 40 und 188 ff.
[14] M. Lüthy (1988), 322 f.

C. Konstituierung

1. Teilnehmer

Das Sanierungskonsortium setzt sich grundsätzlich aus allen
Bankengläubigern zusammen. Eine Ausnahme bilden gelegentlich
Banken mit unbedeutendem Engagement sowie ausländische Institute, deren Bereitschaft zur Mitwirkung an einer Restrukturierung erfahrungsgemäss äusserst gering ist. Die Auszahlung eines
eng begrenzten Kreises von Kreditgebern erleichtert die Verhand-
lungsführung der übrigen und verhindert unnötige Publizität. Dabei sind allerdings die rechtlichen Bestimmungen über die Gläubigerbegünstigung gemäss Artikel 286 ff. SchKG zu beachten.[15]

2. Federführung und Verteilschlüssel

Um langwierige Verhandlungen über die Federführung sowie über
die Anteile der einzelnen Banken an den Sanierungsbeiträgen zu
vermeiden, haben die drei Grossbanken 1983 eine Vereinbarung
getroffen. Es handelt sich um Richtlinien zur Bestimmung der
Federführung sowie um einen Verteilschlüssel für Sanierungsbeiträge bei Firmensanierungen im Inland.[16] Die Vereinbarung
dient einer raschen und effizienten Sanierung des Kreditnehmers. In der Praxis werden die Vertragsbestimmungen auch von
Nichtunterzeichnern respektiert.

2.1. Federführung

Wegen der exponierten Stellung und des hohen zeitlichen und

---

[15] M. Lüthy (1988), 212 f. und 235
[16] Richtlinien bezüglich Bestimmung der Federführung bei Firmensanierungen im Inland sowie Verteilschlüssel für Sanierungsbeiträge und Gewährung ungedeckter Konsortialkredite bei Ri-
sikopositionen vom 1. Sept. 1983. Die Vereinbarung ist ver-
traulich. Auf den Inhalt wird daher im folgenden nur so weit
eingetreten, wie er bereits von M. Lüthy (1988), 236 f. pub-
liziert wurde.

personellen Aufwandes ist die Rolle der Federführerin im Zusammenhang mit einer Sanierung besonders <u>unattraktiv</u>. Die Banken versuchen daher, wenn immer möglich, davon Abstand zu nehmen.[17] In der angesprochenen Vereinbarung wird die federführende Bank nach den folgenden Kriterien bestimmt:

1. Gesamtengagement sowie Status als Hausbank
2. Mandate (auch indirekte und stille Mandate)
3. Beteiligungen (direkte und indirekte)
4. Federführung bei Emissionen

Die Reihenfolge entspricht der Gewichtung. Das Ergebnis ist in der Regel eindeutig. Es scheint sinnvoll, in erster Linie die Hausbank mit der Federführung zu betrauen, weil sie die Verhältnisse beim Kreditnehmer am besten kennt, sein besonderes Vertrauen geniesst und ihre Interessen am stärksten tangiert sind.[18] Von diesem Grundsatz wird nur dann abgewichen, wenn die Rolle der Federführerin einer kleineren Bank zufällt, der sowohl die Ressourcen wie auch die Erfahrung für eine erfolgreiche Bewältigung komplexer Restrukturierungsfälle fehlen. In einer solchen Situation muss regelmässig die am stärksten involvierte Grossbank einspringen.[19]

Die Federführerin übernimmt die Funktion eines Moderators, Koordinators und zugleich eines Interessenvertreters. Im einzelnen obliegen ihr die folgenden zentralen Aufgaben:[20] Sie ermittelt zusammen mit dem Schuldner den Status quo der Kreditbeziehungen, erarbeitet ein Konzept für die Schuldenrestrukturierung, führt die Verhandlungen mit allen Parteien, übt notfalls Druck aus, berät, unterstützt und überwacht das Krisenmanagement, stellt den Informationsfluss sicher und setzt die beschlossenen Massnahmen durch.

---

[17] W. Frehner (1986), 22
[18] A. Woeste (1986), 812
[19] M. Lüthy (1988), 237
[20] In Anlehnung an M. Lüthy (1988), 302 f.; H. Büschgen (1987), 27; A. Woeste (1986), 812 f.

2.2. Verteilschlüssel

Der Verteilschlüssel für Sanierungsbeiträge (Forderungsverzichte
und -umwandlungen) sowie für die Gewährung ungedeckter Konsortialkredite bestimmt sich nach den geltenden Richtlinien[21] wie
folgt: Aufgrund der ausgesetzten Limiten (oder der höheren effektiven Benützung) sowie der Deckungen wird das anrechenbare
(ungedeckte) Engagement jeder einzelnen Bank ermittelt und dem
gesamten ungedeckten Engagement aller Banken gegenübergestellt.
Ein detaillierter Katalog legt für alle Kreditarten und Sicherungsformen fest, welcher Teil des Engagements als ungedeckt
gilt und den Banken angerechnet wird. Ein fiktives Beispiel mag
den Sachverhalt verdeutlichen:

Abb. 5.2: Beispiel zur Berechnung des Verteilschlüssels

Bank	Kredite	Deckung	Limite	Benuetzung	Anrechenbares Engagement	
					in %	in Fr.
A-Bank	Betriebskredit	blanko	1000	1200	100 %	1200
B-Bank	Kautionskredit	blanko	200	0	50 %	100
C-Bank	Darlehen	Schuldbrief	2000	2000	0 %	0

Die Wahl des Stichtages hat unter Umständen einen beträchtli-
chen Einfluss auf das Ergebnis der Erhebung. Die Banken haben
sich daher in den Richtlinien auch auf eine Regel zur Bestimmung des Stichtages geeinigt. Von Bankenseite wird im übrigen
Wert auf die Feststellung gelegt, dass der Vertrag kein Präju-
diz für ihre Mitwirkung bei einer Sanierung darstellt. Die Bestimmungen entfalten ihre Wirkung erst dann, wenn der Grund-
satzentscheid zur Teilnahme gefällt ist. Die Kreditnehmerin
kann aus dem Abkommen keinerlei Rechte ableiten.

---

[21] Vgl. oben, 224 zu den Richtlinien vom 1. Sept. 1983.

D. Vertragsgestaltung

Die Sanierung des Kreditnehmers erfordert <u>keine speziellen Sanierungsverträge</u>. Als Grundlage für die Regelung des Verhältnisses zwischen den Banken bzw. zwischen den Banken und der Kreditnehmerin dienen die Stillhalteverträge (Konsortialvereinbarung und Stillhalteabkommen)[22], welche in der Regel unverändert aufrechterhalten werden sowie die erwähnten Richtlinien vom 1. Sept. 1983. Da eine Sanierung nicht selten mit der Gewährung neuer Konsortialkredite verbunden ist, sei auch auf die entsprechenden Verträge (Konsortialvertrag und Konsortialkreditvertrag) beim Kreditkonsortium verwiesen.[23]

E. Zusammenfassung

Aufgrund des hohen Risikos werden die Banken Vor- und Nachteile einer Mitwirkung in Sanierungskonsortien besonders sorgfältig abwägen. Ausschlaggebend für die Bereitschaft zur Hilfeleistung dürfte in erster Linie das Motiv der Schadensbegrenzung sein. Damit verbunden ist die Hoffnung auf Gesundung des Kreditnehmers und Erhaltung seines zukünftigen Ertragspotentials. Gelegentlich eröffnet die Gewährung neuer Kredite auch die Möglichkeit zur Beschaffung so vieler zusätzlicher Sicherheiten, dass die Banken damit ihre Gesamtposition verbessern können.[24]

Nicht immer ist die Entscheidung der Banken frei von politischen Zwängen, insbesondere dann nicht, wenn es um die Existenz von Gross- und Grösstunternehmen mit regionaler oder nationaler Bedeutung geht. Gerade in solchen Fällen, wo regelmässig hohe Kreditsummen auf dem Spiel stehen, geraten die Banken ihrerseits in eine gewisse Abhängigkeit vom Kreditnehmer.

---

[22] Vgl. oben, 200 ff. zum Stillhaltekonsortium.
[23] Vgl. oben, 125 ff. bzw. 147 ff. zur Vertragsgestaltung beim Kreditkonsortium.
[24] M. Lüthy (1988), 314. Dabei haben sie allerdings SchKG 286 ff. (Gläubigerbegünstigung) zu beachten.

Kennzeichnend für das Sanierungskonsortium ist eine breite
Solidarität unter den engagierten Banken. Dies allerdings weniger aufgrund einer besonders altruistischen Einstellung als
vielmehr aus der Ueberlegung heraus, dass sich ein kooperatives
Verhalten in einem nächsten Sanierungsfall wiederum auszahlen
wird.[25]

Solange die Banken lediglich mit Fremdkapital involviert sind,
sollen sie nur in Ausnahmefällen unternehmerische Verantwortung
übernehmen.[26] Ihre Funktion geht indessen über jene eines blossen Geldgebers hinaus. Neben der finanziellen haben die Kreditgeber oft auch eine konzeptive Hilfe zu leisten.[27] Diese umfasst
die Unterstützung bei der Erarbeitung sowie die kompromisslose
Durchsetzung aller notwendigen betriebswirtschaftlichen Massnahmen.[28] Im Sinne der Sache werden die Banken dabei notfalls zu
Recht von den verfügbaren Machtmitteln (Androhung der Kreditkündigung) Gebrauch machen.[29] Wie auch immer sie sich allerdings
in solchen Fällen verhalten werden, die Kritik an ihrem Vorgehen
("Machtstreben, Machtmissbrauch, Rücksichtslosigkeit") wird
ihnen mit Gewissheit nicht erspart bleiben.[30]

---

[25] H. Büschgen (1987), 27
[26] H. Raess (1983), 115
[27] A. Herrhausen (1979), 359
[28] W. Frehner (1986), 23
[29] H. Raess (1983), 116
[30] E. Kilgus (1985), 207

- A N H A N G   I -

MUSTERBEISPIEL EINES KONSORTIALVERTRAGES FUER EIN SCHWEIZERI-
SCHES KREDITKONSORTIUM (MIT GESAMTHANDSVERHAELTNIS)

AUSGANGSLAGE:

- Kreditgeber   : Banken mit Domizil Schweiz
- Kreditnehmer   : Unternehmung mit Domizil Schweiz
- Kreditart   : Geldkredit

INHALTSVERZEICHNIS:

KONSORTIALVERTRAG

1. Parteien

A-Bank, Zürich (Federführerin)
B-Bank, Zürich
C-Bank, Basel

2. Rechtsform und Zweck

Die unterzeichneten Banken schliessen sich zu einer einfachen
Gesellschaft im Sinne von Art. 530 ff. OR zusammen, um der Firma
X (Kreditnehmerin) einen festen Vorschuss von Fr. 80 Mio. zu
gewähren und ihr eine Kontokorrent-Limite von Fr. 20 Mio. einzuräumen.

3. Beteiligungsquoten

Die Konsortialbanken partizipieren am Kredit und an den Kreditrisiken mit folgenden Anteilen:

Name der Bank	Beteiligung in %	Beteiligung in Fr.
A-Bank	40 %	Max. Fr. 40 Mio.
B-Bank	30 %	Max. Fr. 30 Mio.
C-Bank	30 %	Max. Fr. 30 Mio.
Total	100 %	Max. Fr. 100 Mio.

ev. zusätzlich (jedoch nicht notwendig):[3]

Die Konsortialbanken erklären, dass in bezug auf die Kreditgewährung keine Solidarität besteht. Es besteht somit keine Haftung der einzelnen Bank für die Kredithergabe über ihren Anteil
hinaus.

4. Vertragsgrundlagen

Grundlage des Konsortialvertrages ist der Kreditvertrag vom ...
zwischen der Kreditnehmerin und dem Konsortium, samt dessen
integrierten Bestandteilen.

5. Rechte und Pflichten aller Konsorten

- Jede Bank stellt auf Verlangen der Federführerin ihren in
  Ziffer 3 des Vertrages genannten Anteil an der Kreditbenützung
  zur Verfügung und nimmt Zins-, Kommissions- und Kapitalrückzahlungen anteilsmässig entgegen.

- Die Banken informieren sich gegenseitig über Umstände, welche
  die Bonität der gemeinsamen Kreditnehmerin beeinträchtigen
  sowie über Feststellungen betreffend Verletzung des Kreditvertrages vom ... .

- Jede Bank hat das Recht, ihr grundlegend erscheinende Fragen
  den übrigen Konsortialbanken zur Stellungnahme und Beschlussfassung gemäss Ziff. 7 zu unterbreiten.

  zusätzlich (bei Krediten mit Forderungsabtretungen):

- Die Banken leiten eingegangene Zahlungen aus den abgetretenen
  Forderungen unverzüglich an die Federführerin weiter.

6. Rechte, Pflichten und Haftung der federführenden Bank

6.1. Im allgemeinen

Die A-Bank übernimmt die Federführung im Verhältnis der Konsortialbanken untereinander und im Verhältnis zwischen dem Konsortium und der Kreditnehmerin sowie Dritten. Sie sorgt für eine
ordnungsgemässe Führung der Geschäfte, jedoch ausdrücklich ohne
Anerkennung irgendwelcher Haftung, Verpflichtung oder Gewährleistung für Bestand oder Einbringlichkeit des Kredites und der
Sicherheiten. Jegliche Verantwortlichkeit der federführenden
Bank aus der Kreditgewährung wird somit ausdrücklich wegbedungen; vorbehalten bleibt die Haftung für grobes Verschulden im
Sinne von Art. 100 I OR.

6.2. Geschäftsführung (Innenverhältnis)

- Eröffnung je eines auf den Namen der anderen Konsortialbanken
  lautenden Kreditanteilskontos mit der Bezeichnung "Firma X",
  geführt zu den Bedingungen des Kreditvertrages vom ... .

- Valutakongruente Einforderung der Kreditanteile sowie anteilsmässige, valutakongruente Weiterleitung von Zins- und Kommissionszahlungen bzw. von Kapitalrückzahlungen an die Konsortialbanken.

  zusätzlich (bei stark schwankender Kreditbeanspruchung):

  Dabei wird eine Angleichung der Kreditanteilskonten - sofern
  die Veränderung in der Kreditbenützung Fr. 1 Mio. übersteigt -
  jeweils nur auf Ende Monat vorgenommen.

- Vorbereitung und Leitung der mündlichen Verhandlungen und des Schriftverkehrs im Konsortium.

- Weiterleitung der von der Kreditnehmerin zu Handen des Konsortiums erhaltenen Informationen an die Konsortialbanken.

          zusätzlich (bei gedeckten Krediten):

- Treuhänderische Verwaltung der gemeinsamen Sicherheiten nach den Bestimmungen ihres Depotreglementes.

6.3. Vertretung (Aussenverhältnis)

- Eröffnung des Konsortialkreditkontos lautend auf die Kreditnehmerin sowie Erledigung aller damit zusammenhängenden Formalitäten.

- Kontoführung und banktechnische Abwicklung des Konsortialkredites.

          zusätzlich (bei gedeckten Krediten):

- Entgegennahme der vereinbarten Sicherheiten im Namen und für Rechnung der Konsorten sowie Erledigung aller damit zusammenhängenden Formalitäten.

          ev. zusätzlich (falls nicht im Kreditvertrag geregelt):

6.4. Federführungskommission

Der federführenden Bank steht eine Federführungskommission in der Höhe von 10 % der Kreditkommissionen zu. Sie wird jeweils direkt von den eingehenden Zahlungen der Kreditnehmerin in Abzug gebracht.

7. Beschlussfassung

Beschlüsse werden entweder an einer zu diesem Zweck von der federführenden Bank einberufenen Versammlung der Konsortialbanken, auf dem Zirkularweg oder in Ausnahmefällen telefonisch gefasst.

Mit den nachstehend festgelegten Mehrheiten (berechnet nach Quoten gemäss Ziffer 3) beschliessen die Banken insbesondere in den folgenden Angelegenheiten:

	Notwendiges Quorum
- Aenderung des Konsortialvertrages	100 %
- Aenderung des Kreditvertrages	67 %
- Einleitung gerichtlicher Schritte	100 %

zusätzlich (falls in Kredit- bzw. Sicherungsvertrag vorgesehen):

- Kündigung des Konsortialkredites   67 %
- Verwertung von Sicherheiten   67 %
- Notifikation der Zessionsschuldner   67 %
- Einforderung zusätzlicher Sicherheiten   67 %
- Verlangen zusätzlicher Rückzahlungen   67 %

8. Prozessführung

Beschliessen die Konsorten gemäss Ziffer 7 die gerichtliche Geltendmachung von Ansprüchen gegenüber der Kreditnehmerin oder
Dritten, so gilt die federführende Bank als ermächtigt und verpflichtet, den Prozess in Vertretung der Konsortialbanken zu
führen. Die Verfahrenskosten werden von den Konsorten im Verhältnis ihrer Beteiligungsquoten übernommen.

Kommt ein Beschluss über die gerichtliche Geltendmachung von Ansprüchen nicht zustande, so sind die zustimmenden Banken berechtigt, den Prozess im Namen des Konsortiums auf eigene Rechnung
zu führen. Nicht zustimmende Banken haben ihre Anteile unentgeltlich abzutreten oder endgültig darauf zu verzichten. Die
Prozesskosten werden unter den zustimmenden Banken entsprechend
ihrer Anteile verteilt. Ein nach Abzug der Kosten verbleibender
Prozessgewinn steht ihnen bis zur vollen Deckung ihrer sämtlichen Ansprüche zur ausschliesslichen Befriedigung zu; ein Ueberschuss ist den nicht zustimmenden Konsorten im Verhältnis ihrer
Anteile am Konsortialkredit herauszugeben.[4]

9. Laufzeit

Der Konsortialvertrag wird fest bis zum Ablauf des Kreditvertrages, d.h. bis zum ... abgeschlossen.

ODER

9. Kündigung

Die vorliegende Vereinbarung kann von jeder Konsortialbank unter
Einhaltung einer 3-monatigen Kündigungsfrist auf Quartalsende
schriftlich an die Adresse der Federführerin gekündigt werden,
erstmals per ... .

Eine Kündigung hat grundsätzlich die Kündigung des Konsortialkredites sowie die Auflösung des Konsortiums nach Massgabe der
Art. 548 ff. OR zur Folge. Vorbehalten bleibt die Weiterführung
des Konsortiums durch alle oder einzelne nichtkündigende Konsortialbanken. Wird das Konsortium weitergeführt, so ist aufgrund
der Kreditbenützung, des Realisationswertes allfälliger Sicherheiten und der Bonität der Kreditnehmerin und allfälliger weiterer Verpflichteter der Wert des Kreditanteils der kündigenden
Bank auf den Zeitpunkt ihres Ausscheidens hin zu berechnen und

der entsprechende Abfindungsbetrag zu Gunsten oder zu Lasten dieser Bank durch Beschluss festzustellen. Dieser Beschluss bedarf der Einstimmigkeit aller ursprünglichen Konsortialbanken.

10. Besonderes

(ev. Verhältnis zu anderen Krediten)

11. Inkrafttreten

Dieser Vertrag tritt mit Unterzeichnung durch sämtliche Konsortialbanken in Kraft.

12. Ausfertigung

Dieser Vertrag wird ...-fach ausgefertigt und unterzeichnet. Jede Bank erhält ein Exemplar.

13. Anwendbares Recht und Gerichtsstand

Dieser Vertrag unterliegt schweizerischem Recht. Als Gerichtsstand für sämtliche mit dem Konsortialvertrag zusammenhängenden Auseinandersetzungen wird Zürich gewählt.

----

1. Nur, sofern erwünscht und nicht bereits im Kreditvertrag geregelt.
2. Nur, soweit notwendig.
3. Eine solche Bestimmung muss gegenüber dem Kreditnehmer rechtliche Wirkung entfalten. Sie gehört daher in erster Linie in den Kreditvertrag.
4. Im wenig wahrscheinlichen, aber denkbaren Fall, dass sich die Mitglieder eines Gesamthand-Konsortiums nicht zur gesamten Hand, sondern separat sicherstellen lassen (nur mit abstrakten Sicherheiten gültig), wäre die Wendung "im Namen des Konsortiums" (dritte Zeile) wegzulassen, weil rechtlich unabhängige Sicherheiten selbstverständlich im eigenen Namen geltend gemacht werden.

- **A N H A N G II** -

MUSTERBEISPIEL EINER KONSORTIALVEREINBARUNG FÜR EIN SCHWEIZERI-
SCHES SICHERUNGSKONSORTIUM (ZUR SICHERSTELLUNG EINES PARALLEL-
KREDITES)[1]

AUSGANGSLAGE:

- Kreditgeber   : Banken mit Domizil Schweiz
- Kreditnehmer   : Unternehmung mit Domizil Schweiz
- Hauptzweck   : Poolung von Kreditsicherheiten
- Zeitpunkt   : Poolbildung bei der Kreditgewährung
- Kreditverträge   : Einheitlich; enthalten u.a. ausserordentli-
                      che Kündigungsmöglichkeiten und Drittver-
                      zugs-Klausel.

INHALTSVERZEICHNIS:

KONSORTIALVEREINBARUNG

Die unterzeichneten Banken

A-Bank, Zürich (Federführerin)
B-Bank, Zürich
C-Bank, Basel

schliessen betreffend die Firma X (Kreditnehmerin) folgende
Vereinbarung ab:

1. Vertragsgrundlage

Die unterzeichneten Banken gewähren der Kreditnehmerin je einzeln und unabhängig voneinander, aber zu gleichen Konditionen,
die folgenden Kredite:

	Limiten:	Quoten:
A-Bank	Fr. 40 Mio.	(40 %)
B-Bank	Fr. 30 Mio.	(30 %)
C-Bank	Fr. 30 Mio.	(30 %)

> Die Kredite werden bei den einzelnen Banken geführt und von
> diesen separat bestätigt. Der beiliegende Vertragstext dient
> als Vorlage für die Kreditverträge und ist für alle Banken
> verbindlich.

                              oder

> Die Kredite werden bei den einzelnen Banken geführt und von
> diesen separat bestätigt. Die Kreditkonditionen basieren auf
> ....

2. Rechtsform und Zweck

Die beteiligten Banken schliessen sich zu einem Konsortium
(einfache Gesellschaft im Sinne von Art. 530 ff. OR) zusammen,
um die von der Kreditnehmerin zu bestellenden Sicherheiten
entgegenzunehmen, zentral zu verwalten, gegebenenfalls zu verwerten und das Verlustrisiko unter sich aufzuteilen.

3. Integrierte Verträge

Die AGB und das Depotreglement der Federführerin sowie die
folgenden Sicherungsverträge bilden einen integrierten Bestandteil dieser Vereinbarung:

- ...
- ...
- ...

4. Rechte und Pflichten aller Konsorten

- Jede Bank verpflichtet sich, den von ihr gemäss Ziffer 1
  gewährten Kredit während der Dauer dieser Vereinbarung weder
  zu kündigen noch die Kreditkonditionen abzuändern.

- Jeder Konsorte hat das Recht, ihm grundlegend erscheinende
  Fragen den übrigen Konsorten zur Stellungnahme und Beschlussfassung gemäss Ziffer 7 zu unterbreiten.

zusätzlich (sofern die Kreditverträge entsprechende Möglichkeiten vorsehen):

- Die Banken informieren sich gegenseitig über die aktuelle
  Höhe ihrer Forderungen aus dem Parallelkredit sowie über
  Vertragsverletzungen der Kreditnehmerin.

oder

- Die Banken informieren sich gegenseitig über die Höhe ihrer
  Forderungen aus diesem Parallelkredit, über Vertragsverletzungen der Kreditnehmerin sowie über Umstände, welche deren Bonität beeinträchtigen.

zusätzlich (sofern die Kreditverträge eine entsprechende
Möglichkeit vorsehen):

- Jede Bank hat das Recht, jederzeit einen Saldenausgleich im
  Verhältnis der Quoten gemäss Ziffer 1 zu verlangen. Beträge,
  welche die vereinbarten Limiten überschreiten, sind davon
  ausgenommen.

5. Federführung

Die A-Bank übernimmt die Federführung im Verhältnis der Konsortialbanken untereinander und im Verhältnis zwischen dem Konsortium und der Kreditnehmerin sowie Dritten. Sie verwaltet die gemeinsamen Sicherheiten nach den Bestimmungen ihres Depotreglementes im Namen und für Rechnung der Konsorten. Jede Haftung,
Verpflichtung oder Gewährleistung der Federführerin für Geschäftsführung und Vertretung, insbesondere auch für Bestand
und Einbringlichkeit der Sicherheiten wird ausdrücklich wegbedungen; vorbehalten bleibt die Haftung für grobes Verschulden
im Sinne von Art. 100 I OR.

ev. zusätzlich:

Für die Verwaltung der Sicherheiten steht der Federführerin
eine Treuhandprovision in der Höhe von Fr. ... pro Jahr zu,
welche durch die übrigen Konsorten im Verhältnis der Kreditlimiten gemäss Ziffer 1 aufzubringen ist.

6. Verlustausgleich und Verteilung der Deckung

Einen allfälligen Verlust aus der Kreditgewährung tragen die
Banken im Verhältnis ihrer Kreditlimiten gemäss Ziffer 1. Verluste, welche einzelnen Banken aus der Zulassung von Limitenüberschreitungen entstehen, werden nicht ausgeglichen.

    zusätzlich (falls Sicherheitenverwertung möglich):

Im Falle der Verwertung einzelner Sicherheiten werden die Erlöse
in erster Linie für einen Saldenausgleich im Verhältnis der Kreditlimiten gemäss Ziffer 1, dann für eine anteilsmässige Rückführung der Kredite verwendet. Beträge, welche die vereinbarten
Limiten überschreiten, sind davon ausgenommen.

7. Beschlussfassung

Beschlüsse werden an einer Versammlung der Konsortialbanken,
auf dem Zirkularweg oder in Ausnahmefällen telefonisch gefasst.

Mit den nachfolgend festgelegten Mehrheiten (berechnet nach Quoten gemäss Ziffer 1) beschliessen die Banken insbesondere in den
folgenden Angelegenheiten:

	Notwendiges Quorum
- Aenderung der Konsortialvereinbarung	100 %
- Aenderung der Sicherungsverträge	67 %
- Einleitung gerichtlicher Schritte	100 %

zusätzlich (falls in Kredit- bzw. Sicherungsverträgen vorgesehen):

- Verwertung von Sicherheiten	67 %
- Notifikation der Zessionsschuldner	67 %
- Einforderung zusätzlicher Sicherheiten	67 %
- Verlangen zusätzlicher Rückzahlungen	67 %

8. Prozessführung

Beschliessen die Konsorten die gerichtliche Geltendmachung von
Ansprüchen, so gilt die Federführerin als ermächtigt und verpflichtet, den Prozess in Vertretung der Konsortialbanken zu
führen. Die Verfahrenskosten werden von den Banken im Verhältnis
ihrer Kreditlimiten gemäss Ziffer 1 übernommen.

zusätzlich (sofern die Banken rechtlich getrennt sichergestellt
wurden):

Kommt ein Beschluss über die gerichtliche Geltendmachung von
Ansprüchen nicht zustande, so sind die zustimmenden Banken
berechtigt, den Prozess in eigenem Namen auf eigene Rechnug zu
führen. Die resultierenden Erlöse sind bei der Berechnung des
Verlustausgleiches nicht zu berücksichtigen.

oder

zusätzlich (sofern mindestens ein Teil der Sicherheiten auf die
Konsorten zur gesamten Hand bestellt wurde):

Kommt ein Beschluss über die gerichtliche Geltendmachung von
Ansprüchen nicht zustande, so sind die zustimmenden Banken be-
rechtigt, den Prozess auf eigene Rechnug zu führen. Nicht zu-
stimmende Banken haben ihre Anteile an Gesamthand-Sicherheiten
unentgeltlich abzutreten oder endgültig darauf zu verzichten.
Die aus der Prozessführung resultierenden Erlöse sind bei der
Berechnung des Verlustausgleichs nicht zu berücksichtigen. Nach
vollständiger Befriedigung aller Ansprüche der prozessierenden
Banken ist ein Ueberschuss den nicht prozessierenden Banken im
Verhältnis ihrer Kreditlimiten gemäss Ziffer 1 herauszugeben.

9. Beendigung

Die vorliegende Vereinbarung endet grundsätzlich mit dem Ablauf
der Kreditverträge am ... . Vorbehalten bleibt eine vorzeitige,
fristlose Kündigung bei Eintritt eines ausserordentlichen Kündigungsgrundes gemäss Ziffer ... der Kreditverträge.

oder

Die vorliegende Vereinbarung kann von jeder Bank unter Einhaltung einer ...-monatigen Kündigungsfrist auf Monatsende (Quartalsende) schriftlich an die Adresse der Federführerin gekündigt
werden, erstmals per ... . Vorbehalten bleibt eine fristlose
Kündigung bei Eintritt eines ausserordentlichen Kündigungsgrundes gemäss Ziffer ... der Kreditverträge.

Eine Kündigung dieser Vereinbarung zieht grundsätzlich die
Auflösung des Konsortiums gemäss Art. 548 ff. OR nach sich.
Werden innert ... Tagen nach Ablauf der Kündigungsfrist einzelne
oder alle der in Ziffer 1 aufgeführten parallelen Kredite ganz
oder teilweise gekündigt, so bleiben mit Ausnahme der Vertragsziffer 4 I alle übrigen Bestimmungen bis zur vollständigen Rückzahlung der gekündigten Kredite bzw. bis zur Erfüllung aller
gegenseitigen Ansprüche und Verpflichtungen aus diesem Vertrag
anwendbar.

10. Aufteilung des Verwertungsüberschusses[3]

Nach Deckung aller Bankenforderungen (ohne Limitenüberschreitungen) aus diesem Parallelkredit, steht den Banken ein allfälliger Verwertungsüberschuss im Verhältnis der Kreditlimiten gemäss Ziffer 1 für die Befriedigung ihrer weiteren Ansprüche
gegen die Kreditnehmerin zu.

oder

Nach Deckung aller Bankenforderungen (ohne Limitenüberschreitungen) aus diesem Parallelkredit, steht den Banken ein allfälliger Verwertungsüberschuss <u>im Verhältnis ihrer weiteren Forderungen gegenüber der Kreditnehmerin</u> zu.

11. Inkrafttreten

Dieser Vertrag tritt mit Unterzeichnung durch sämtliche Konsortialbanken in Kraft.

12. Ausfertigung

Dieser Vertrag wird ...fach ausgefertigt und unterzeichnet.
Jede Bank erhält ein Exemplar.

13. Anwendbares Recht und Gerichtsstand

Dieser Vertrag unterliegt schweizerischem Recht. Als Gerichtsstand für sämtliche mit der Vereinbarung zusammenhängenden
Auseinandersetzungen wird Zürich gewählt.

---

1. Ein Parallelkredit setzt sich aus mehreren rechtlich unabhängigen Krediten (zu gleichen Konditionen) zusammen, welche
   durch verschiedene Banken <u>in eigenem Namen und für eigene
   Rechnung</u> gewährt werden.
2. Nur, soweit notwendig.
3. Die Verwendung eines allfälligen Verwertungsüberschusses
   zur Deckung weiterer Bankenforderungen setzt eine entsprechende Vereinbarung in den Sicherungsverträgen voraus.

- A N H A N G   III -

MUSTERBEISPIEL EINES SCHWEIZERISCHEN STILLHALTEABKOMMENS

AUSGANGSLAGE:

- Kreditgeber   : Banken mit Domizil Schweiz
- Kreditnehmer   : Unternehmung mit Domizil Schweiz
- Hauptzwecke   : Aufrechterhaltung des Status quo und Formu-
                       lierung von Auflagen
- Zeitpunkt   : Notlage des Kreditnehmers
- Kreditverträge   : Uneinheitlich; entweder jederzeit oder in
                       Kürze fällig.

INHALTSVERZEICHNIS:

1. Art und Höhe der Kredite
2. Pflichten der Banken
3. Pflichten der Kreditnehmerin
4. Geltungsdauer
5. Anwendbares Recht und Gerichtsstand

STILLHALTEABKOMMEN

Vereinbarung zwischen

A-Bank, Zürich
B-Bank, Zürich
C-Bank, Basel

und der Firma X (Kreditnehmerin)

1. Art und Höhe der Kredite

Das Abkommen bezieht sich auf die folgenden Kredite:

Art der Kredite	A-Bank	B-Bank	C-Bank	Total
	Fr.	Fr.	Fr.	Fr.
Kontokorrent-Limiten	20 Mio	15 Mio	10 Mio	45 Mio
Kautionskredite	20 Mio	15 Mio	20 Mio	55 Mio
Total	40 Mio	30 Mio	30 Mio	100 Mio
Quoten	40 %	30 %	30 %	100 %

2. Pflichten der Banken

Die Banken verpflichten sich, die unter Ziffer 1 genannten
Kreditlimiten zugunsten der Kreditnehmerin einstweilen aufrechtzuerhalten. Es gelten die in den einzelnen Kreditverträgen
vereinbarten Bedingungen (wobei auf den bisherigen Zinssätzen
ein Risikozuschlag von ... % erhoben wird). Früher vereinbarte
Amortisationen werden vorläufig sistiert.

3. Pflichten der Kreditnehmerin[1]

Die Kreditnehmerin
- ergreift alle nach betriebswirtschaftlichen Kriterien notwendigen Massnahmen zur Kostensenkung, Ertragssteigerung und
  Liquiditätsverbesserung und berichtet den Banken ... über den
  Stand der Anstrengungen
- erteilt den Banken jederzeit alle gewünschten Auskünfte und
  entbindet sie untereinander vom Bankgeheimnis
- ermächtigt die Kontrollstelle zur Auskunftserteilung an die
  Banken
- gewährt den Banken ein uneingeschränktes Recht zur Einsichtnahme in alle Geschäftsbücher und sämtliche diese ergänzenden
  Akten und Unterlagen
- reicht ... Zwischenabschlüsse, Liquiditätspläne, Planbilanzen
  und Planerfolgsrechnungen ein
- reicht ... den Debitorenbestand mit detaillierter Auflistung

der Schuldner, Forderungsbeträge, Faktura- und Fälligkeitsdaten ein
- gewährt ohne Einverständnis der Banken keine Kredite, zahlt keine solchen zurück, geht keine Eventualverpflichtungen ein und wird keine anderen Kredite mit zusätzlichen Sicherheiten ausstatten
- zahlt ohne Zustimmung der Banken keine Dividenden aus
- benützt die Kredite jeweils im Verhältnis der ausgesetzten Limiten und räumt den Banken überdies das Recht zum selbständigen Saldenausgleich ein
- bemüht sich um den Verkauf der defizitären Unternehmensbereiche ...
- nimmt die Suche nach einem geeigneten Partner auf
- verwendet die eingehenden Mittel aus dem Verkauf nicht betriebsnotwendiger Aktiven zur anteilsmässigen Reduktion der Kreditlimiten
- holt für jede Veräusserung von Aktiven über die normale Geschäftstätigkeit hinaus die Zustimmung der Banken ein
- wickelt ihren gesamten Zahlungsverkehr anteilsmässig über die beteiligten Banken ab
- schlägt an der nächsten GV vor, Herrn ... als Bankenvertreter in den Verwaltungsrat aufzunehmen
- hält folgende Ratios ein: ...

4. Geltungsdauer

Diese Vereinbarung tritt mit Unterzeichnung durch alle Beteiligten in Kraft und gilt grundsätzlich bis zum ... . Vorbehalten bleibt eine vorzeitige, fristlose Kündigung

- durch die betroffene Bank, sofern die Kreditnehmerin einen der unter Ziffer 1 erwähnten Kreditverträge verletzt

- durch die Kreditnehmerin, sofern eine oder mehrere Banken das Stillhalteabkommen verletzen

- durch die Banken mit einfacher Mehrheit (berechnet nach Quoten gemäss Ziffer 1), sofern die Kreditnehmerin das Stillhalteabkommen verletzt

- durch die Banken, wenn sie sich mit zwei Dritteln Mehrheit (berechnet nach Quoten gemäss Ziffer 1) gegen eine Weiterführung des Stillhalteabkommens aussprechen.

oder

- durch die Banken mit zwei Dritteln Mehrheit (berechnet nach Quoten gemäss Ziffer 1), sofern über eine Gesellschaft der Kreditnehmerin der Konkurs bzw. ein Nachlassverfahren oder ein vergleichbares Stundungs- oder Liquidationsverfahren unter ausländischem Recht eröffnet wird oder eine Gesellschaft der Kreditnehmerin offensichtlich zahlungsunfähig ist.

Eine Kündigung hat die Auflösung dieses Stillhalteabkommens zur Folge.

5. Anwendbares Recht und Gerichtsstand

Dieser Vertrag untersteht schweizerischem Recht. Als Gerichtsstand für alle mit diesem Vertrag zusammenhängenden Streitigkei-
ten wird Zürich gewählt.

----

1. Die Aufzählung ist als (unvollständige) Checkliste für mögliche Auflagen zu verstehen.

- A N H A N G   IV -

MUSTERBEISPIEL EINER KONSORTIALVEREINBARUNG FUER EIN SCHWEIZERI-
SCHES STILLHALTEKONSORTIUM (MIT SICHERHEITENPOOL)

AUSGANGSLAGE:

- Kreditgeber   : Banken mit Domizil Schweiz
- Kreditnehmer   : Unternehmung mit Domizil Schweiz
- Hauptzweck   : Poolung von Kreditsicherheiten
- Zeitpunkt   : Nach Abschluss eines Stillhalteabkommens
                      zwischen den Banken und dem Kreditnehmer
- Kreditverträge   : Uneinheitlich; entweder jederzeit oder in
                      Kürze fällig.

INHALTSVERZEICHNIS:

WICHTIG: Abstimmung des Inhaltes auf das Stillhalteabkommen
         (Anhang III)

KONSORTIALVEREINBARUNG

Die unterzeichneten Banken

A-Bank, Zürich (Federführerin)
B-Bank, Zürich
C-Bank, Basel

schliessen betreffend die Firma X (Kreditnehmerin) die folgende
Vereinbarung ab:

1. Art und Höhe der Kredite

Das Abkommen bezieht sich auf die folgenden Kredite:

Art der Kredite	A-Bank	B-Bank	C-Bank	Total
	Fr.	Fr.	Fr.	Fr.
Kontokorrent-Limiten	20 Mio	15 Mio	10 Mio	45 Mio
Kautionskredite	20 Mio	15 Mio	20 Mio	55 Mio
Total	40 Mio	30 Mio	30 Mio	100 Mio
Quoten	40 %	30 %	30 %	100 %

2. Rechtsform und Zweck

Die beteiligten Banken schliessen sich zu einem Konsortium
(einfache Gesellschaft im Sinne von Art. 530 ff. OR zusammen),
um die in Ziffer 3 des Vertrages genannten Sicherheiten zu
poolen.

3. Integrierte Verträge

Die AGB und das Depotreglement der Federführerin sowie die folgenden Sicherungsverträge bilden einen integrierten Bestandteil dieser Vereinbarung:

- ...
- ...
- ...

4. Rechte und Pflichten aller Konsorten

- Jeder Konsorte hat das Recht, ihm grundlegend erscheinende
  Fragen den übrigen Konsorten zur Stellungnahme und Beschlussfassung gemäss Ziffer 7 zu unterbreiten.

zusätzlich (sofern das Stillhalteabkommen entsprechende Möglichkeiten vorsieht):

- Die Banken informieren sich gegenseitig über die aktuelle Höhe ihrer Forderungen gegen die Kreditnehmerin sowie über Umstände, welche die Aussichten auf eine finanzielle Gesundung beeinträchtigen.

- Jede Bank hat das Recht, jederzeit einen Saldenausgleich im Verhältnis der Quoten gemäss Ziffer 1 zu verlangen. Beträge, welche die vereinbarten Limiten überschreiten, sind davon ausgenommen.

5. Federführung

Die A-Bank übernimmt die Federführung im Verhältnis der Konsortialbanken untereinander und im Verhältnis zwischen dem Konsortium und der Kreditnehmerin sowie Dritten. Sie verwaltet die gemeinsamen Sicherheiten nach den Bestimmungen ihres Depotreglementes im Namen und für Rechnung der Konsorten. Jede Haftung, Verpflichtung oder Gewährleistung der Federführerin für Geschäftsführung und Vertretung, insbesondere auch für Bestand und Einbringlichkeit der Sicherheiten wird ausdrücklich wegbedungen; vorbehalten bleibt die Haftung für grobes Verschulden im Sinne von Art. 100 I OR.

                    ev. zusätzlich:

Für die Verwaltung der Sicherheiten steht der Federführerin eine Treuhandprovision in der Höhe von Fr. ... pro Jahr zu, welche durch die übrigen Konsorten im Verhältnis der Kreditlimiten gemäss Ziffer 1 aufzubringen ist.

6. Verlustausgleich und Verteilung der Deckung

Einen allfälligen Verlust aus der Kreditgewährung tragen die Banken im Verhältnis ihrer Kreditlimiten gemäss Ziffer 1. Verluste, welche einzelnen Banken aus der Zulassung von Limitenüberschreitungen entstehen, werden nicht ausgeglichen.

zusätzlich (falls Sicherheitenverwertung jederzeit möglich):

Im Falle der Verwertung einzelner Sicherheiten werden die Erlöse in erster Linie für einen Saldenausgleich im Verhältnis der Kreditlimiten gemäss Ziffer 1, dann für eine anteilsmässige Rückführung der Kredite verwendet. Beträge, welche die vereinbarten Limiten überschreiten, sind davon ausgenommen.

7. Beschlussfassung

Beschlüsse werden an einer Versammlung der Konsortialbanken, auf dem Zirkularweg oder telefonisch gefasst.

Mit den nachfolgend festgelegten Mehrheiten (berechnet nach Quoten gemäss Ziffer 1) beschliessen die Banken insbesondere in den
folgenden Angelegenheiten:

	Notwendiges Quorum
- Aenderung der Konsortialvereinbarung	100 %
- Aenderung der Sicherungsverträge	67 %
- Einleitung gerichtlicher Schritte	100 %

zusätzlich (falls in Kredit- bzw. Sicherungsverträgen vorgesehen):

- Verwertung von Sicherheiten	67 %
- Notifikation der Zessionsschuldner	67 %
- Einforderung zusätzlicher Sicherheiten	67 %
- Verlangen zusätzlicher Rückzahlungen	67 %
- Zustimmung zur Schuldübernahme im Falle der Ver- äusserung von verpfändeten Liegenschaften	67 %
- Gemeinschaftlicher Erwerb von Grundeigentum im Falle der Verwertung von Liegenschaften	67 %
- Gemeinsame Massnahmen zur Erhaltung des Wertes der verpfändeten Liegenschaften	67 %

8. Prozessführung

Beschliessen die Konsorten die gerichtliche Geltendmachung von
Ansprüchen, so gilt die Federführerin als ermächtigt und verpflichtet, den Prozess in Vertretung der Konsortialbanken zu
führen. Die Verfahrenskosten werden von den Banken im Verhältnis
ihrer Kreditlimiten gemäss Ziffer 1 übernommen.

zusätzlich (sofern die Banken rechtlich getrennt sichergestellt
wurden):

Kommt ein Beschluss über die gerichtliche Geltendmachung von
Ansprüchen nicht zustande, so sind die zustimmenden Banken berechtigt, den Prozess in eigenem Namen auf eigene Rechnug zu
führen. Die resultierenden Erlöse sind bei der Berechnung des
Verlustausgleiches nicht zu berücksichtigen.

oder

zusätzlich (sofern mindestens ein Teil der Sicherheiten auf die
Konsorten zur gesamten Hand bestellt wurde):

Kommt ein Beschluss über die gerichtliche Geltendmachung von
Ansprüchen nicht zustande, so sind die zustimmenden Banken berechtigt, den Prozess auf eigene Rechnug zu führen. Nicht zustimmende Banken haben ihre Anteile an Gesamthand-Sicherheiten
unentgeltlich abzutreten oder endgültig darauf zu verzichten.
Die aus der Prozessführung resultierenden Erlöse sind bei der

Berechnung des Verlustausgleichs nicht zu berücksichtigen. Nach
vollständiger Befriedigung aller Ansprüche der prozessierenden
Banken ist ein Ueberschuss den nicht prozessierenden Banken im
Verhältnis ihrer Kreditlimiten gemäss Ziffer 1 herauszugeben.

9. Beendigung

Die vorliegende Vereinbarung endet grundsätzlich mit der Aufhebung des Stillhalteabkommens vom ... . Werden innert ... Tagen
nach Aufhebung des Stillhalteabkommens einzelne oder alle der in
Ziffer 1 aufgeführten Kredite ganz oder teilweise gekündigt, so
bleiben die Bestimmungen dieser Konsortialvereinbarung bis zur
vollständigen Rückzahlung der gekündigten Kredite bzw. bis zur
Erfüllung aller gegenseitigen Ansprüche und Verpflichtungen
zwischen den Konsorten anwendbar.

10. Besonderes

ev. zusätzlich (soweit notwendig und nach den Abmachungen im
Aussenverhältnis zulässig):[2]

Nach Deckung aller unter Ziffer 1 erwähnten Bankenforderungen
(ohne Limitenüberschreitungen), steht den Banken ein allfälliger Verwertungsüberschuss im Verhältnis der Kreditlimiten
gemäss Ziffer 1 für die Befriedigung ihrer weiteren Ansprüche
gegen die Kreditnehmerin zu.

oder

Nach Deckung aller unter Ziffer 1 erwähnten Bankenforderungen
(ohne Limitenüberschreitungen), steht den Banken ein allfälliger Verwertungsüberschuss im Verhältnis ihrer weiteren Forderungen gegenüber der Kreditnehmerin zu.

ev. zusätzlich (soweit notwendig):

Banken, welche nebst ihrem Anteil an diesem Sicherheitenpool
weitere Rechte auf Gegenstände oder Grundeigentum besitzen, die
gemäss Ziffer 3 auch dem Konsortium als Sicherheit dienen, verzichten während der Dauer dieser Vereinbarung auf deren Verwertung.

11. Inkrafttreten

Dieser Vertrag tritt mit Unterzeichnung durch sämtliche Konsortialbanken in Kraft.

12. Ausfertigung

Dieser Vertrag wird ...fach ausgefertigt und unterzeichnet.
Jede Bank erhält ein Exemplar.

13. Anwendbares Recht und Gerichtsstand

Dieser Vertrag unterliegt schweizerischem Recht. Als Gerichtsstand für sämtliche mit der Vereinbarung zusammenhängenden
Auseinandersetzungen wird Zürich gewählt.

----
1. Nur, soweit notwendig.
2. Die Verwendung eines allfälligen Verwertungsüberschusses
   zur Deckung weiterer Bankenforderungen setzt eine entsprechende Vereinbarung in den Sicherungsverträgen voraus.

ABKUERZUNGSVERZEICHNIS

A	Auflage
AG	Aktiengesellschaft
AGB	Allgemeine Geschäftsbedingungen
a.o.	ausserordentlich
Art.	Artikel
BaG	BG über die Banken und Sparkassen vom 8.11.1934
Bd.	Band
BFS	Bundesamt für Statistik
BG	Bundesgesetz
BGE	Bundesgerichtsentscheid
BIZ	Bank für Internationalen Zahlungsausgleich
BRD	Bundesrepublik Deutschland
bzw.	beziehungsweise
c.i.c.	culpa in contrahendo
d.h.	das heisst
dt.	deutsch
EStV	Eidgenössische Steuerverwaltung
ev.	eventuell
f.	folgende Seite
ff.	folgende Seiten
FN	Fussnote
GD	Generaldirektion
GmbH	Gesellschaft mit beschränkter Haftung
Jg.	Jahrgang
Libor	Londoner Interbankenzinssatz
M&A	Mergers & Acquisitions
max.	maximal
Mio.	Millionen
Mia.	Milliarden
N	Note
OECD	Organization for Economic Cooperation and Development
OR	Schweizerisches Obligationenrecht
o.S.	ohne Seitenangabe
p.a.	per annum
p.q.	per Quartal
SBG	Schweizerische Bankgesellschaft
SBV	Schweizerischer Bankverein
SBVg	Schweizerische Bankiervereinigung
SchKG	BG über Schuldbetreibung und Konkurs vom 11.4.1989
SKA	Schweizerische Kreditanstalt
SNB	Schweizerische Nationalbank
StG	BG über die Stempelabgaben vom 27.6.1973
Syst. T.	Systematischer Teil
TLFs	Transferable Loan Facilities
u.a.	unter anderem
u.U.	unter Umständen
VBaG	Verordnung zum BG über die Banken und Sparkassen vom 17.5.72
vgl.	vergleiche
VR	Verwaltungsrat
ZGB	Schweizerisches Zivilgesetzbuch
z.ges.	zur gesamten
z.T.	zum Teil

ABBILDUNGSVERZEICHNIS

LITERATURVERZEICHNIS

Albisetti, E./Boemle M./Ehrsam P./Nyffeler P./Rutschi E., Handbuch des Geld-, Bank- und Börsenwesens der Schweiz, 4. A., Thun 1987

Andersen Arthur, Finanzplatz Schweiz, Perspektiven - Herausforderungen - Chancen, Eine Delphi-Umfrage zur Entwicklung des schweizerischen Bankwesens in den nächsten zehn Jahren, Zürich 1986

Aubert M./Kernen J.-P./Schönle H., Das Schweizerische Bankgeheimnis, Bern 1978

Bank für Internationalen Zahlungsausgleich (BIZ), 59. Jahresbericht, 1.4.88-31.3.89, Basel 12.Juni 1989

Baur Walter, Sanierungen, Wege aus Unternehmenskrisen, 2. A., Wiesbaden 1979

Becker Hans, Kommentar zum Schweizerischen Zivilgesetzbuch, Bd. VI, II. Abteilung, Die einzelnen Vertragsverhältnisse (Art. 184-551), Bern 1934

Biber Renate, Das Konsortialgeschäft der Banken in steuerlicher Sicht, Eine systematische Untersuchung der Emission von Inhaberschuldverschreibungen, Berlin 1980

Bieri Dieter, Kredit und Konsortium, Zürich 1987

Bird Stephan, How to prune those loan agreements, in: Euromoney, Dezember 1979, 97 ff.

Blaise J.-B./Fouchard P., La valeur juridique de la syndication, in: Blaise J.-B./Fouchard P./Kahn P., Les Euro-Crédits, Un instrument du système bancaire pour le financement international, Paris 1981, 155 ff.

Blattner N./Bossard A., Die Schweiz: Ein Finanzstandort unter Druck, Pressekonferenz der Schweizerischen Bankiervereinigung vom 7.9.1988

Bodmer D./Kleiner B./Lutz B., Kommentar zum Bundesgesetz über die Banken und Sparkassen, Stand 1986 (inkl. Nachlieferung 3 vom Januar 1986), Zürich 1986

Boemle Max, Unternehmensfinanzierung, 7. A., Zürich 1986

Bohlen Edgar, Der Sicherheiten-Pool, Die Untersuchung der Rechtswirksamkeit des Sicherheiten-Pools unter Berücksichtigung wirtschaftlicher Aspekte, Bielefeld 1984

Braillard Philippe, La place financière suisse, Politique gouvernementale et compétitive internationale, Genève 1987

Brändle Adolf, Chancen und Risiken am syndizierten Eurokreditmarkt, in: Neue Zürcher Zeitung, Sonderbeilage Euromärkte heute, Bestandesaufnahme, Probleme, Perspektiven, Nr. 273, 23.11.1982, 11

Bray Michael, Developing a secondary market in loan assets, in: International Financial Law Review, Oktober 1984, 22 ff.

Brenner Beat, Sonderfaktoren im Grossbankenjahr, Abnehmende Konformität zu wenig aussagender Rechnungen, in: Neue Zürcher Zeitung, Nr. 57, 9. März 1989, 37

Bucher Eugen, Schweizerisches Obligationenrecht, Allgemeiner Teil, Zürich 1979

Bundesamt für Statistik, Produktionskonto der Schweiz 1985, Bern 1988
- Buchhaltungsergebnisse schweizerischer Unternehmungen, Bern 1984-1989

Büschgen Hans E., Die Zusammenarbeit der Geldinstitute in Konsortien von 1954 bis zur Gegenwart, in: Mitteilungen und Berichte, Institut für Bankwirtschaft und Bankrecht an der Universität Köln, 18. Jg., Köln 1987, 3 ff.

Canaris Claus-Wilhelm, Kreditkündigung und Kreditverweigerung gegenüber sanierungsbedürftigen Bankkunden, in: Zeitschrift für das gesamte Handelsrecht und Wirtschaftsrecht, Bd. 143, Heidelberg 1979, 114 ff.

Cramer Michael, Das internationale Kreditgeschäft der Banken, Struktur, Risiken und Kreditentscheidungsprozess, Wiesbaden 1981

Delorme H./Hoesserich H.-J., Konsortial- und Emissionsgeschäft, 2. A., Frankfurt 1971

Dempfle Eugen, Risikomanagement ausgewählter Finanzinnovationen - dargestellt am Beispiel der Swaps, Referat gehalten an der Informations- und Arbeitstagung an der Hochschule St. Gallen, 6. März 1989

Dohm Jürgen, La sous-participation bancaire, notamment à des prêts et des crédits documentaire, in: Schweizerische Aktiengesellschaft, 58. Jg., 1986, 1 ff.

- La nature juridique de la syndication des prêts, in: Schweizerische Aktiengesellschaft, 56. Jg., 1984, 9 ff.

Donaldson, T.H., Lending in International Commercial Banking, London 1979

Dreher Jürg, Klein- und Mittelbetriebe in Partnerschaft mit Banken, Schriftenreihe der SKA, Heft 63, 4. A., Zürich 1985

Effektenbörsenverein Zürich, Die Zürcher Börse, Jahresbericht 88, Zürich 1989

Ehlers Harald, Der Poolvertrag zur Absicherung des Kreditrisikos, in: Zeitschrift für das gesamte Kreditwesen, Nr. 18, 1977, 912 ff.

Elland-Goldsmith Michaël, Le fonctionnement du syndicat, in: Blaise J.-B./Fouchard P./Kahn P., Les Euro-Crédits, Un instrument du système bancaire pour le financement international, Paris 1981, 115 ff.

Emch U./Renz H., Das Schweizerische Bankgeschäft, 3. A., Thun 1984

Escher Hans, Das kommerzielle Kreditgeschäft der Banken, in: E. Gsell (Hrsg.), Banken und Bankgeschäfte in der Schweiz, Bern 1969, 233 ff.

Fischer Lutz, Die Gesellschaft bürgerlichen Rechts, Bielefeld 1977

Föllmi Anton, Die Schweiz als internationaler Finanzplatz, in: Der Staatsbürger "Magazin für Wirtschaft und Politik", 10.5. 1988, 11 ff.

Francioni Reto, Konsortialverträge bei Konsortialdarlehen im schweizerischen Recht, Zürich 1987

Frehner Walter, Leben oder sterben lassen, Die Rolle der Banken im Strukturwandel der Industrie, in: Schweizerischer Bankverein, Der Monat, Nr. 11, November 1986, 21 ff.

Friese Antje B., Renaissance des syndizierten Eurokredits durch Marktnischenorientierung, in: Die Bank, Nr. 10, 1988, 539 ff.

Funk Fritz, Kommentar des Obligationenrechtes, Bd. II, Das Recht der Gesellschaften, Aarau 1951

Goltz, Heinrich-Werner, Vertragsgestaltung bei Roll-Over-Eurokrediten, Risikokontrolle und Risikoverteilung bei einem neuen Finanzierungsinstrument, Berlin 1980

Gonzenbach Rainer, Culpa in contrahendo im schweizerischen
Vertragsrecht, Bern 1987

Grant Charles, How Banks Revamp Assets, in: Euromoney, April
1984, 66 ff.

Guggenheim Daniel, Die Verträge der schweizerischen Bankpraxis,
3. A., Zürich 1986

Guhl T./Merz H./Kummer M., Das Schweizerische Obligationenrecht
mit Einschluss des Handels- und Wertpapierrechts, 7. A.,
Zürich 1980

Guldner Max, Schweizerisches Zivilprozessrecht, 3. A., Zürich
1979

Gut Rainer E., Der Finanzplatz Schweiz vor internationalen
Herausforderungen, in: Hirszowicz Christine (Hrsg.), Internationale Wettbewerbsfähigkeit des Finanzplatzes Schweiz, Bern
1987, 13 ff.

- Die Internationalisierung des Kreditgeschäfts, in: Landesbank
Rheinland-Pfalz (Hrsg.), Banken, Erfahrungen und Lehren aus
einem Vierteljahrhundert 1958-1983, Frankfurt 1983, 81 ff.

Gutzwiller P./Heinrich P./Hug K./Meyer F., Grundriss des schweizerischen Privat- und Steuerrechtes mit angrenzenden Gebieten
und internationalen Recht, 2. A., Zürich 1982

Hagenmüller K./Diepen G., Der Bankbetrieb, 10. A., Wiesbaden
1984

Hahn Oswald, Finanzwirtschaft, München 1975

Halbheer Hans J., Finanzplatz, Oeffentlichkeit und Politik, in:
Halbheer Hans J./Kilgus Ernst (Hrsg.) Der Finanzplatz Schweiz
und seine Bedeutung aus nationaler und internationler Sicht,
Bern 1985, 101 ff.

Hämmerli Heinz, Aspekte des schweizerischen Emissionsgeschäftes,
In volkswirtschaftlicher, bankbetriebswirtschaftlicher und
juristischer Sicht, Bern 1986

Herold Hermann, Das Kreditgeschäft der Banken, Ein Lehr- und
Handbuch, 15. A., Hamburg 1964

Herrhausen Alfred, Die Rolle der Banken bei der Unternehmenssa-
nierung, in: Die Bank, Nr. 8, August 1979, 358 ff.

Hinsch C./Horn N., Das Vertragsrecht der internationalen Konsortialkredite und Projektfinanzierungen, Berlin 1985

Höhn Ernst, Steuerrecht, Ein Grundriss des schweizerischen
Steuerrechts für Unterricht und Selbststudium, 5. A., Bern
1986

Holzach Robert, Zinssätze zwischen Markt und Politik, Referat
gehalten an der Generalversammlung der Schweizerischen Bankgesellschaft, 10.4.1986

- Die Verantwortung des Bankiers im Kreditgeschäft, Referat
gehalten an der Generalversammlung der Schweizerischen Bankgesellschaft, 15.4.1982

Huber Harald G., Die Rechtsnatur der Unterbeteiligung, in:
Schweizerische Juristen-Zeitung, 68. Jg., Heft 19, Zürich
1972

Jährig A./Schuck H., Handbuch des Kreditgeschäftes, 4. A.,
Wiesbaden 1982

Jeker Robert A., Entwicklungsstrategien im Schweizer Bankwesen,
in: Neue Zürcher Zeitung, Nr. 236, 10.10.1988, 19 f.

Jenni Klaus, Les banques suisses face à l'intégration européen-
ne, Referat anlässlich eines Pressegesprächs vom 19.10.1988

in Genf

Kasper Paul B., Der Bankkredit als Finanzierungsmittel des schweizerischen Gewerbes, Bern 1976

Kayser Georg, Sanierung oder Auflösung, Eine Analyse zur Bestimmung der Sanierungsfähigkeit von Unternehmen im Vorfeld der Insolvenz, Bern 1983

Keller M./Schöbi C., Allgemeine Lehren des Vertragsrechts, 3. A., Basel 1988

Kellerhals Otto, Probleme der Bonitätsprüfung, in: Institut für Bankwirtschaft der Hochschule St. Gallen/Schweizerische Bankiervereinigung (Hrsg.), Bankrevision I, 2. A., St. Gallen 1986, 55 ff.

Kilgus Ernst, Bank-Management in Theorie und Praxis, 2. A., Bern 1985

Köhli Fritz, Wettbewerbsfähigkeit der Schweizer Banken im Kreditgeschäft, in: Hirszowicz Christine (Hrsg.), Internationale Wettbewerbsfähigkeit des Finanzplatzes Schweiz, Bern 1987, 41 ff.

König Andreas, Die internationalprivatrechtliche Anknüpfung von Syndicated Loan Agreements, Konstanz 1984

Kummer Max, Der Begriff des Kartells, Bern 1966

Kurz William C., Loan participations after Penn Square, in: International Financial Law Review, May 1985, 24 ff.

Lewis M./Davis K., Domestic and International Banking, Oxford 1987

Lindecker Maya, Wirtschaftsklima als entscheidender Faktor, in: Schweizerischer Bankverein, Der Monat, Nr. 3, März 1989, 11 ff.

Loeffler Antje-Ulrike, Anleihen, Nationale und internationale Anleihensformen als Finanzierungsinstrument und Kapitalanlage, Bern 1987

Lusser Markus, Die Schweiz und der EG-Binnenmarkt - Chancen und Risiken des Finanzplatzes, in: Schweizerische Nationalbank, Geld, Währung und Konjunktur, Quartalsheft Nr. 4, Dezember 1988, 319 ff.

- Sind die Rahmenbedingungen des Finanzplatzes Schweiz noch attraktiv genug?, in: Hirszowicz Christine (Hrsg.), Internationale Wettbewerbsfähigkeit des Finanzplatzes Schweiz, Bern 1987, 25 ff.

Lüthy Martin, Unternehmenskrisen und Restrukturierungen, Bank und Kreditnehmer im Spannungsfeld existentieller Unternehmenskrisen, Bern 1988

Lutz Benno, Die finanzielle Führung der Unternehmung, in: Schweizerische Volksbank (Hrsg.), Die Orientierung, Nr. 62, 2. A., Bern 1983

Margulici L./Dufloux C., La syndication: un mécanisme essentiel de collecte de fonds et de répartition des risques, in: Bankque, Paris 1981, 822 ff.

Marx Thomas, Die gemeinsame Wahrnehmung von Sicherungsrechten im Konkurs (Pool-Vereinbarungen), in: Neue Juristische Wochenschrift, Nr. 6, 1978, 246 ff.

McDonald Robert P. International Syndicated Loans, London 1982

McLaughlin Peter T., Underlying relationships in bank participations, in: International Financial Law Review, November 1983, 8 f.

Meier Marcel M., Wesenszüge des Kommerzkredites Schweiz, Referat gehalten an der Swiss Banking School, 1988

Meier-Hayoz A./Forstmoser P., Grundriss des schweizerischen
Gesellschaftsrechtes, 5. A., Bern 1984

Mellerowicz K./Jonas H., Bestimmungsfaktoren der Kreditfähigkeit, 2. A., Berlin 1957

Merz Hans, Obligationenrecht, Allgemeiner Teil, in: Schweizerisches Privatrecht, Bd.VI, Erster Teilbd., Basel 1984
- Das Schweizerische Kartellgesetz, Grundlagen und Hauptprob-
leme, Bern 1967

Morgan Stanley, Capital International perspective, Nr. 1, 3.
Januar 1989, 6 f.

Mühl D./Petereit W., Recht der Kreditsicherheiten in europä-
ischen Ländern, Teil V: Schweiz, Berlin 1983

Müller Alfred, Die Haftungsverhältnisse bei der einfachen Gesellschaft, Bern 1938

Obermüller Manfred, Die Bank im Konkurs ihres Kunden, Leitfaden
für Konkurs, Vergleich und Sequestration, 2. A., Wiesbaden
1982

Obermüller Walter, Poolung von Kreditsicherheiten, in: Bank-
Betrieb, 10. Jg., Nr. 12, 1970, 456 ff.

Obst G./Hintner O., Geld-, Bank- und Börsenwesen, Ein Handbuch,
37. A., Stuttgart 1980

OECD, Financial Market Trends, Nr. 42, Februar 1989

Pavey Nigel, Razor-thin Returns on cheap Standbys, in: Syndicated Loans, A Competitive Business, A Supplement to Euromoney
and Corporate Finance, May 1988, 1 ff.

Pergam Albert S., The borrower's perspective on Euroloan docu-
mentation, in: International Financial Law Review, August
1983, 14 ff.

Perridon L./Steiner M. Finanzwirtschaft der Unternehmung, München 1988

Pöhler Achim, Der Ablauf internationaler Konsortialfinanzierun-
ge, in: Die Bank, Nr. 1, Januar 1989, 12 ff.

Pott Philipp, Kofinanzierungen der Weltbank mit Geschäftsbanken,
in: Die Bank, Nr. 7, Juli 1984, 304 ff.

Preisig Karl W., Roll-Over-Eurokredit, Analyse der Elemente,
Technik und Probleme eines neuen Bankgeschäftes, Bern 1976

Puhr Christian, L'organisation bancaire des euro-crédits, La
pratique de la syndication, La constitution du syndicat, in:
Blaise J.-B./Fouchard P./Kahn P., Les Euro-Crédits, Un instrument du système bancaire pour le financement international, Paris 1981, 107 ff.

Räss Hugo E., Die Restrukturierung von Unternehmen aus der Sicht
der kreditgebenden Bank, Bern 1983

Rautenberg Hans G., Finanzierung und Investition, 3. A., Düssel-
dorf 1984

Reis Hans, Starkes Wachstum des Finanzplatzes Paris, in: Neue
Zürcher Zeitung, Nr. 55, 7. März 1989, 37

Reiter Werner, Das Bundesanleihekonsortium im Zusammenhang mit
Gesamtwirtschaft, Staat, Banken und Kapitalmarkt, Wiesbaden
1967

Rentsch Hanspeter, Die rechtlich Ordnung des Marketings im
Bankgewerbe, Zürich 1978

Rütter Heinz, Schweizer Banken: Wachstumsbranche par excellence,
in: Schweizer Bank, Nr. 11, November 1988, 20 ff.

Salathé Alfred, Das Kreditgeschäft der Banken, Liestal 1982

Schaer Willy, Der Bankkredit, Schweizerische Bankiervereinigung (Hrsg.), Basel, 1983

Schlup Thomas, Das schweizerische Auslandvermögen, in: Schweizerische Nationalbank, Geld, Währung und Konjunktur, Quartalsheft Nr. 4, Dezember 1988, 342 ff.

Scholze Herbert, Das Konsortialgeschäft der deutschen Banken, Erster und Zweiter Halbbd., Berlin 1973

Schönle Herbert, Rechtsvergleichende Aspekte (Frankreich, Belgien, Schweiz) der Bankenhaftung aus Sanierungsaktionen, in: Zeitschrift für das gesamte Handelsrecht und Wirtschaftsrecht, Bd. 143, 1979, 208 ff.

Schurig, Matthias, Bankgeschäfte - Das Leistungsangebot der Banken, in: Bitz Michael (Hrsg.), Bank- und Börsenwesen, Bd. 1: Struktur und Leistungsangebot, München 1981

Schürmann Leo, Kommentar zum Bundesgesetz über Kartelle und ähnliche Organisationen, Zürich 1964

Schuster Leo, Neuere Entwicklungen im Risikomanagement der Banken, Referat gehalten an der Informations- und Arbeitstagung an der Hochschule St. Gallen, 6. März 1989
- In-House Banking als Instrument des Finanzmanagements von Unternehmungen, in: Schuster Leo (Hrsg.), Der Finanzplatz Schweiz vor neuen Herausforderungen, St. Gallen 1988, 7 ff.
- Die Rolle der Schweizer Banken im internationalen Finanzwesen, in: Oesterreichisches Bank-Archiv, Zeitschrift für das gesamte Bank- und Sparkassen-, Börsen- und Kreditwesen, 36. Jg., Heft 7, Juli 1987, 435 ff.
- Kollektivhandlungen der Banken aufgrund von Absprachen, in: Wirtschaft und Recht, 28. Jg., Nr. 2, 1976, 189 ff.

Schwager Pius, Das schweizerische Bankgeheimnis in Berücksichtigung der Grundlagen, Zusammenhänge und Auswirkungen, Zürich 1973

Schweizerische Bankgesellschaft, Die Schweiz in Zahlen, 1988
- Bankfachwörterbuch der SBG, SBG-Schriften zu Wirtschafts-, Bank- und Währungsfragen, Nr. 66, Zürich 1987

Schweizerische Kartellkommission, Die gesamtschweizerisch wirkenden Vereinbarungen im Bankgewerbe, Bern 1989

Schweizerische Kreditanstalt, Das Emissionsgeschäft in Schweizerfranken, Schriftenreihe der SKA, Heft 73, Dezember 1985

Schweizerische Nationalbank, Das schweizerische Bankwesen im Jahre 1987, Nr. 72, Zürich 1988
- 80. Geschäftsbericht 1987, Bern 1988

Siegwart Alfred, Kommentar zum Schweizerischen Zivilgesetzbuch, Bd. V, 4. Teil: Die Personengesellschaften (Art. 530-619), Zürich 1938

Sigg Daniel, Kartellrechtliche Probleme der Beteiligungen von Banken im Nichtbankenbereich, Bern 1984

Steiner Frank, Finanzielle Führung in der Praxis des Klein- und Mittelbetriebes, 2. A., Muri b. Bern 1986

Storck Ekkehard, Das Vertrauen in die internationalen Finanzmärkte ist zurückgekehrt, in: Die Bank, Nr. 1, Januar 1989, 4 ff.
- 1988 - Ein Jahr der Konsolidierung des Euromarktes?, in: Die Bank, Nr. 1, Januar 1988, 7 ff.
- Das Konsortialgeschäft der Eurobanken, in: Die Bank, Nr. 11, November 1979, 529 ff.

Strebel-Aerni Brigitte, Wende an den Euromärkten, Geköderte

Investoren, in: Schweizer Bank, Nr. 6, Juni 1988, 22 ff.

Studiengruppe Finanzplatz Zürich, Der Finanzplatz Zürich und seine Rahmenbedingungen in der Stadt, Zürich 1988

Süchting, Joachim, Finanzmanagement, Theorie und Politik der Unternehmensfinanzierung, 4. A., Wiesbaden 1984

Vallenthin Wilhelm, Rechtsgrundlagen des Bankgeschäftes, Frankfurt 1974

Volkart Rudolf, Finanzielle Führung in der Rezession, Ueberlegungen zum strategischen Finanzmanagement, Bern 1983

Von Steiger Werner, Gesellschaftsrecht, in: Schweizerisches Privatrecht, Bd. VIII, Erster Halbbd., Basel 1976, 211 ff.

Von Tuhr A./Escher A., Allgemeiner Teil des Schweizerischen Obligationenrechts, Bd. II, 3. A., Zürich 1974

Von Tuhr A./Peter H., Allgemeiner Teil des Schweizerischen Obligationenrechts, Erster Bd., 3. A., Zürich 1979

Wächtershäuser Manfred, Kreditrisiko und Kreditentscheidung im Bankbetrieb, Wiesbaden 1971

Weibel Peter F., Die Aussagefähigkeit von Kriterien zur Bonitätsbeurteilung im Kreditgeschäft der Banken, 2. A., Bern 1978

Wiegand Wolfgang, Akzessorietät und Spezialität, Zum Verhältnis zwischen Forderung und Sicherungsgegenstand, in: Probleme der Kreditsicherung, Berner Tage für die juristische Praxis, Bern 1982, 35 ff.

Woeste Axel, Banken als Sanierer, in: Zeitschrift für das gesamte Kreditwesen, Nr. 17, 1976, 810 ff.

Wood Philip, Law and Practice of International Finance, London 1980

Zellweger Bruno, Kreditwürdigkeitsprüfung in Theorie und Praxis, Bern 1987

- Ueberwachung kommerzieller Bankkredite, Bern 1983

Zobl Dieter, Buchbesprechung, in: Schweizerische Aktiengesellschaft, 56. Jg., 1984, 187 ff.

- Berner Kommentar zu Art. 884-887 ZGB, 2. Abteilung, 5. Teilbd., 1. Unterteilbd., Bern 1982

Bitte beachten Sie die folgenden Seiten

Standardwerke für jeden Bankfachmann und Studenten

Prof. Dr. Hans Schmid
Geld, Kredit und Banken
Ein modernes Lehrbuch für Unterricht und Selbststudium
"Bankwirtschaftliche Forschungen" Band 55
2., vollständig überarbeitete Auflage, 391 Seiten,
gebunden Fr. 58.–/DM 68.–

Prof. Dr. Ernst Kilgus
Bank-Management in Theorie und Praxis
"Bankwirtschaftliche Forschungen" Band 74
2., überarbeitete Auflage, 421 Seiten, gebunden Fr. 74.–/DM 88.–

Prof. Dr. Christine Hirszowicz
Schweizerische Bankpolitik
"Bankwirtschaftliche Forschungen" Band 78
2., überarbeitete Auflage, 537 Seiten, gebunden Fr. 80.–/DM 96.–

Verlag Paul Haupt Bern und Stuttgart

Wirtschaft   Politik   Recht

Diese drei Wissensgebiete
zählen mit jährlich über 50 Publikationen
für den Wissenschafter
und für den Praktiker
zu den bevorzugten Arbeitsbereichen
unseres Verlages

Verlangen Sie die ausführlichen Verzeichnisse
bei Ihrem Buchhändler oder direkt beim

Verlag Paul Haupt Bern und Stuttgart